LE TOUT EN IMAGES

Monter son réseau

Deuxième édition

Olivier Pavie

CampusPress

Publié par CampusPress
47 bis, rue des Vinaigriers
75010 Paris
01 72 74 90 00

Réalisation PAO : Sampeur !
Auteur : Olivier Pavie

ISBN : 2-7440-1560-1

Sommaire

Introduction

Si vous disposez de plusieurs ordinateurs et que vous en êtes encore à transférer vos fichiers de l'un à l'autre sur disquettes ou CD, si vous imprimez vos documents sur une petite imprimante très lente alors qu'un autre poste dispose d'une imprimante rapide de qualité exceptionnelle, si un seul de vos postes dispose d'un accès Internet ou si chacun des postes qui accède à Internet est muni de son propre modem… il y a quelque chose qui ne va pas dans votre infrastructure informatique ! L'installation d'un réseau supprime toutes ces contingences et vous offre de nouveaux services.

Vous pouvez non seulement profiter du réseau pour vous épargner ces détails agaçants, mais aussi envisager de nouveaux services communs. Partager des répertoires, concentrer le stockage de fichiers sur un seul ordinateur que l'on peut alors qualifier de petit serveur, sauvegarder d'un seul coup tous les fichiers importants de tous les membres du réseau… Avec un réseau et un accès Internet partagé, chacun peut même disposer de sa propre adresse e-mail et y accéder tranquillement depuis son propre poste. Pour ceux que cela préoccupe, il n'est même pas forcément nécessaire d'installer de nouveaux câblages qui encombreraient un peu plus l'arrière de vos bureaux ou retapisseraient vos moquettes : la norme de réseau sans fil WiFi offre la possibilité de créer un réseau performant, de manière simple, élégante et très économique ! Bref, il y a des choix technologiques qui s'imposent !

Pour réaliser un réseau, il suffit de disposer des composants adaptés à vos besoins, d'avoir de la rigueur et un peu de

Attention

La seule contrainte logicielle pour réussir le partage d'accès à Internet du poste partageur selon les instructions de cet ouvrage, c'est de disposer sur ce poste de Windows 98 Seconde Edition, de Windows Me, de Windows 2000 Professionnel ou de Windows XP Edition Familiale ou Professionnelle. Vous avez le choix ! Les autres postes qui doivent accéder au partage d'accès à Internet peuvent fonctionner sous Windows 95 (et même Windows 3.11), Windows 98, Windows 98SE, Windows Me, Windows NT 4.0 (Workstation ou Server), Windows 2000 (Professionnel, Server ou Advanced Server), Windows XP (Edition Familiale ou Professionnelle), Linux, UNIX et Mac OS 7 à X.

patience. Le livre que vous avez entre les mains vous guidera dans cette aventure et répondra à toutes vos attentes !

Cet ouvrage se découpe en plusieurs parties, chacune d'elles étant déterminante pour la compréhension des suivantes. Un réseau est un véritable jeu de construction : il faut d'abord poser les fondations, puis assembler les briques. Dans ce livre, c'est ce que nous matérialisons par des conseils sur le choix des matériels puis par leur mise en œuvre, petit à petit, de manière structurée et fiable. Lorsque vous aurez tout suivi pas à pas, vous aurez réussi la mise en place de votre réseau et disposerez d'un véritable outil de travail. Si vous rencontrez des difficultés, de nombreux conseils prodigués au fur et à mesure des opérations vous aideront à les surmonter. Si vous êtes confronté à des pannes ou à des dysfonctionnements, la Partie 9, qui concerne les dépannages réseau, vous permettra certainement de les résoudre.

Un dernier point : lorsque vous aurez presque achevé la mise en place de votre réseau, jetez un coup d'œil sur nos conseils relatifs à la sécurité. Interdiction d'accès depuis l'extérieur et antivirus y sont à l'honneur.

Bonne lecture et bonne réalisation !

Pour contacter l'auteur :
teireseau@opavie.com
http://www.opavie.com

PARTIE 1

Description du matériel

Pour constituer un réseau il faut tout d'abord en choisir les composants. Dans cette partie, nous décrivons chaque élément constitutif d'un réseau simple. Si vous disposez de différents types d'ordinateurs, vieux PC, PC récents ou portables, vous y trouverez des indications sur le type de carte le plus adapté et le plus pratique à mettre en œuvre. Si vous vous penchez sur le débit d'informations, vous constaterez que vous pouvez disposer de ressources remarquables sans que cela soit plus compliqué à installer. Vous découvrirez aussi les composants requis pour réaliser un réseau sans fil à la norme WiFi ; celui-ci peut être totalement complémentaire d'un réseau filaire classique. Enfin, vous trouverez une description des matériels hybrides (intégrant plusieurs types de fonctions) les mieux adaptés à la mise en œuvre de votre réseau ; il n'est pas forcément nécessaire d'acheter toute une gamme de matériels complémentaires si un seul peut tout faire pour un prix quasi identique ! Nous terminerons cette partie en proposant une fiche récapitulative qui vous permettra de préparer votre « liste de courses ».

Définition d'une carte ou d'un adaptateur réseau

Pour réaliser un réseau entre plusieurs ordinateurs (PC, Macintosh, etc.), il faut utiliser une norme de connectique régissant l'interconnexion entre les machines et une norme de dialogue appelée « protocole réseau ».

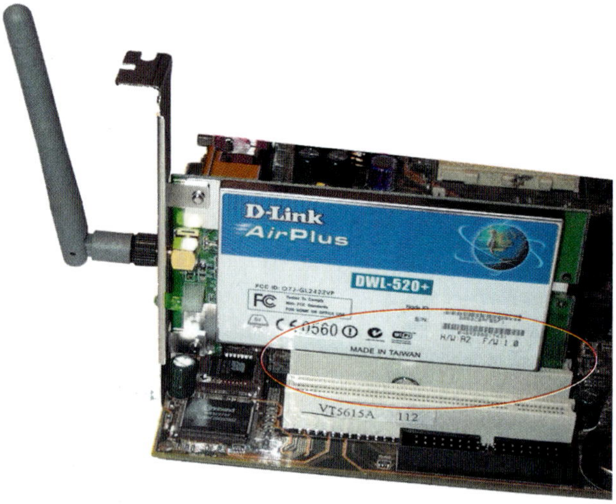

1 Une **carte réseau** est une carte d'extension.

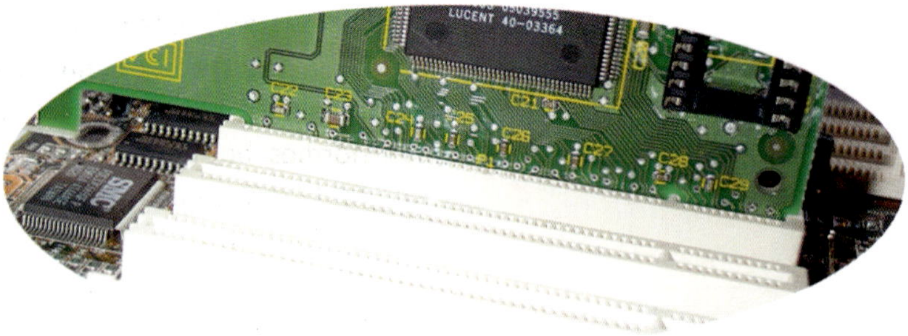

2 Une carte réseau se place dans un **connecteur d'extension** de l'ordinateur pour réaliser le lien physique avec le réseau.

3 Pour les **ordinateurs portables** qui ne possèdent pas de carte réseau intégrée, la carte réseau est au **format PCMCIA** ou **PC-Card.**

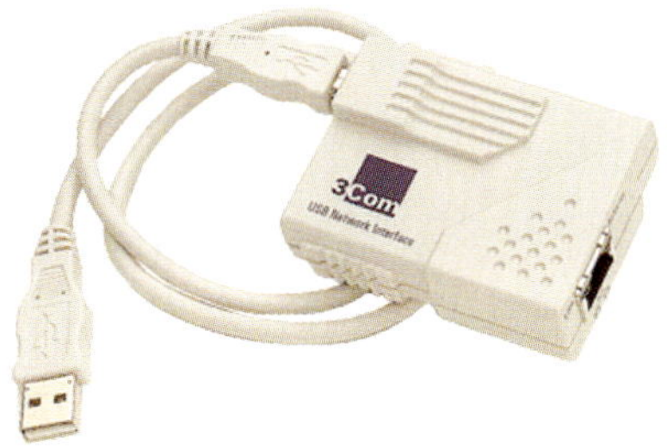

4 Un **adaptateur réseau** est en général un **boîtier** qui se connecte à une **prise de l'ordinateur**. Il permet de modifier l'usage ou le rôle d'une prise pour une utilisation de connexion physique avec un réseau. Il existe notamment des **adaptateurs réseau USB**.

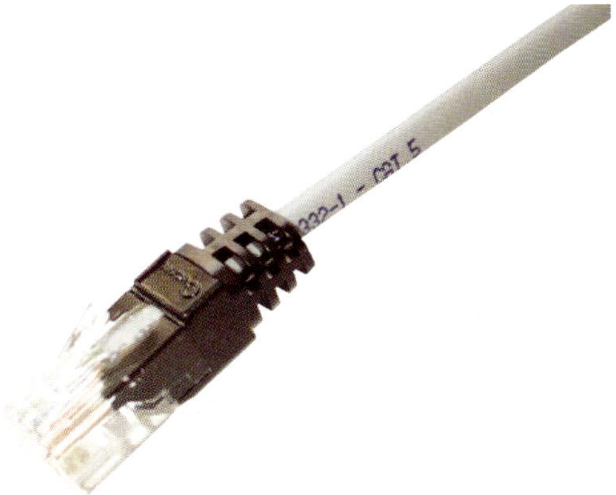

5 Une **carte** ou un **adaptateur réseau** sert à réaliser l'**adaptation physique** entre chaque ordinateur et la norme de connectique choisie. Il existe *une* norme universelle d'interconnexion qui passe par une **connectique RJ45**, mais attention, il y a *plusieurs* normes, baptisées Ethernet, Fast Ethernet et Ethernet 1 Gigabit (voir rubrique « Cartes et adaptateurs réseau RJ45 »).

6 La **norme de connectique BNC**, compatible Ethernet, est plus généralement utilisée sur les PC. Elle pose des problèmes d'interconnexion avec d'autres types d'ordinateurs. On pallie ces problèmes en réalisant une mixité BNC/RJ45 (voir rubrique « Mixité RJ45/BNC »).

Note

Le protocole réseau est le procédé normalisé qui permet aux ordinateurs de dialoguer entre eux *via* les interfaces physiques aux normes RJ45 ou BNC. Il existe plusieurs protocoles réseau, parmi lesquels TCP/IP. TCP/IP s'est vraiment fait connaître depuis la « démocratisation » d'Internet, qui exploite justement ce protocole. Il existe d'autres protocoles, tels que NetBEUI, IPX, Appletalk. Un ordinateur est capable de gérer plusieurs protocoles en même temps au travers de la même carte réseau. Cependant, à moins d'avoir une nécessité absolue d'en utiliser plusieurs, mieux vaut n'en utiliser qu'un, et de préférence TCP/IP, le protocole d'Internet.

Cartes et adaptateurs réseau RJ45

*RJ45 est un type de prise utilisant la norme RJ (*Registered Jack*) de type 45 ; Les prises RJ45 sont de la même famille que les prises de téléphone équipant les cartes modem et dénommées dans ce cas RJ11. Il existe une seule norme RJ45 (et plusieurs types de prises, blindées ou pas), mais plusieurs possibilités de l'utiliser, qui se distinguent par la vitesse de transfert de données.*

1 Les prises RJ45 sont un peu plus larges que les prises RJ11 de téléphone et peuvent contenir huit fils. La vitesse de transfert de données d'une **carte réseau à base de connectique RJ45** est de **10 Mbit/s pour la norme 10 Base T** (1,25 Mo/s), de **100 Mbit/s pour la norme 100 Base TX** (12,5 Mo/s) et de 1 000 Mbit/s (1 Gigabit/s) pour la norme 1000 Base T.

Note

Une carte réseau RJ45 uniquement compatible Ethernet (10 Base T) ne peut pas se connecter à un réseau uniquement Fast Ethernet (100 Base TX) ou 1000 Base T.

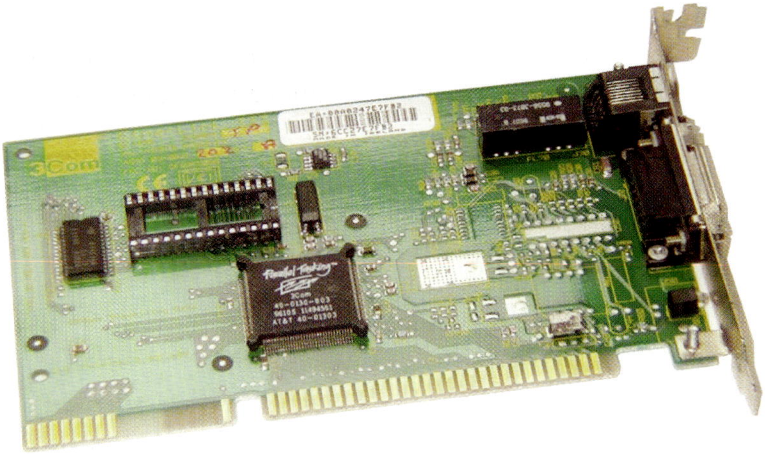

2 Certaines cartes réseau 10 Base T se placent dans un connecteur d'extension **ISA**, à l'intérieur du PC.

3 Certaines cartes réseau 10 Base T se placent dans un connecteur d'extension **PCI**, à l'intérieur du PC.

Note

Il existe des cartes réseau compatibles 10/100/1000 qui peuvent dialoguer aussi bien avec des réseaux 10 Base T que des réseaux 100 Base TX, ou encore 1000 Base T. Elles ne sont disponibles qu'au format de carte d'extension PCI (et non pas ISA), voire au format professionnel PCI 64 (que l'on trouve plutôt sur les serveurs).

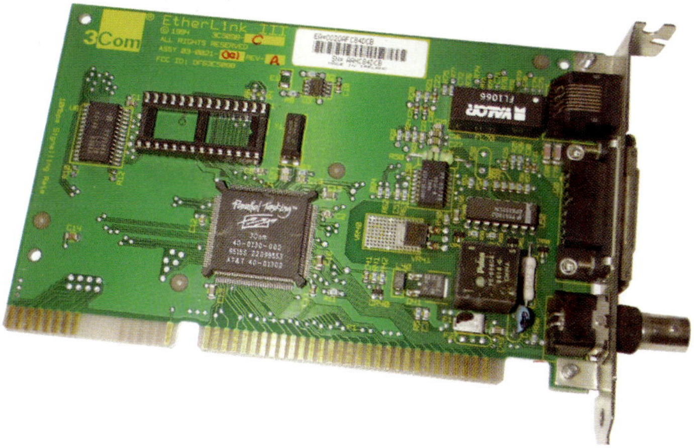

4 Certaines cartes d'extension Ethernet possèdent à la fois une connectique 10 Base T et **BNC**.

Attention

Vérifiez le type de connecteur d'extension qui peut être utilisé sur votre PC. Dans la plupart des cas, pour un PC de moins de cinq ans, une carte d'extension au format PCI est le meilleur des choix.

5 Certaines cartes d'extension **PCMCIA** (ou PC-Card) sont compatibles Ethernet (10 Base T), ou Fast Ethernet (100 Base TX), ou les deux.

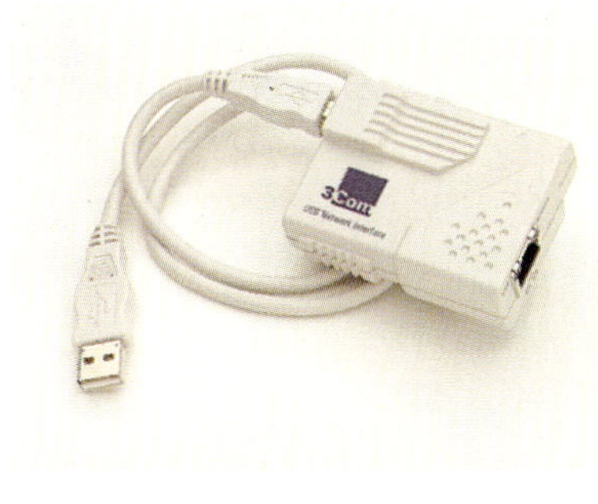

6 Certains adaptateurs réseau Ethernet se connectent à la prise USB des PC. Ces adaptateurs sont indiqués comme étant compatibles 10/100. Certes, ils sont reconnus dans les deux cas, mais la norme USB 1.1 ne dépasse pas un débit de 12 Mbit/s. Il faut disposer d'un adaptateur à la norme USB 2 et d'un PC compatible avec cette norme pour envisager un réel débit correspondant au Fast Ethernet (100 Mbit/s).

Note

Dans la mesure où son installation est possible sur le plan technique, préférez une carte ou un adaptateur réseau compatible 10/100, voire 10/100/1000 que l'on trouve même intégré sur la carte mère de certains PC récents.

Câbles et hubs RJ45

Dans un réseau à base de connectique RJ45, il est impossible de relier plus de deux ordinateurs entre eux sans passer par ce que l'on appelle un hub ou un concentrateur.

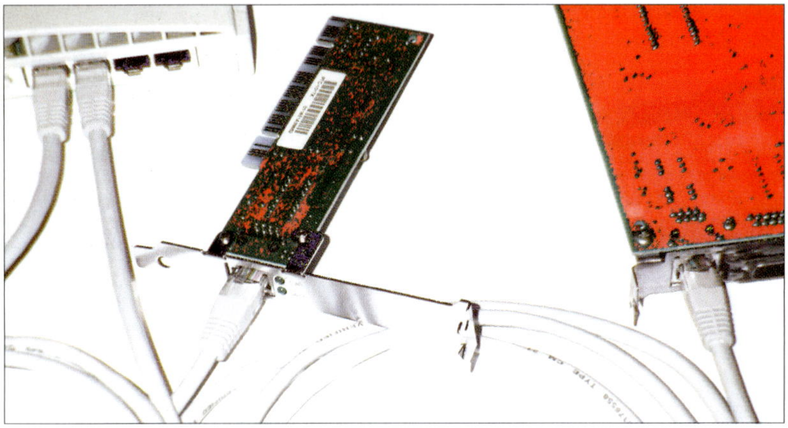

1 Un **hub** sert à tisser la toile d'araignée du réseau. Chaque ordinateur doit être relié à une prise du hub, soit directement, soit au moyen de prises murales elles-mêmes reliées au hub.

2 Certains hubs possèdent quatre prises, d'autres **huit prises**, parfois seize, ou encore trente-deux.

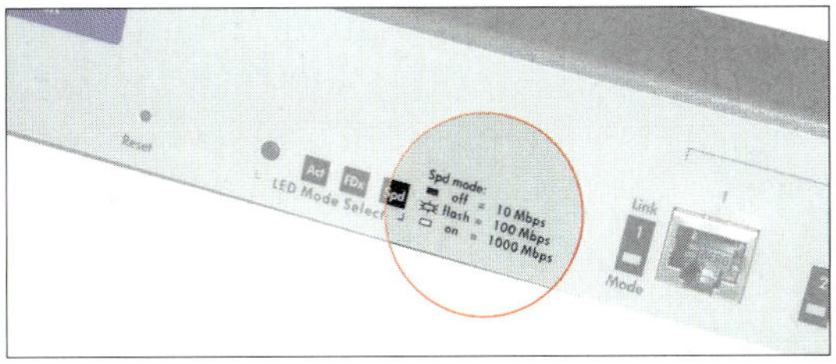

3 Le hub de cette photo est compatible avec les normes 10 Base T, 100 Base T et 1000 Base T.

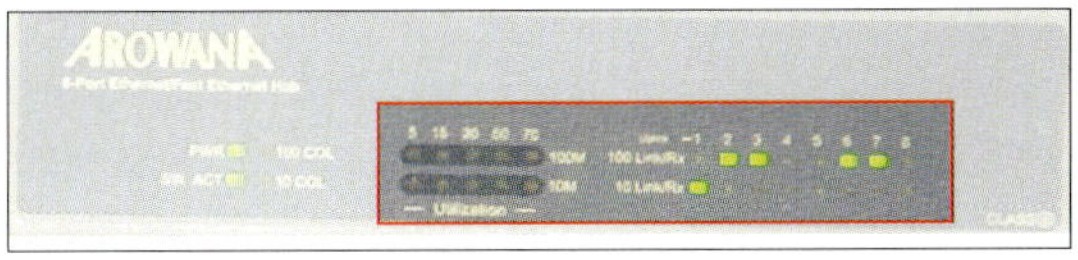

4 La vitesse de chaque prise à laquelle est relié un ordinateur est indiquée par un voyant.

5 Pour relier des ordinateurs en RJ45 à un hub, il faut des câbles de **catégorie 5** (ces types de câbles sont à la fois compatibles 10 Base T et 100 Base TX) « **droits** » et des câbles de catégorie 6 si vous envisagez une connectique en 1000 Base T.

Note

Pour relier seulement deux ordinateurs sans passer par un hub, il faut un câble de catégorie 5 « **croisé** ». Ce type de câble est en général utilisé pour relier un modem ADSL à connectique Ethernet à un PC possédant une carte réseau. Pour relier des hubs 1000 Base T, il faut obligatoirement des câbles de catégorie 6, tout comme pour les postes reliés directement au hub et destinés à employer ce débit.

Note

Un hub peut être compatible 10 Base T, ou 100 Base TX, ou avec les deux normes à la fois sur l'ensemble de ses prises, et parfois avec une des normes sur un certain nombre de prises et avec l'autre sur d'autres prises ; dans ce dernier cas, tous les ordinateurs reliés au hub peuvent dialoguer entre eux du moment qu'ils utilisent le type de norme adaptée.

6 Pour mettre en réseau des ordinateurs répartis par groupes éloignés les uns des autres, il est possible de relier chaque groupe à un hub et de passer ensuite un seul câble pour relier chaque hub entre eux (cela simplifie largement le câblage). La fonction de **chaînage** qui permet ce montage existe sur la plupart des hubs.

Note

En règle générale, la fonction de chaînage est intégrée à tous les hubs. La plupart du temps, elle se matérialise par une prise qui se distingue des autres. Elle peut être marquée en tant que Uplink ou « X » par exemple ; consultez la documentation du hub pour le savoir.

7 Exploiter la fonction de chaînage empêche en général d'utiliser l'une des prises du hub de la façon prévue à l'origine. Si vous opérez un chaînage en utilisant la prise Uplink ou « X » du hub, la prise 1 (cas Uplink) ou 8 (cas « X ») ne peut pas être reliée à un ordinateur, même si elle semble libre. Un hub huit ports RJ45 chaîné à un autre hub ne laisse donc que sept ports disponibles pour les ordinateurs à relier. Pour un hub à quatre ports chaîné, seuls trois ordinateurs sont susceptibles d'être reliés au hub.

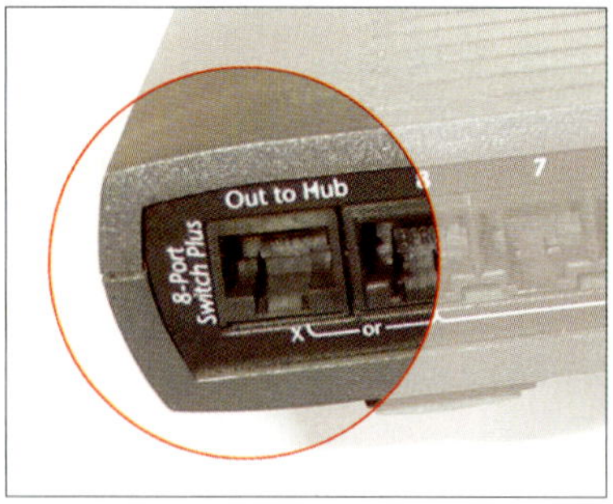

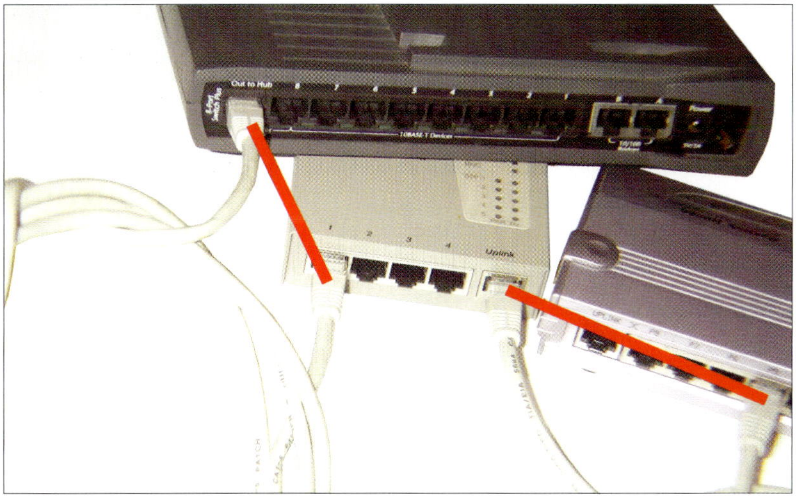

Note

Avec un câble de catégorie 5, vous pouvez chaîner des hubs ou relier des ordinateurs à un hub sur une distance maximale de cent mètres (la norme spécifie un peu plus, mais il est préférable de garder une marge). Imaginez que cent mètres séparent un ordinateur et le hub auquel il est relié, que cent mètres séparent ce même hub et l'autre hub auquel il est chaîné et que cent mètres encore séparent ce second hub et l'autre ordinateur de la chaîne. Cela donne une distance entre les deux ordinateurs de trois cents mètres ! Chaque hub ajouté, c'est donc cent mètres de gagnés. En plus de relier les ordinateurs entre eux en réseau, un hub joue le rôle d'un amplificateur de ligne.

8 Par ailleurs, lorsque vous utilisez la prise Uplink d'un hub pour le relier à un autre hub, c'est sur une prise normalement reliée à un ordinateur que vous devez brancher l'extrémité du câble : **il n'est pas question de relier la prise Uplink d'un hub à une prise Uplink d'un autre hub**. Considérez que la prise Uplink d'un hub se comporte comme celle de la carte réseau de votre ordinateur : **elle doit être reliée à une prise normale d'un autre hub** par l'intermédiaire d'un câble « droit » (voir Partie 4).

Cartes et adaptateurs réseau BNC

Bien que la connectique BNC soit un peu dépassée car limitée à un débit de 10 Mbit/s, elle peut être utile pour relier de très vieux PC à un environnement plus moderne.

1 La **connectique BNC** d'une carte ou d'un adaptateur réseau se présente un peu comme une prise d'antenne de télévision. La différence tient surtout dans un procédé de maintien par « baïonnette », comme sur une ampoule électrique.

2 La prise du cordon possède une **bague** qui se verrouille sur la « baïonnette ».

3 Vous devez connecter un **adaptateur en « T »** à chaque carte.

Attention

Un cordon BNC est toujours connecté à une carte réseau à connectique BNC avec un « T », sauf quand le cordon est lui-même relié à un « T ».

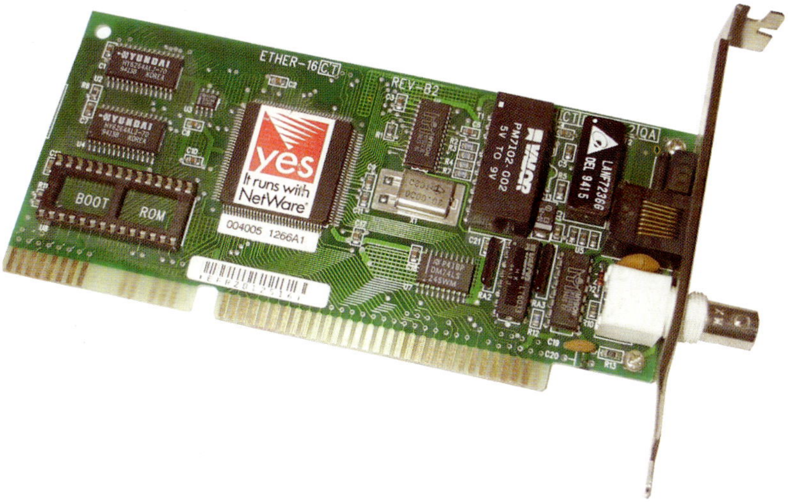

4 Les cartes réseau à connectique BNC sont obligatoirement limitées à une vitesse de transfert de données de 10 Mbit/s. Il existe des cartes réseau à connectique BNC au format **ISA**.

5 Certaines cartes réseau à connectique BNC sont au format **PCI**. Souvent, ces cartes disposent aussi d'une connectique RJ45.

Attention

Une carte ou un adaptateur réseau possédant à la fois une connectique BNC et RJ45 ne détecte pas forcément tout seul que l'une ou l'autre des connectiques est branchée au réseau. Il est important de vérifier dans la documentation de la carte comment est paramétrée la connectique que doit utiliser la carte.

6 Il existe des cartes réseau à connectique BNC au format **PCMCIA** pour les ordinateurs portables.

Attention

Tout réseau utilisant une connectique BNC nécessite obligatoirement la présence de deux « bouchons », chacun étant placé à une extrémité de la « chaîne (voir rubrique suivante « Câblage BNC »).

Câblage BNC

Le câblage BNC est fort simple à mettre en œuvre, mais il manque de souplesse et reste très « fragile » en termes de fiabilité du réseau. De plus, certaines règles sont à respecter.

1 Dans un réseau BNC, chaque carte réseau doit être reliée à un « **T** ».

2 Les câbles BNC à utiliser doivent avoir les deux mêmes types de prises aux deux extrémités et une impédance de **50 ohms** (en vidéo professionnelle, on se sert du même genre de câble, mais avec une impédance de 75 ohms).

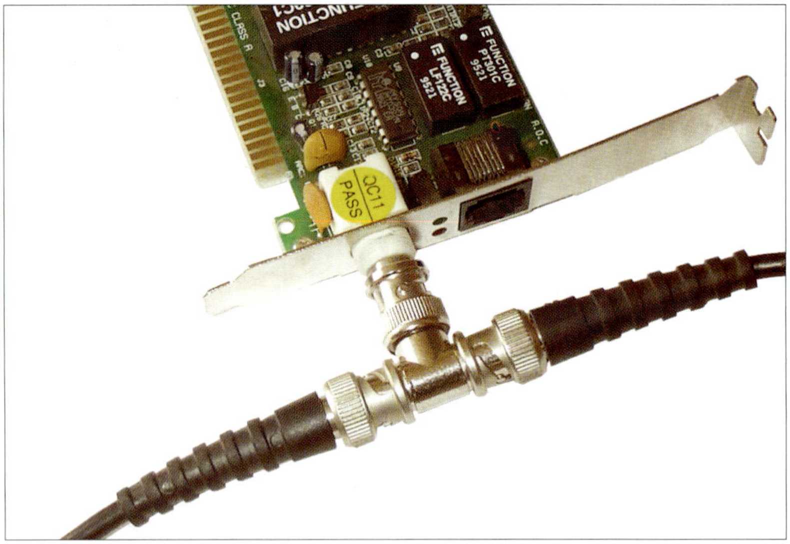

3 Un **câble BNC se connecte obligatoirement à un « T »** placé sur une carte réseau.

4 Chaque ordinateur d'une extrémité de la chaîne ainsi créée doit posséder un **bouchon** d'une impédance de **50 ohms**.

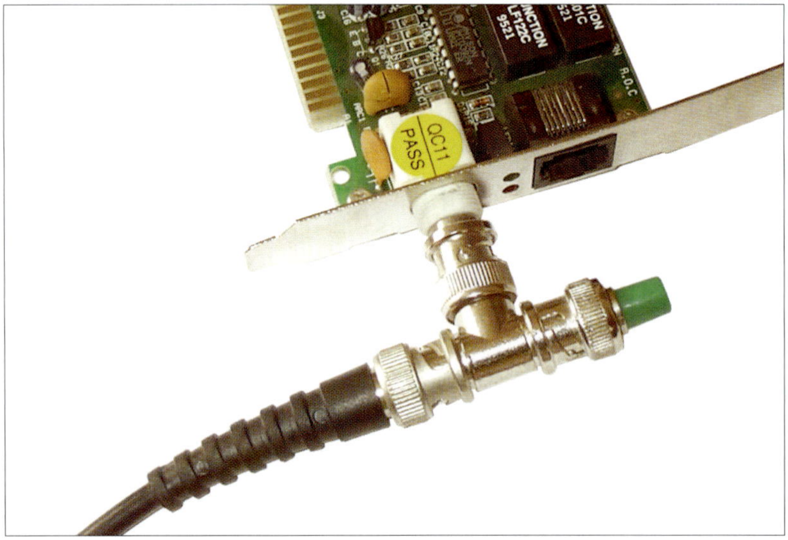

5 Les deux cartes réseau des ordinateurs de chaque extrémité de la chaîne doivent avoir un « **T** » sur lequel sont raccordés d'un côté un **bouchon** et de l'autre un **câble BNC**. C'est IMPERATIF !

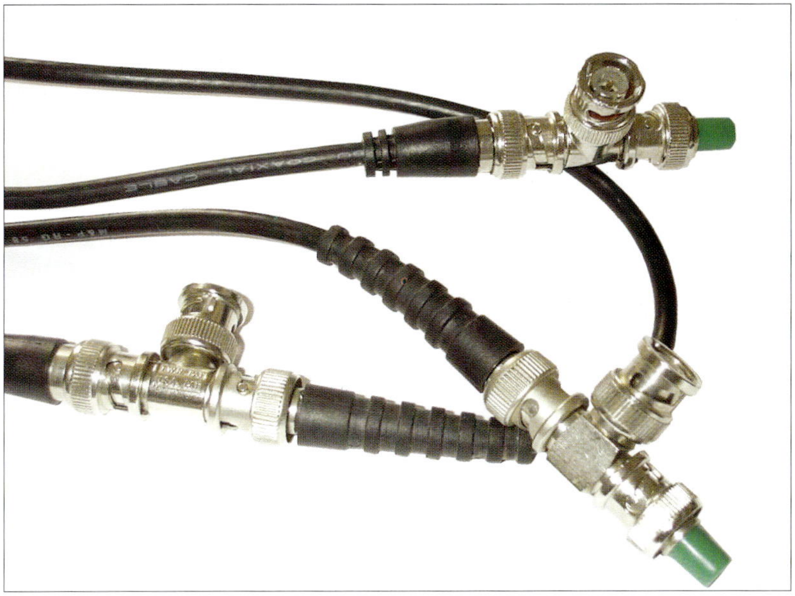

6 Si on matérialise une **chaîne d'ordinateurs**, voici comment vous devez créer un réseau BNC de trois ordinateurs.

Attention

Dans un réseau BNC, il n'y a que deux bouchons (obligatoirement de 50 ohms) car il n'y a que deux extrémités possibles ; n'essayez pas les dérivations ou les raccourcis, cela ne marche jamais.

Mixité RJ45/BNC

Il est possible d'installer de nouveaux ordinateurs avec des cartes réseau 100 Base TX dans un ancien réseau BNC. Il existe deux solutions reposant sur la mixité des deux types de réseaux.

1 Vous pouvez installer **deux cartes réseau** dans **un seul PC** qui servira alors de « passerelle » entre les deux réseaux.

2 Vous pouvez installer un **hub compatible** à la fois avec les connectiques **BNC** et **RJ45**.

Note

Dans les deux cas, il n'est pas nécessaire que le raccord du réseau BNC au réseau RJ45 se fasse par l'une des extrémités du réseau BNC (voir rubrique « Câblage BNC »). En revanche, il est impératif d'éteindre tous les postes du réseau BNC avant de réaliser un tel branchement ; des problèmes d'acheminement de données pourraient survenir et « planter » postes et serveurs.

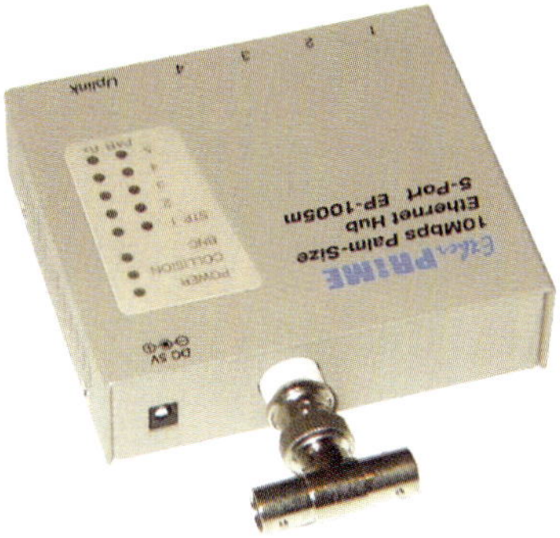

3 La **prise BNC** du hub doit être raccordée au réseau comme un poste classique. Il faut simplement vérifier que le hub ne possède pas de « **terminateur** » ou de « **bouchon virtuel** » que l'on active ou désactive par un petit bouton.

Note

Il est préférable de désactiver le « bouchon virtuel » et de connecter un « T » au hub. Ce « T » est lui-même relié à deux câbles BNC quand il est à l'intérieur de la chaîne BNC, ou à un câble BNC et à un bouchon lorsqu'il est à une extrémité de la chaîne BNC.

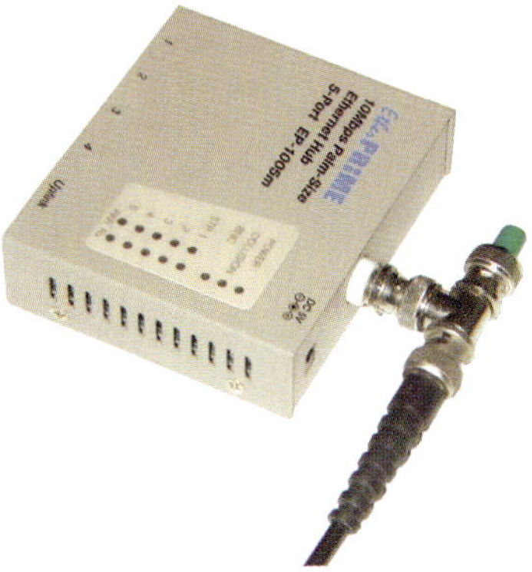

4 Lorsque le hub est correctement relié en BNC, **tous les ordinateurs du réseau BNC peuvent être redémarrés, même si le hub n'est pas sous tension**.

5 C'est la même chose dans le cas d'un PC possédant deux cartes réseau.

6 Voici ce qu'il ne faut jamais faire dans un réseau BNC : cela ne marche pas !

Réseau sans fil 802.11a, b et g (WiFi)

Un réseau sans fil à la norme 802.11a, b ou g permet de relier des ordinateurs en réseau… sans fil ! Cela fonctionne par ondes hertziennes et autorise, dans le meilleur des cas, un débit de 54 Mbit/s.

Note

Vous pouvez installer un réseau sans fil à la norme 802.11 entre plusieurs ordinateurs soit en utilisant directement des cartes d'extension à cette norme et de préférence du même fabricant (de nombreuses incompatibilités existent, même au sein de la norme 802.11), soit en utilisant des cartes d'extension et une « base » fixe que l'on appelle généralement un **point d'accès**.

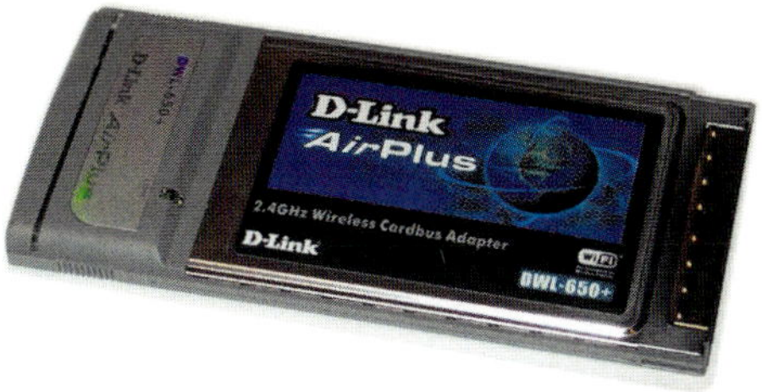

1 Les cartes d'extension se présentent :

- soit au format PCMCIA (ou PC-Card) pour les portables ;
- soit au format PCI pour les ordinateurs de bureau ;

– soit au format USB pour tous les types d'ordinateurs.

Note

La norme 802.11b, appelée aussi WiFi, est définie pour un débit de 11 Mbit/s, la norme 802.11a pour un débit de 54 Mbit/s et la norme 802.11g pour un débit de 54 Mbit/s. La norme 802.11g assure une compatibilité ascendante avec la norme 802.11b : les deux types de réseaux utilisent la même bande de fréquence de 2,4 GHz. En revanche, la norme 802.11a utilise la bande de fréquence de 5 GHz : elle peut être compatible avec des réseaux 802.11b si le constructeur du point d'accès sans fil a implémenté cette compatibilité.

2 La **base**, ou **point d'accès**, sert notamment de relais entre la section sans fil du réseau et la section filaire.

Note

Certains constructeurs ont étendu la norme 802.11b avec un débit capable d'atteindre 22 Mbit/s (voire même 54 Mbit/s avec certaines astuces consistant à charger un nouveau firmware dans le point d'accès). Ces matériels sont compatibles 802.11b avec le débit de 11 Mbit/s, mais étant donné que les produits 802.11b ne sont pas tous compatibles d'une marque à une autre, le fonctionnement à 22 Mbit/s risque de provoquer de nouvelles difficultés. Pour ne pas prendre de risques, restez fidèle à une marque.

Note

Il est toutefois possible de relier des cartes réseau sans fil à un réseau filaire en utilisant comme « relais » un PC dans lequel sont placées les deux types de cartes : la carte réseau sans fil et la carte réseau filaire à connectique BNC ou RJ45.

3 Une base sans fil doit être reliée à un équipement complémentaire filaire pour que les ordinateurs du réseau puissent accéder à Internet. **Dans un réseau classique à connectique RJ45, la base est raccordée au hub**.

La solution la plus économique pour réaliser un réseau sans fil avec accès à Internet consiste soit à installer un réseau à la norme 802.11 (a, b ou g) sans base mais avec une carte sans fil et une carte classique dans un même PC, soit à utiliser une autre gamme de produits dans la famille des réseaux sans fil USB qui répondent généralement à la norme Home RF, mais qui existent aussi à la norme 802.11. Etant donné que la norme Home RF est condamnée, faites attention.

Note

Un accès à Internet s'opère *via* un modem classique, Numéris, ADSL ou *via* le câble : il faut penser à cet aspect pour raccorder un réseau sans fil. Ainsi, le fabricant Elsa (**www.elsa.com**) propose une base incluant directement un modem Numéris et ne nécessitant donc rien d'autre que la base pour la connexion sans fil des postes entre eux et à Internet.

Attention

Un accès à Internet partagé requiert un dispositif de routage (voir Partie 6) qui peut être matériel ou logiciel.

Réseau sans fil USB : la norme Home RF est morte, vive 802.11

Les adaptateurs de réseau sans fil USB, éventuellement à la norme Home RF mais de préférence à la norme 802.11, ont un rôle comparable à une carte réseau sans fil intégrée au PC. Leur avantage : déporter l'antenne et ainsi améliorer la portée.

Note

Nous déconseillons l'usage de la norme Home RF (**www.homerf.org**) pour deux raisons. La première est que cette norme est appelée à disparaître depuis la dissolution du groupe de travail Home RF en janvier 2003. La seconde est tout simplement qu'elle limite les débits de données à 1,2 Mbit/s, soit 150 Ko/s. Néanmoins, pour un partage d'accès à Internet, et si vous obtenez ce type de produit pour un prix défiant toute concurrence, vous pouvez l'adopter et profiter de la facilité d'installation et de configuration. En raison des débits trop lents, cette norme ne convient pas pour du partage ou de la copie de données au sein d'un réseau. Seul un juke-box MP3 peut être accessible en mode « sans fil », mais certainement pas un juke-box vidéo, même au format DivX.

1 Des adaptateurs USB de réseau sans fil permettent à des ordinateurs distants de « discuter » entre eux. Ainsi, le kit Wireless Home Network Kit 2 de Sitecom est livré avec un logiciel de partage d'accès à Internet, ce qui en fait un outil particulièrement attrayant ; mais son prix est déjà assez élevé.

Note

Sitecom est un bon exemple de constructeur ayant changé son fusil d'épaule. La première version de son kit avec adaptateurs USB répondait à la norme Home RF alors que la dernière version est à la norme 802.11b.

2 Il existe des adaptateurs USB compatibles avec la norme de réseau 802.11b, comme le Microsoft MN-510. Toutefois, ils ne peuvent offrir la même qualité de services en permanence, sauf si vous utilisez des ports USB à la norme 2.0. Le problème, c'est que la norme 802.11b assure un débit de 11 Mbit/s et que la norme USB 1.1 est limitée à 12 Mbit/s. Si vous voulez utiliser autre chose en USB, il n'y a plus de débit disponible ou presque.

3 L'avantage des adaptateurs réseau USB est de déporter l'antenne et donc d'améliorer la portée.

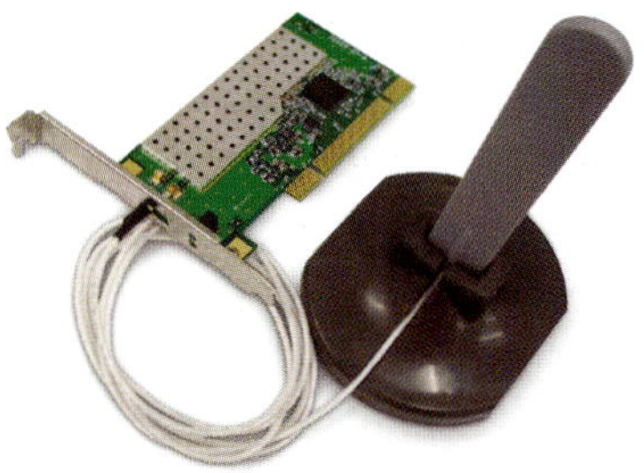

4 Il existe des cartes réseau sans fil internes au format PCI dont l'antenne peut être déportée ; ceci peut se révéler une meilleure solution que l'adaptateur USB.

Produits hybrides pour réseaux 10/100/1000 et réseaux sans fil

L'offre matérielle a énormément évolué en à peine deux ans. Vous trouvez désormais des produits qui peuvent vous faciliter la vie dans de nombreux cas. Rapide descriptif des produits qui apportent un plus non négligeable.

1 Dans la famille des hubs filaires, vous trouvez facilement des hubs/routeurs qui se chargent d'assurer le rôle de liaison réseau entre les différents PC, mais également d'acheminer les requêtes du réseau vers Internet. Pour cela, il existe des hubs/routeurs qui intègrent un modem Numéris ou un modem ADSL, et d'autres qui offrent la possibilité de connecter le type de modem de son choix. Cette seconde solution peut être plus complexe à mettre en œuvre car la compatibilité du modem utilisé n'est pas systématiquement assurée. Par exemple, il n'existe pas de hub/routeur capable de supporter le raccordement d'un modem ADSL à connectique USB.

Note

Un routeur peut être logiciel ou matériel. Il s'agit d'un dispositif capable d'acheminer les requêtes de chacun des postes d'un réseau vers Internet. Un routeur est donc une « passerelle » entre votre réseau et Internet. Dans cet ouvrage, nous vous décrivons la méthode à employer pour réaliser une « passerelle » vers Internet de l'ensemble de votre réseau *via* ce que l'on appelle un PC partageur : c'est le PC partageur qui sert de routeur, sans qu'il soit nécessaire de disposer d'un matériel spécifique autre que ledit PC muni d'une carte réseau et d'une connexion à Internet. Cette connexion Internet pouvant être réalisée *via* un modem classique RTC, un modem Numéris, un modem câble ou un modem ADSL.

2 Dans la famille des points d'accès sans fil, il existe des modèles de points d'accès qui intègrent le modem ADSL (voire le modem Numéris) et assurent alors un rôle de routeur vers Internet pour l'ensemble des PC du réseau sans fil. Ces solutions offrent le double avantage d'être simples à configurer et d'éviter tout câblage.

3 Pour les réseaux hybrides avec et sans fil, il existe des points d'accès sans fil qui disposent à la fois d'un modem ADSL et de prises RJ45 servant à relier des ordinateurs avec des câbles. C'est un type de produit que l'on peut désigner sous la forme hub/point d'accès sans fil/routeur. Ce genre de produit est bien adapté aux PME qui veulent limiter le câblage et assurer quand même l'accès à Internet depuis quelques bureaux éparpillés dans un rayon modeste.

Fiches de renseignements

Nous proposons ici des petites fiches à remplir qui vous permettront, en fonction du type de réseau choisi et de vos besoins, de déterminer l'équipement nécessaire à une bonne mise en œuvre. C'est simple et efficace !

Réseau à base de connectique RJ45

- **Nombre de postes de bureau :** [   ] = nombre de cartes réseau de type 10, 100 ou 10/100. Préférez les cartes PCI ; les cartes ISA ne conviennent qu'aux plus vieilles générations d'ordinateurs à base de processeur 386 ou 486, mais pas aux Pentium, K5, K6, Athlon, etc.

- **Nombre de portables :** [   ] = nombre de cartes réseau de type PCMCIA ou PC-Card. Préférez les cartes ayant la double compatibilité si vous utilisez des portables d'avant 1997 (le format PC-Card est pris en charge depuis). Vous pouvez également utiliser des adaptateurs USB Ethernet/Fast Ethernet si les portables ont une prise USB.

- **Nombre d'ordinateurs de bureau + nombre de portables :** [   ] = nombre de câbles RJ45 de catégorie 5 « droits ».

- **Nombre d'ordinateurs de bureau + nombre de portables :** [   ] = nombre de prises libres sur le hub 10, 100, ou 10/100 à acquérir. Nous conseillons vivement le 10/100, qui n'est plus très cher.

Réseau à base de connectique BNC

- **Nombre de postes de bureau :** ☐ = nombre de cartes réseau. Préférez les cartes PCI ; les cartes ISA ne conviennent qu'aux plus vieilles générations d'ordinateurs à base de processeur 386 ou 486 (et pas aux Pentium, K5, K6, Athlon, etc).

- **Nombre de portables :** ☐ = nombre de cartes réseau de type PCMCIA ou PC-Card. Préférez les cartes ayant la double compatibilité si vous utilisez des portables d'avant 1997 (le format PC-Card est pris en charge depuis). Vous pouvez également utiliser des adaptateurs USB BNC si les portables ont une prise USB et si cela existe.

- **Nombre d'ordinateurs de bureau + nombre de portables :** ☐ = nombre de « T ».

- **Nombre d'ordinateurs de bureau + nombre de portables – 1 :** ☐ = nombre de câbles BNC 50 ohms.

- En complément, deux bouchons 50 ohms.

Réseau sans fil compatible 802.11

- **Nombre de postes de bureau :** ☐ = nombre de cartes ou d'adaptateurs réseau compatibles 802.11.

- **Nombre de portables :** ☐ = nombre de cartes réseau de type PCMCIA ou PC-Card. Préférez les cartes ayant la double compatibilité si vous utilisez des portables d'avant 1997 (le format PC-Card est pris en charge depuis). Vous pouvez également utiliser des adaptateurs USB 802.11 si les portables ont une prise USB.

- Eventuellement une base en fonction de vos besoins, mais ce n'est pas obligatoire.

VOIR AUSSI

Vous souhaitez configurer votre réseau avec un accès Internet partagé ? Pour le PC servant à partager l'accès, nous définissons le complément matériel dont vous avez besoin pour chaque cas de type de réseau dans les rubriques de la Partie 6.

Une carte réseau sans fil installée sur un PC disposant d'un accès Internet peut très bien servir à partager un accès à Internet sans fil : la configuration est réalisée comme dans la Partie 7. La carte réseau servant au partage n'est simplement pas une carte filaire RJ45 mais une carte réseau sans fil.

Pour disposer de plus d'informations sur les réseaux sans fil à la norme 802.11b, jetez un coup d'œil du côté de la Partie 3 dans les rubriques « Particularités des réseaux sans fil » et « Exemple de configuration d'une base 802.11b ».

PARTIE 2

Installation des adaptateurs réseau

Dans cette partie, vous trouverez quelques explications sur la méthode à employer pour installer les différents types de cartes réseau, avec les précautions d'usage.

Si une carte réseau est intégrée à votre ordinateur, qu'il s'agisse d'un ordinateur de bureau ou d'un portable, et si elle n'est pas déjà employée à un usage précis, passez directement à la Partie 3.

Si vous employez déjà une carte pour autre chose que l'accès réseau, plusieurs cas de figure sont envisageables :

– Si cette carte sert à l'accès à Internet *via* un modem câble ou ADSL connecté en Ethernet, vous devez installer une nouvelle carte réseau pour partager cet accès Internet avec les autres ordinateurs du futur réseau.

– Si le partage d'accès à Internet n'est pas réalisé à partir de ce poste, vous n'êtes pas obligé d'ajouter une carte réseau dans le PC : vous « récupérerez » celle qui est actuellement utilisée par le modem câble ou ADSL.

– Si vous employez la carte en question pour la connexion directe d'une imprimante, vous pouvez « récupérer » ladite carte en connectant l'imprimante au hub que vous allez installer (attention cependant, l'imprimante nécessitera vraisemblablement une reconfiguration ultérieure de son « protocole réseau » ; munissez-vous de la documentation adéquate). La carte sera elle aussi reliée au hub.

- Carte réseau interne (avec ou sans fil)
- Installer une carte réseau avec ou sans fil pour portable
- Adaptateur réseau USB

Carte réseau interne (avec ou sans fil)

Pour installer une carte réseau interne, il faut oser ouvrir son ordinateur. En prenant quelques précautions, et avec un peu de méthode, vous y arriverez.

1 **Important** : avant d'entreprendre une quelconque manipulation à l'intérieur du PC, **débranchez le cordon d'alimentation du secteur**. La prise à débrancher **se situe à l'arrière de l'ordinateur**. Arrêtez normalement le PC au préalable.

2 Ensuite, il s'agit d'**ouvrir l'ordinateur**. En fonction du type de machine, les méthodes varient. En général, la documentation fournie par les grandes marques explique comment faire. Dans le cas d'ordinateurs assemblés, il n'y a pas de mécanisme sophistiqué ; vous devez enlever quelques vis.

3 L'objectif est d'**enlever le capot** qui masque les cartes d'extension et les connecteurs d'extension. Dans bien des cas, sur les **boîtiers en forme de tour (format vertical)**, il suffit d'enlever le capot **d'un seul côté**.

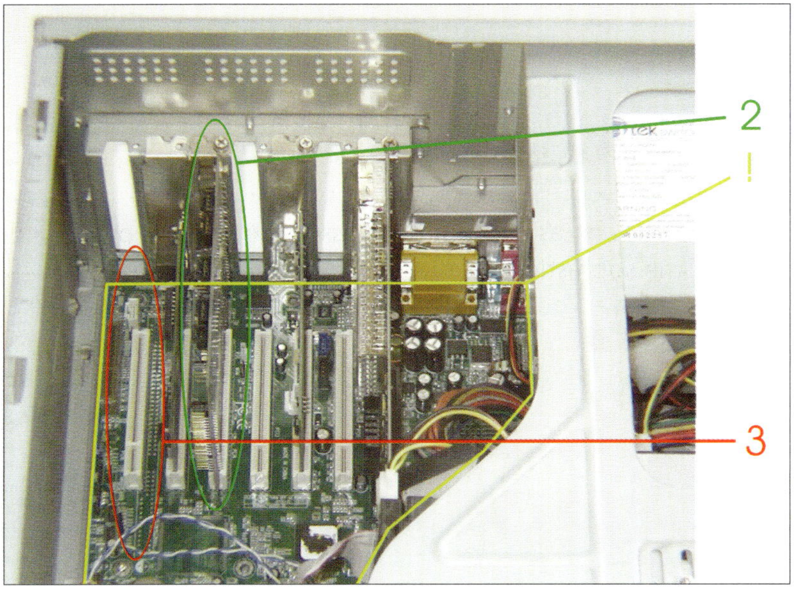

4 Une fois le capot enlevé, l'intérieur du boîtier est visible, notamment la **carte mère (1)**, les **cartes d'extension (2)** qui sont montées, et surtout, les **connecteurs d'extension libres (3)**.

5 Repérez le port d'extension que vous allez employer. Si la carte est de type PCI, vous emploierez un **connecteur blanc** du type de celui-ci.

6 Avant d'insérer la carte dans le connecteur d'extension, enlevez la **plaque de tôle vissée** à l'arrière du PC ; elle bloque l'accès aux prises de la carte d'extension.

7 Même les **plaques de tôle prédécoupées** nécessitent parfois l'emploi d'une **pince** et d'un **tournevis** pour être enlevées proprement. Dans ce cas, ne forcez pas. Pliez la tôle autant de fois qu'il faut pour qu'elle se détache toute seule :

Poussez avec le tournevis pour **écarter la plaque de tôle**.

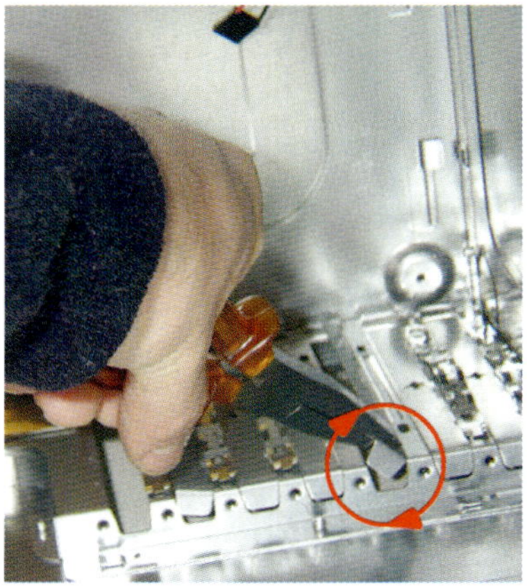

Serrez-la avec la pince plate et effectuez un **mouvement de rotation**.

8 La plaque étant enlevée, glissez la carte d'extension dans son logement **en l'enfonçant à fond dans le connecteur d'extension, sur toute sa longueur**.

9 Vissez la carte et refermez le capot de l'ordinateur. Rebranchez l'appareil sur le secteur et mettez sous tension l'ordinateur. Passez alors à la Partie 3.

Installer une carte réseau avec ou sans fil pour portable

L'installation d'une carte réseau avec ou sans fil de type PCMCIA ou PC-Card sur un ordinateur portable se fait sans difficulté majeure.

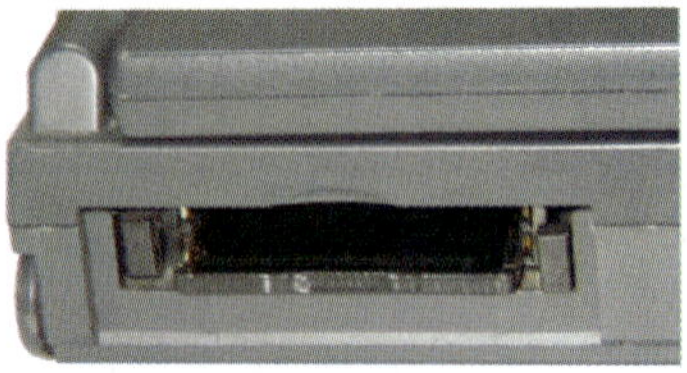

1 Avant d'installer la carte PCMCIA, vérifiez qu'il n'y a pas de « fausse carte » installée dans le portable.

2 Retirez la fausse carte soit en appuyant sur le bouton situé à gauche du port, soit en dépliant le bouton puis en l'enfonçant.

3 L'emplacement étant libre, glissez la carte réseau à l'intérieur du logement — avec fil (ici, une carte 3com à connectique RJ45) ou sans (ici, une carte Xircom compatible 802.11b) — et enfoncez-la à fond. **Attention : ne forcez pas lorsque vous l'insérez et surtout glissez-la dans la fente sur toute sa longueur pour éviter de la détériorer.**

Mettez sous tension l'ordinateur et lisez la Partie 3.

Note

Une carte PCMCIA ou PC-Card peut être installée « à chaud » dans le PC (c'est-à-dire quand l'ordinateur est sous tension), mais nous déconseillons cette pratique pour une première installation car le port PCMCIA risque de ne pas encore être pris en compte par Windows.

Adaptateur réseau USB

L'installation d'un adaptateur réseau USB sur un ordinateur de bureau ou sur un portable est d'une simplicité enfantine. Il suffit grosso modo *de brancher la prise !*

Attention

Lisez attentivement le manuel livré avec l'adaptateur USB avant de l'installer. Il est souvent nécessaire d'installer le logiciel (ou de commencer à le faire) avant de connecter l'adaptateur à l'ordinateur. Cette remarque vaut pour l'ensemble des périphériques USB.

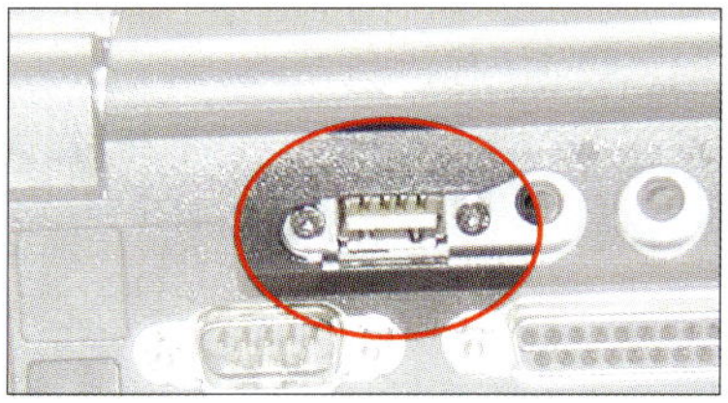

1 Repérez le connecteur USB du PC.

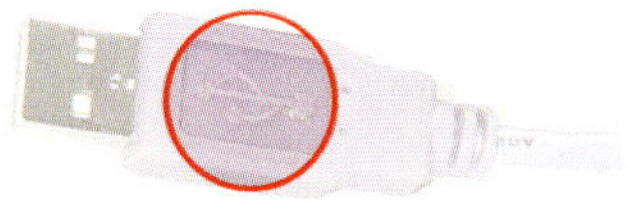

2 Repérez la position du connecteur de l'adaptateur USB. En général, la partie supérieure de la fiche USB est marquée du **logo de la norme USB**.

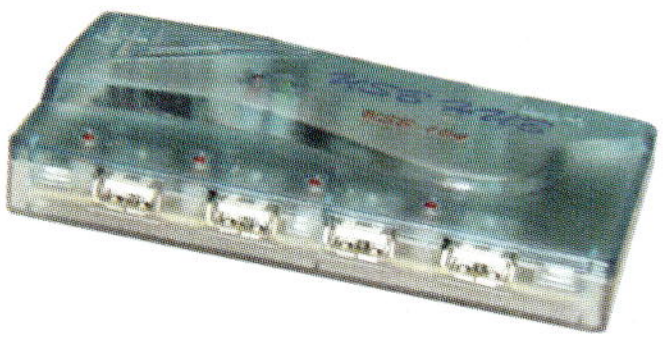

3 **Si vous n'avez pas de place** pour connecter le périphérique USB, n'hésitez pas à utiliser un **hub USB**, qui ajoute des prises. Avant de brancher le moindre périphérique sur le hub USB, procédez à son installation. Un hub USB est généralement fourni avec un transformateur qu'il vaut mieux brancher sur le secteur pour bénéficier de l'ensemble des fonctions USB.

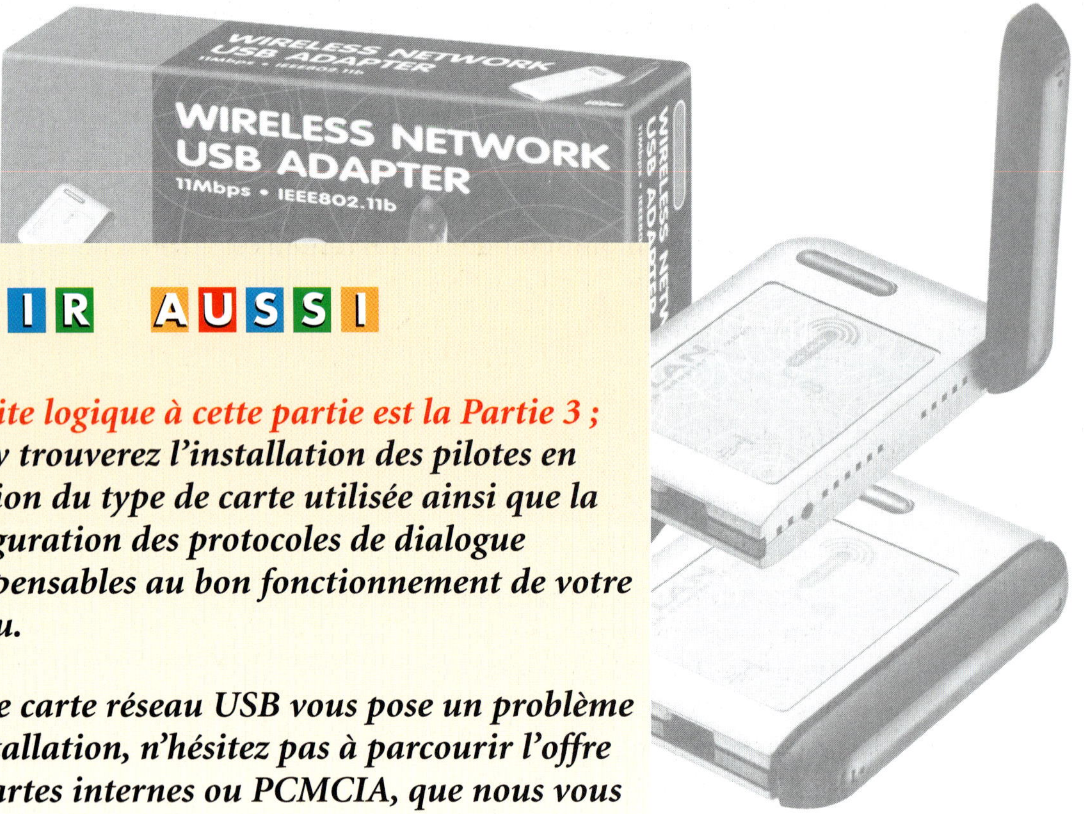

VOIR AUSSI

La suite logique à cette partie est la Partie 3 ; vous y trouverez l'installation des pilotes en fonction du type de carte utilisée ainsi que la configuration des protocoles de dialogue indispensables au bon fonctionnement de votre réseau.

Si une carte réseau USB vous pose un problème d'installation, n'hésitez pas à parcourir l'offre des cartes internes ou PCMCIA, que nous vous présentons dans la première partie de cet ouvrage.

En cas de doute ou d'incompatibilité physique entre la carte ou l'adaptateur réseau que vous souhaitez installer et le PC dont vous disposez, relisez aussi la Partie 1 ; la plupart des « points sensibles » y sont bien décrits.

PARTIE 3

Configuration des cartes réseau

Une bonne configuration des cartes réseau est essentielle à la mise en œuvre du réseau. Il est possible de configurer les cartes et adaptateurs réseau sans pour autant les connecter physiquement au réseau ; c'est du reste ce que nous vous conseillons, ainsi que d'installer les cartes l'une après l'autre si vous désirez en intégrer plusieurs dans le même PC (en d'autres termes, installez et configurez une première carte, puis une deuxième...).

Attention toutefois : toutes les manipulations expliquées ici concernent les PC ne disposant pas de carte réseau. Si vous possédez déjà une carte réseau, par exemple pour l'accès à Internet *via* un modem câble ou ADSL connecté en Ethernet, ne vous en occupez pas et ajoutez celle dont vous avez besoin pour le réseau que vous allez construire.

- Installation des pilotes Windows 95, 98, 98SE, Me et XP
- Installation des protocoles pour Windows 95, 98, 98SE et Me
- Configuration des adresses IP pour Windows 95, 98, 98SE et Me
- Configuration des noms de PC et de « domaines » pour Windows 95, 98, 98SE et Me
- Installation des protocoles pour Windows XP
- Configuration des adresses IP pour Windows XP
- Configuration des noms de PC et de « domaines » pour Windows XP
- Particularités des réseaux sans fil
- Exemple de configuration d'une base ou point d'accès 802.11

Installation des pilotes Windows 95, 98, 98SE, Me et XP

Avec un PC relativement moderne (datant d'au moins 1996) et une carte réseau récente (acquise depuis 1998 environ), vous pouvez facilement installer les pilotes. Dans certains cas, vous n'avez même rien à faire : Windows reconnaît automatiquement la carte !

Attention

Avec les PC de dernière génération, nous vous conseillons non seulement d'éteindre l'ordinateur, mais également d'en débrancher le cordon d'alimentation secteur avant d'insérer une nouvelle carte d'extension car les PC ne sont jamais réellement éteints tant que vous ne les débranchez pas. C'est ce que nous vous recommandons également pour l'installation d'une carte interne (voir Partie 2). Si vous ne suivez pas ce conseil, vous risquez de rencontrer des difficultés.

Note

Dans la procédure suivante, nous supposons que Windows ne reconnaît pas automatiquement la carte. Pour réaliser cette opération, vous avez besoin des pilotes de la carte livrés sur CD-ROM, disquette ou téléchargés depuis Internet. Utilisez plutôt le CD-ROM ou la disquette si vous n'avez pas les connaissances de base nécessaires à l'installation de pilotes chargés depuis Internet.

Note

Windows XP a reconnu toutes les cartes réseau que nous lui avons présentées. Il ne vous indiquera vraisemblablement pas le type précis de carte que vous possédez mais trouvera assurément un pilote adéquat.

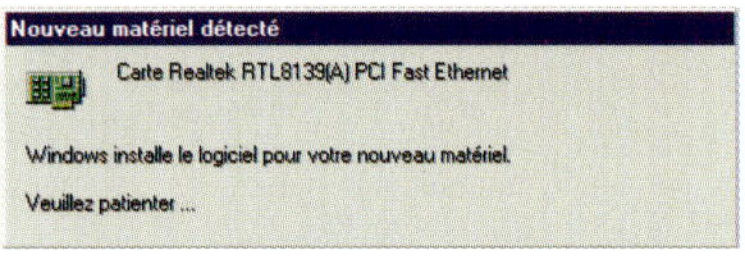

1 Au démarrage de Windows, la carte est en général **détectée automatiquement**. Si tel est le cas, insérez la disquette ou le CD-ROM contenant les pilotes de la carte dans le lecteur approprié et demandez à Windows de rechercher automatiquement le pilote sur ledit lecteur (le lecteur de disquettes est « A », le lecteur de CD-ROM est en général « D »).

2 Si elle n'est pas détectée automatiquement, double-cliquez sur l'icône **Poste de travail**.

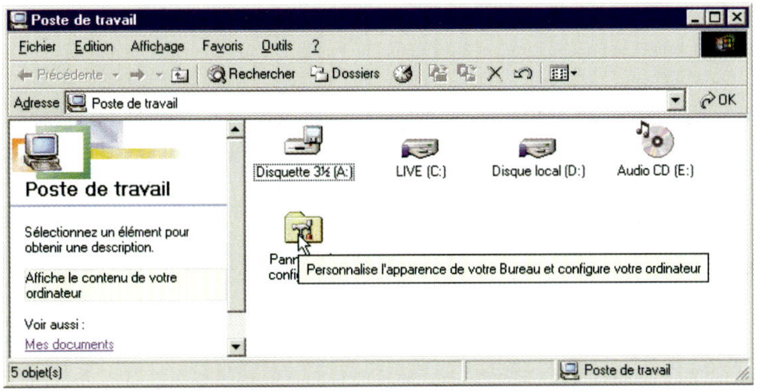

3 Double-cliquez sur l'icône **Panneau de configuration**.

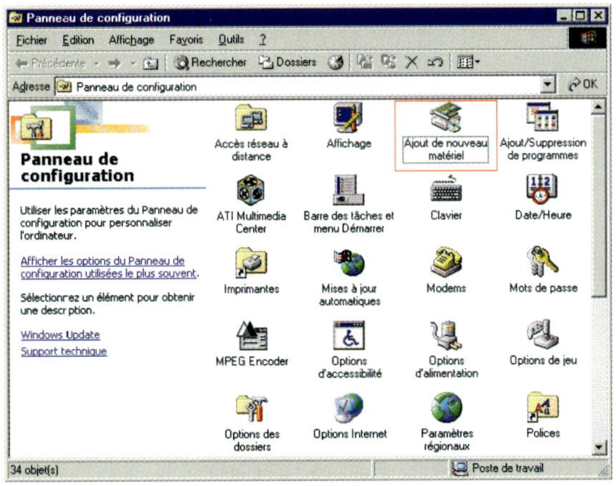

4 Double-cliquez sur l'icône **Ajout de nouveau matériel**.

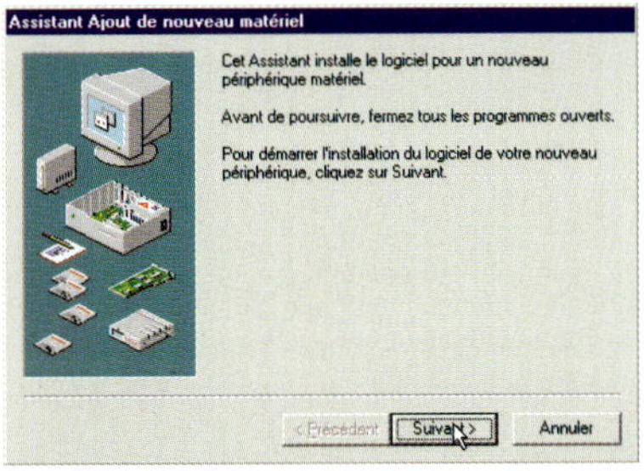

5 Cliquez sur **Suivant**. Lorsque s'affiche le message **Windows va rechercher maintenant de nouveaux périphériques Plug-and-Play sur votre système**, cliquez de nouveau sur **Suivant**.

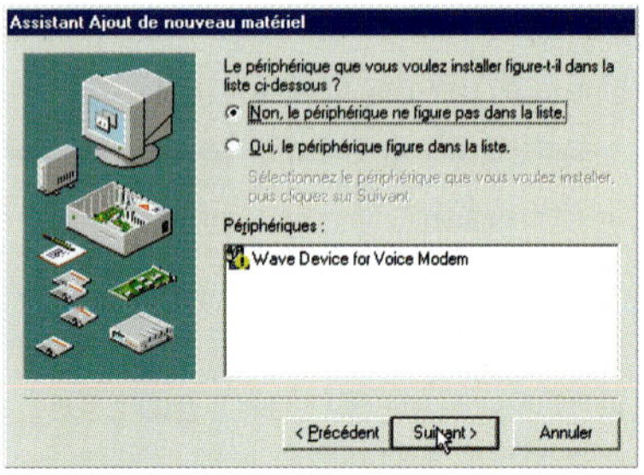

6 L'ordinateur réalise alors une recherche. Une fenêtre s'affiche si un périphérique est découvert. Si le périphérique proposé n'est pas du tout celui que vous êtes en train d'ajouter, cochez **Non** et validez en cliquant sur **Suivant**.

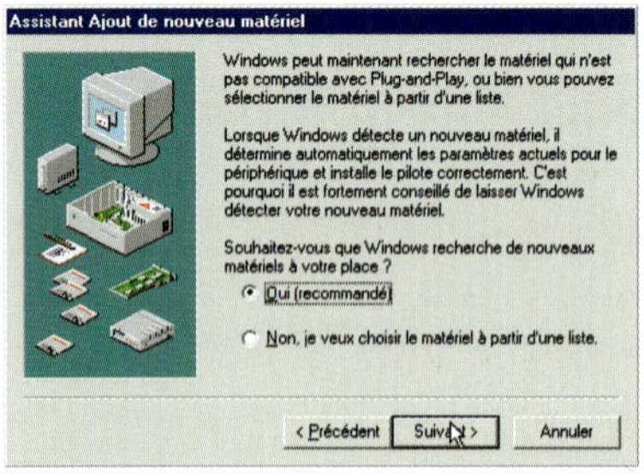

7 Windows vous propose de **rechercher les nouveaux périphériques à votre place**. Laissez cochée l'option **Oui** et validez en cliquant sur **Suivant**. La boîte de dialogue qui s'ouvre vous demande de confirmer cette recherche. Acceptez en cliquant sur **Suivant**.

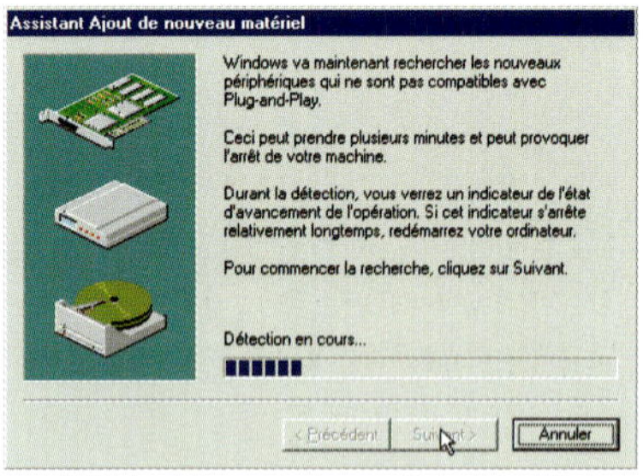

8 **La détection a lieu**.

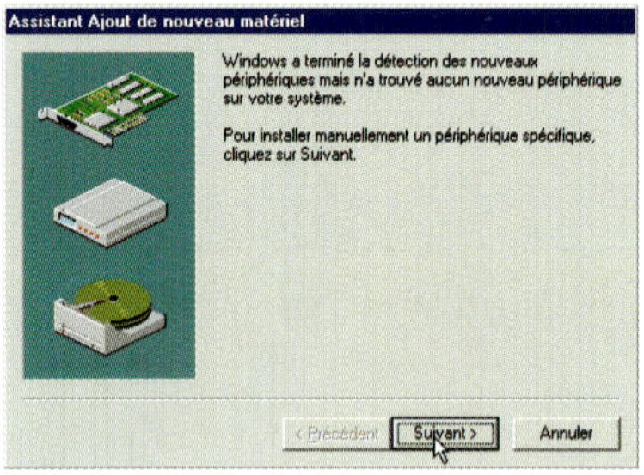

9 Si, au pire, Windows ne trouve rien (c'est mauvais signe !), vous devez **installer manuellement le pilote**.

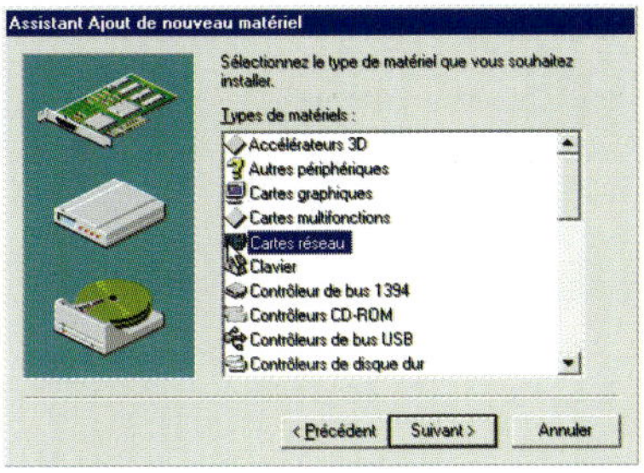

10 Cliquez sur **Suivant**, indiquez **quel type de carte vous essayez d'installer**, en l'occurrence une **carte réseau**, et cliquez sur **Suivant**.

Note

Si vous installez un adaptateur réseau USB, la démarche est la même. S'il s'agit d'une carte de type PCMCIA, il est possible que votre PC ne reconnaisse pas correctement les ports PCMCIA (voir Partie 9, « Tests et dépannages réseau »).

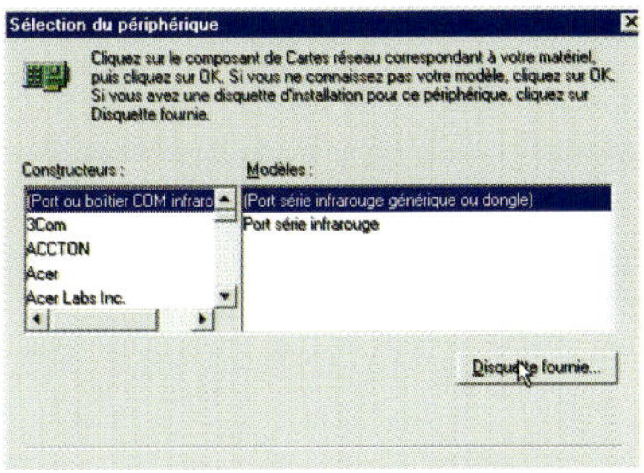

11 Dans la fenêtre qui s'affiche, cliquez sur le bouton **Disquette fournie**. Comme dans le cas précédent, c'est-à-dire lorsque la carte réseau est automatiquement détectée, Windows vous demande d'indiquer le chemin vers le pilote de la carte.

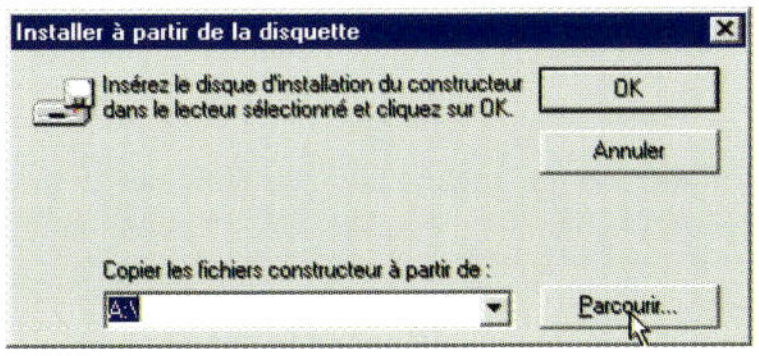

12 Cliquez sur le bouton **Parcourir** et indiquez où se trouve le pilote, en l'occurrence sur le lecteur de disquettes, éventuellement dans le répertoire propre à votre version de Windows. Si tout se passe bien, sélectionnez la carte qui s'affiche dans la liste et validez en cliquant sur OK.

Note

Si la liste des cartes ne s'affiche pas, lisez la Partie 9, « Tests et dépannages réseau ».

Installation des protocoles pour Windows 95, 98, 98SE et Me

Par défaut, Windows 98, 98SE et Me possèdent la couche réseau TCP/IP nécessaire à l'accès Internet. Les premières versions de Windows 95 demandaient une installation manuelle. Nous décrivons ici comment ajouter un protocole réseau, sachant que tous les possesseurs de Windows 98, 98SE et Me n'auront pas nécessairement besoin de procéder à cette opération.

Note

Sous Windows 98, 98SE ou Me, nous vous conseillons d'installer le protocole NetBEUI ; il est simple à utiliser et fiable pour ce qui touche au partage d'une imprimante ou d'un disque dur.

1 Double-cliquez sur l'icône **Poste de travail**.

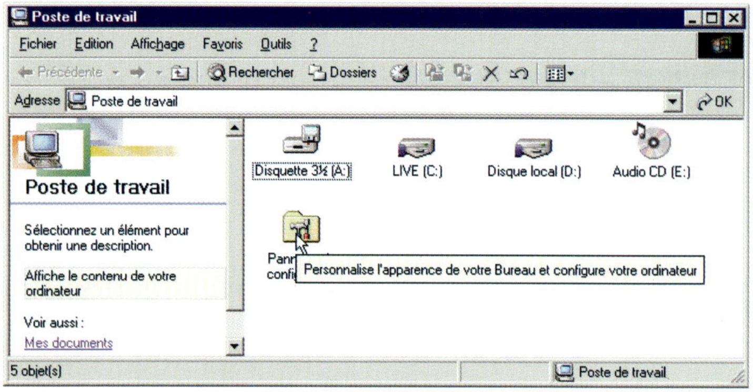

2 Double-cliquez sur l'icône **Panneau de configuration**.

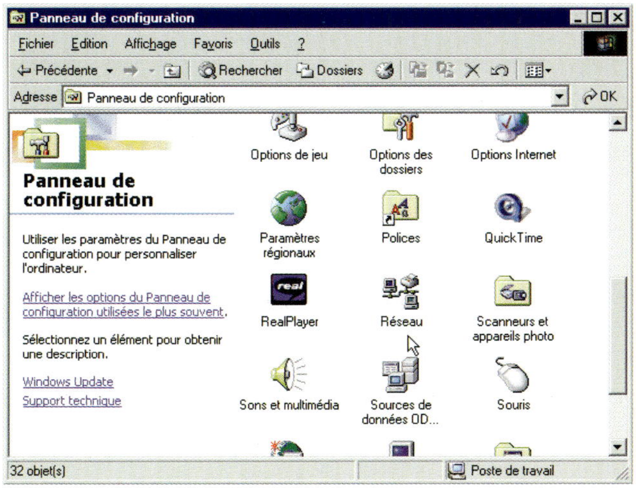

3 Double-cliquez sur l'icône **Réseau**.

Astuce

Méthode rapide : au lieu de double-cliquer sur l'icône **Réseau** du Panneau de configuration depuis le Bureau, faites un **clic droit** sur l'icône **Voisinage réseau** (ou **Favoris réseau**) et choisissez **Propriétés**.

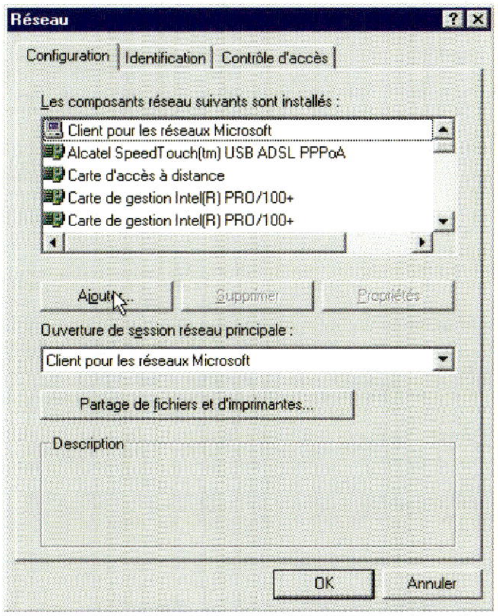

4 Pour ajouter un protocole, cliquez sur le bouton **Ajouter**.

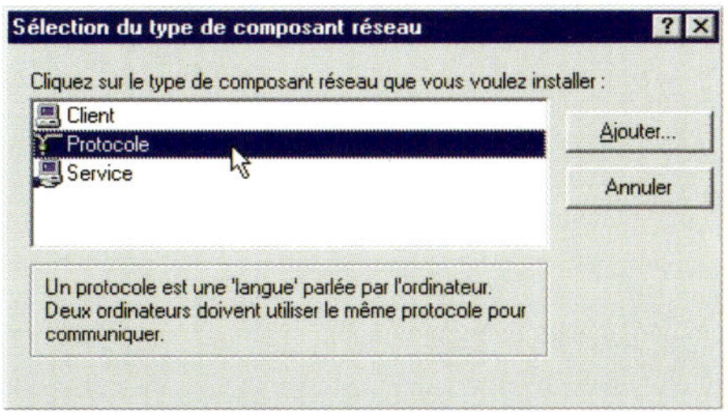

5 Choisissez l'option **Protocole** et cliquez sur **Ajouter**.

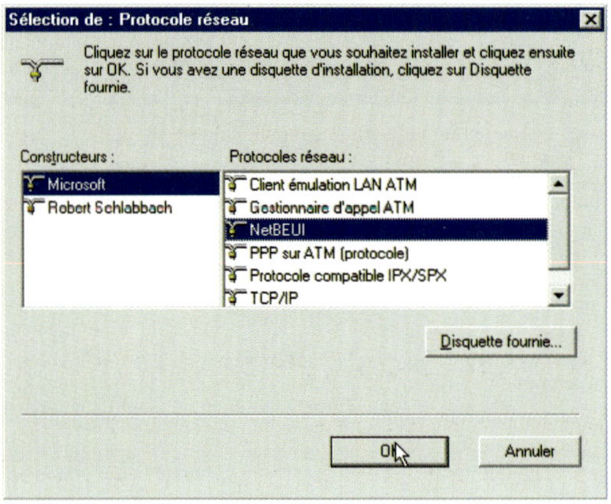

6 Choisissez **Microsoft** (s'il y a plusieurs choix qui s'affichent) puis **NetBEUI**. Cliquez sur OK. Windows rapatrie les informations depuis le répertoire de stockage des fichiers d'installation de Windows ou depuis le CD-ROM qu'il vous demande d'insérer. Redémarrez l'ordinateur. Le protocole est à présent installé.

Note

Pour ajouter le protocole TCP/IP indispensable à Internet, s'il n'est pas déjà installé (c'est le cas sous Windows 95 première édition), suivez la même procédure jusqu'à l'étape 5 et, à l'étape 6, choisissez **Microsoft** et **TCP/IP**.

Configuration des adresses IP pour Windows 95, 98, 98SE et Me

Il est essentiel de configurer correctement un PC pour l'accès à votre futur réseau. Le principe est de configurer un poste du réseau autre que celui susceptible d'accueillir le partage de connexion à Internet. Ce poste doit être totalement standard et, avec un minimum de modifications, il doit pouvoir accéder à Internet via *un autre PC partageur (voir Parties 6, 7 et 8) ou un routeur matériel.*

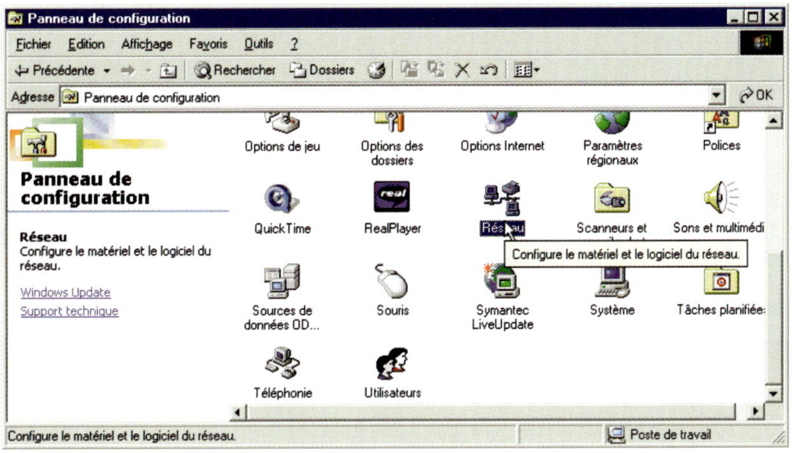

1 Pour configurer l'adresse IP de la carte réseau intégrée à votre ordinateur, cliquez successivement sur les icônes **Poste de travail**, **Panneau de configuration** puis **Réseau**.

Astuce

Méthode rapide : au lieu de double-cliquer sur l'icône **Réseau** du Panneau de configuration depuis le Bureau, faites un **clic droit** sur l'icône **Voisinage réseau** (ou **Favoris réseau**) et choisissez **Propriétés**.

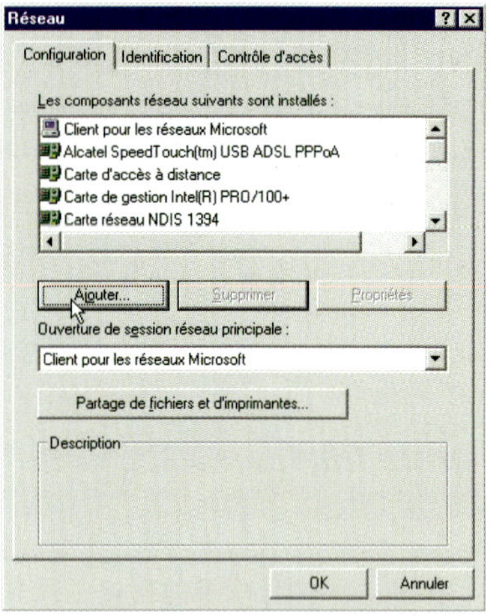

2 Si vous avez correctement installé votre carte réseau, elle s'affiche en tant que **Carte XXX** en plus de la carte d'accès à distance et de la carte réseau connectée à un éventuel modem câble ou ADSL en Ethernet.

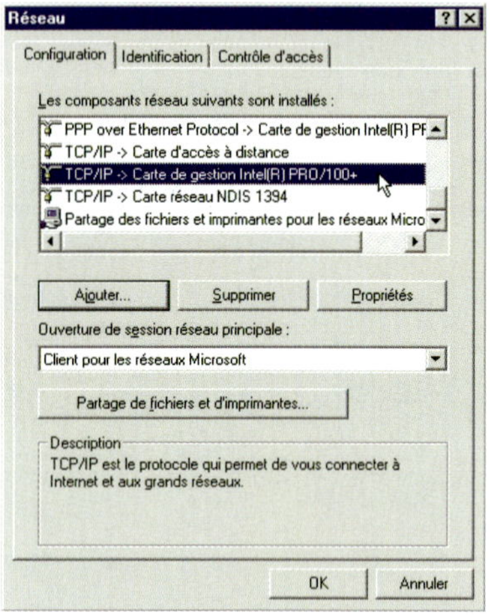

3 Dans la liste des cartes et protocoles (au besoin, utilisez les flèches haut et bas pour la faire défiler) figure normalement une ligne du type **TCP/IP pour la carte XXXX**.

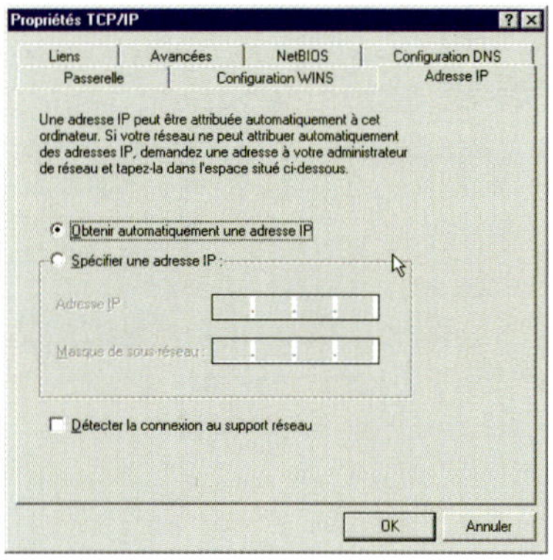

4 Double-cliquez sur cette ligne : le panneau **Adresse IP** de la fenêtre **Propriétés TCP/IP** s'affiche.

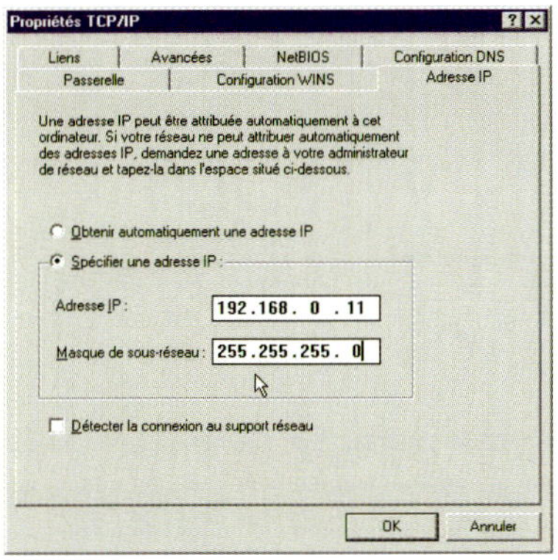

5 Cochez la case **Spécifier une adresse IP** et entrez l'adresse **192.168.0.11** s'il s'agit du **premier poste** que vous configurez pour le nouveau réseau. Dans la case **Masque de sous-réseau**, saisissez la valeur **255.255.255.0**, et ce pour tous les postes. Si la case **Détecter la connexion au support réseau** est présente en bas de la fenêtre, décochez-la ou laissez-la décochée.

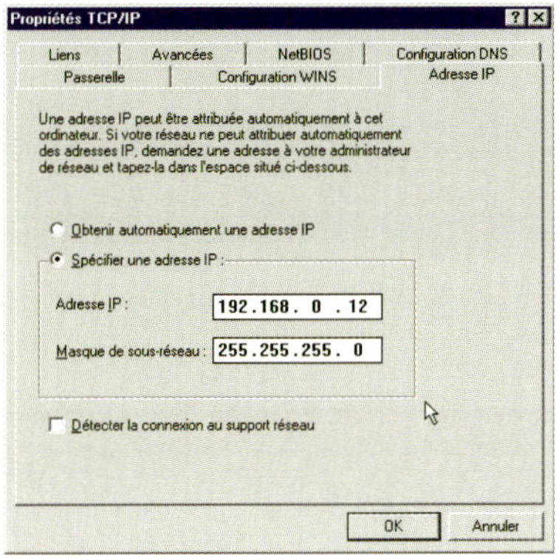

6 Entrez l'adresse **192.168.0.12** pour le **deuxième poste**, etc. (la dernière valeur peut aller jusqu'à 255 mais ne changez aucun des trois premiers chiffres). **La valeur du Masque de sous-réseau est toujours 255.255.255.0**.

Note

Pour continuer la configuration de chaque poste sous Windows 95, 98, 98SE et Me, lisez la rubrique suivante « Configuration des noms de PC et de "domaines" pour Windows 95, 98, 98SE et Me ».

Configuration des noms de PC et de « domaines » pour Windows 95, 98, 98SE et Me

Sous Windows, c'est principalement le nom du groupe de travail (workgroup) qui est nécessaire pour réaliser un petit réseau. Le nom de « domaine » Windows est réservé aux réseaux un peu plus évolués, disposant d'un serveur sous Windows NT Serveur, 2000 Serveur ou. NET serveur et demandant ce que l'on appelle une ouverture de session sous un nom de domaine.

Attention

Sur un réseau simple, n'utilisez jamais la fonction d'ouverture de session sous un domaine NT à moins de savoir exactement ce que vous faites et de disposer d'un serveur équipé d'un contrôleur de domaine NT. Si vous ne comprenez pas cet avertissement, contentez-vous de suivre scrupuleusement nos conseils.

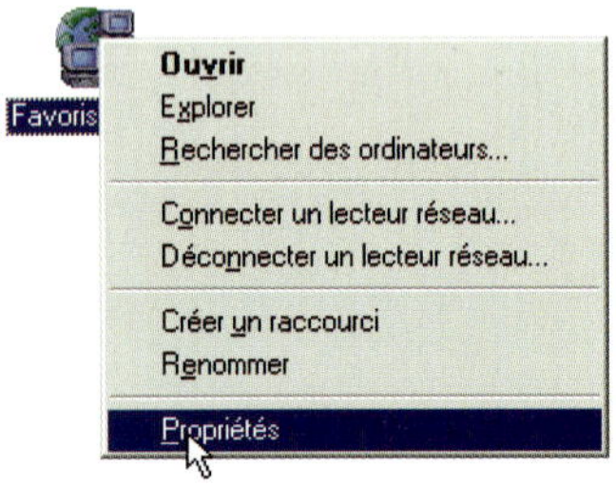

1. Accédez au **panneau de configuration du réseau** en cliquant du bouton droit sur l'icône **Favoris réseau** ou **Voisinage réseau** de votre Bureau et en choisissant **Propriétés** dans le menu contextuel.

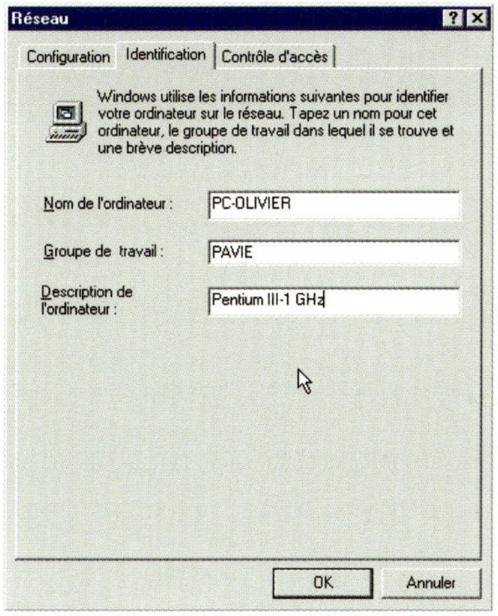

2 Cliquez sur l'onglet **Identification**.

Dans la zone de saisie **Nom de l'ordinateur**, entrez un nom d'ordinateur qui vous permette de l'identifier facilement parmi les machines réparties dans les différents bureaux ou à différents étages. Si les bureaux sont numérotés, utilisez éventuellement ces numéros. Si vous êtes en famille, choisissez par exemple le prénom de chacun.

Dans la zone de saisie **Groupe de travail**, entrez un nom significatif : le nom de la société ou celui de la famille, par exemple. L'essentiel est que le même nom de groupe de travail soit indiqué sur tous les postes qui doivent accéder au réseau !

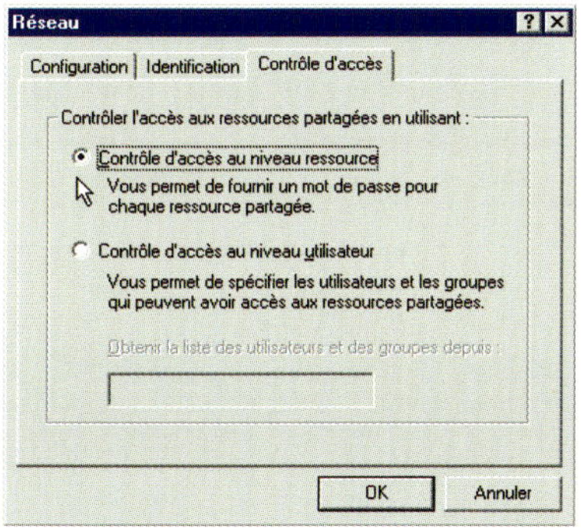

3 Dans l'onglet **Contrôle d'accès**, laissez cochée l'option **Contrôle d'accès au niveau ressource**.

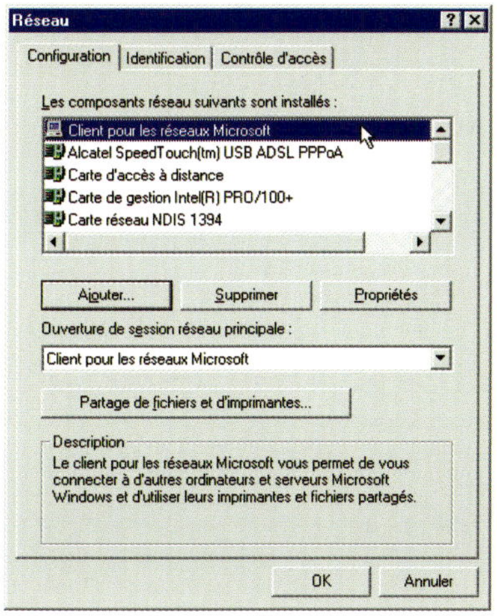

4 Dans le panneau **Configuration**, la ligne **Client pour les réseaux Microsoft** est la première à s'afficher.

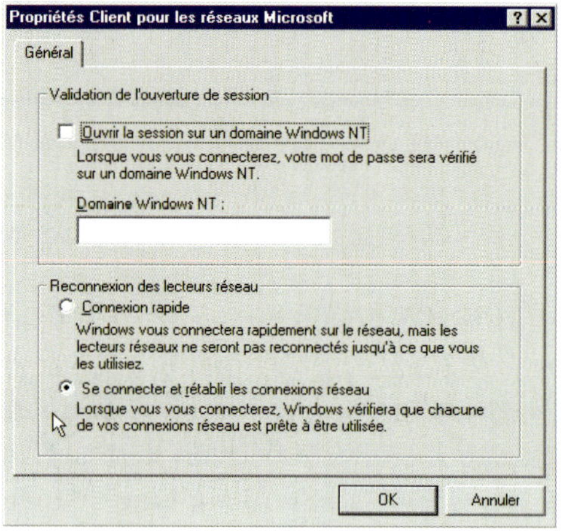

5 Double-cliquez sur la ligne **Client pour les réseaux Microsoft**. Dans le panneau **Général** qui s'affiche, vérifiez que la case **Ouvrir la session sous un domaine NT** est décochée, qu'il n'y a rien dans la case **Domaine Windows** et que la case **Se connecter et rétablir les connexions réseau** est cochée.

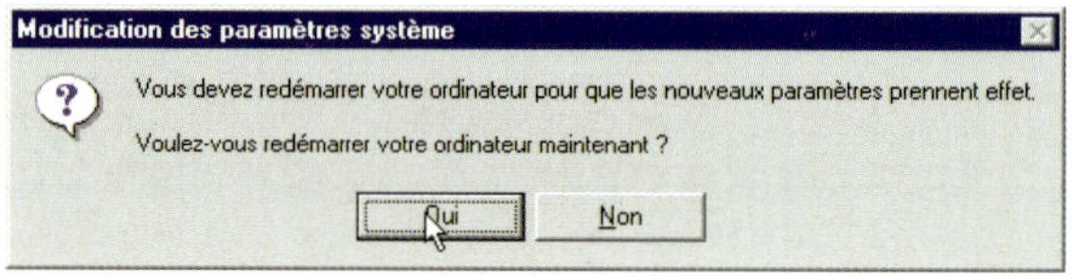

6 Validez l'ensemble des fenêtres et boîtes de dialogue. Votre PC vous demande de redémarrer.

Note

Supposons le protocole NetBEUI installé sur tous les postes sous Windows 95, 98, 98SE et Me, les adresses IP ainsi que le nom du groupe de travail correctement configurés et tous les postes connectés entre eux. Vous pouvez les afficher (mais pas encore disposer de leurs ressources) en procédant ainsi :

Sous Windows 95, 98 et 98SE : sur le Bureau, double-cliquez sur l'icône **Voisinage réseau** puis sur le nom du **Groupe de travail** qui doit s'afficher.

Sous Windows Me : sur le Bureau, double-cliquez sur **Favoris réseau**, sur **Tout le réseau** (en cliquant sur **Afficher tout le contenu de ce dossier**), puis sur le nom du **Groupe de travail** qui doit s'afficher.

Installation des protocoles pour Windows XP

Par défaut, Windows XP possède la couche réseau TCP/IP nécessaire à l'accès Internet. Nous expliquons ici comment ajouter un protocole réseau à Windows XP. Cette opération n'est pas indispensable, sauf si, par exemple, vous envisagez d'utiliser d'anciens jeux nécessitant le protocole IPX ou d'accéder à un réseau de type Netware avec un serveur Novell.

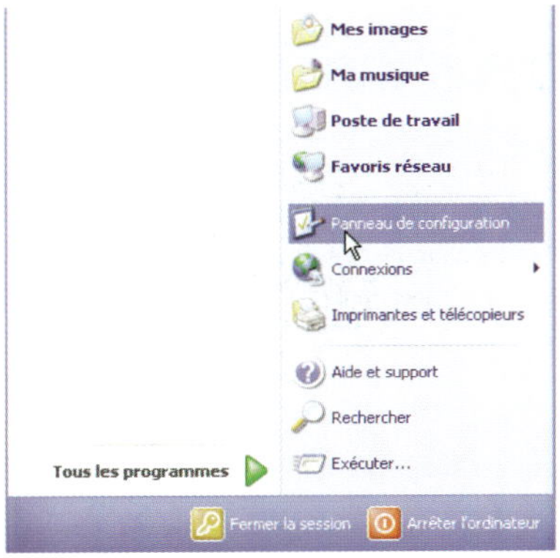

1 A l'aide du bouton **Démarrer**, accédez au Panneau de configuration.

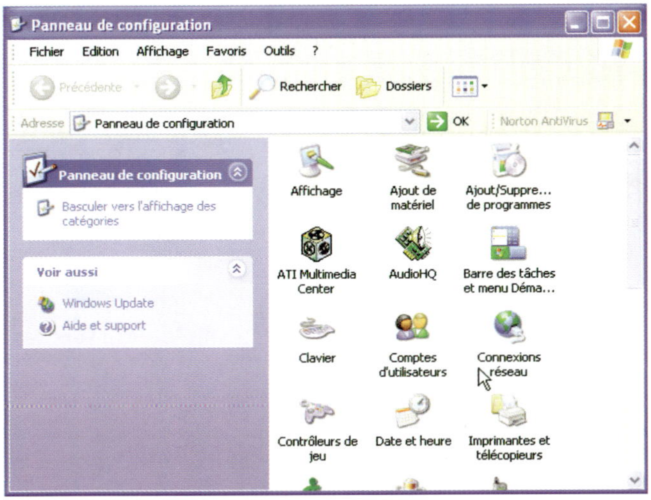

2 Double-cliquez sur l'icône **Connexions réseau**.

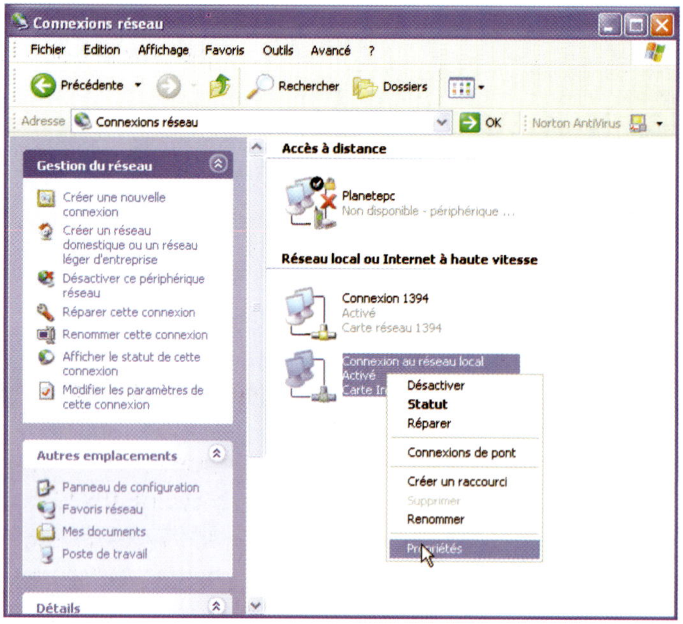

3 Faites un clic droit sur l'icône **Connexion au réseau local** qui doit s'afficher si une carte réseau est correctement installée (normalement, cela est fait tout seul par XP) et cliquez sur **Propriétés**.

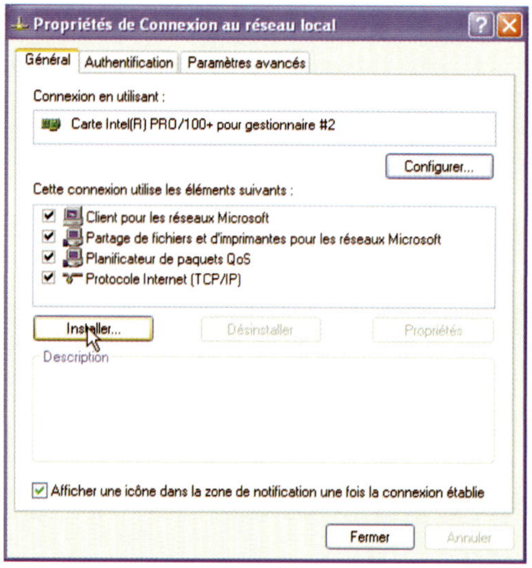

4 Dans la fenêtre qui s'affiche, le nom de la carte réseau employée est inscrit en haut, sous la mention **Connexion en utilisant**. Par ailleurs, dans la section **Cette connexion utilise les éléments suivants**, l'option **Protocole Internet TCP/IP** est normalement activée. Cliquez sur le bouton **Installer**.

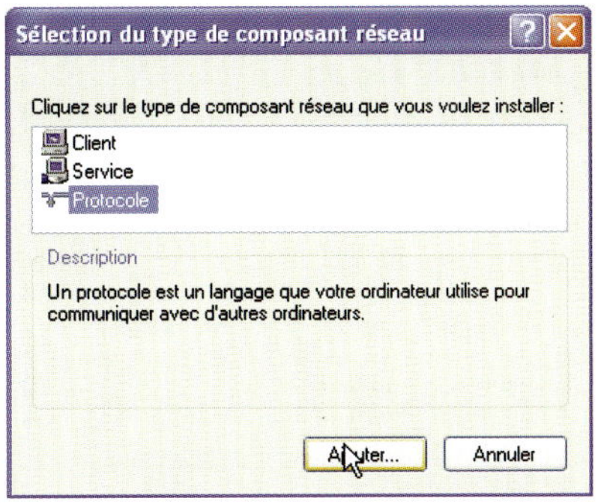

5 Choisissez **Protocole** puis cliquez sur le bouton **Ajouter**.

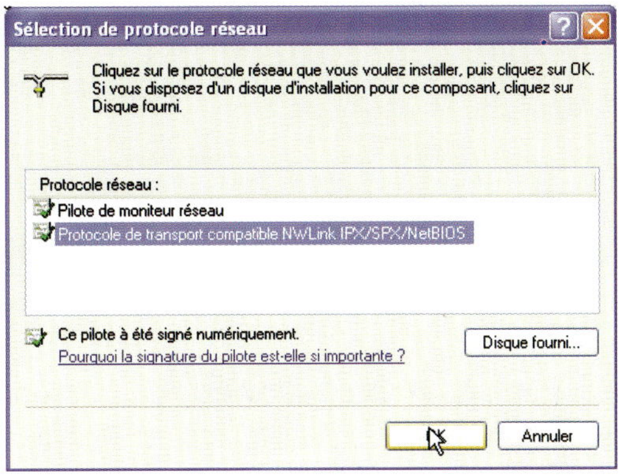

6 Dans la liste qui s'affiche, cliquez sur **Protocole de transport compatible NWLink IPX/SPX** et validez en cliquant sur OK. Windows XP récupère les informations nécessaires dans ses fichiers d'installation et ne vous demande pas le CD-ROM. Acceptez le redémarrage.

Configuration des adresses IP pour Windows XP

Il est essentiel de configurer correctement un PC pour l'accès à votre futur réseau. Le principe est de configurer un poste du réseau autre que celui susceptible d'accueillir le partage de connexion à Internet. Ce poste doit être totalement standard et, avec un minimum de modifications, il doit pouvoir accéder à Internet via *un autre PC partageur (voir Parties 6, 7 et 8).*

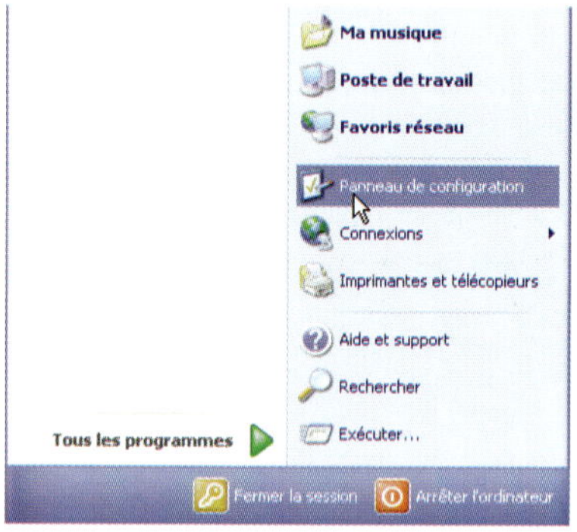

1 A l'aide du bouton **Démarrer**, accédez au Panneau de configuration.

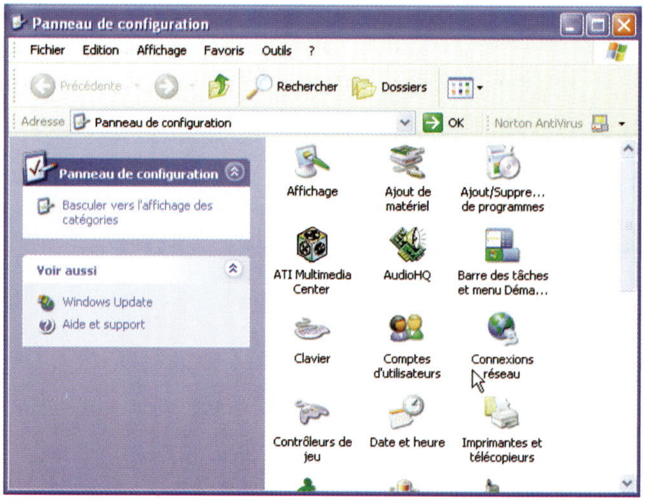

2 Double-cliquez sur l'icône **Connexions réseau**.

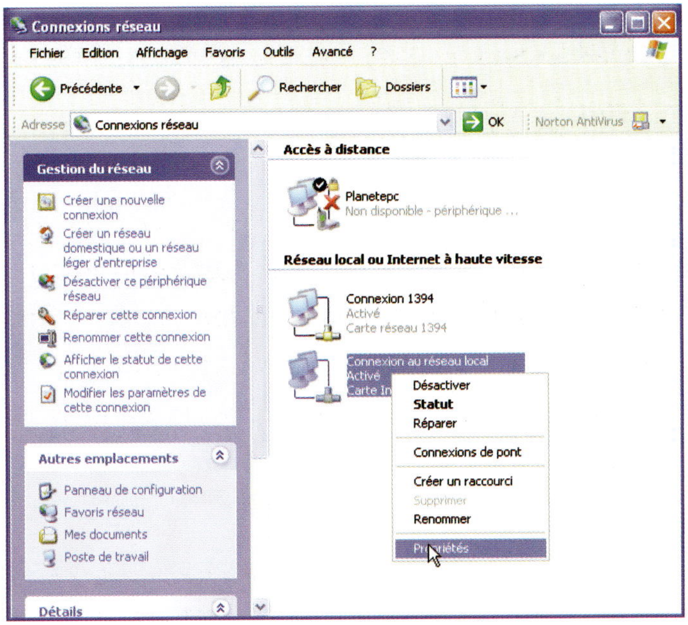

3 Faites un clic droit sur l'icône **Connexion au réseau local** qui doit s'afficher si une carte réseau est correctement installée (normalement, tout cela est fait tout seul par XP) et cliquez sur **Propriétés**.

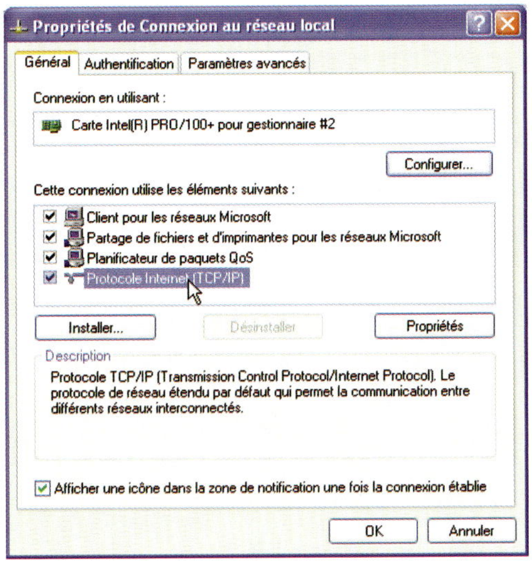

4 Dans la fenêtre qui s'affiche, le nom de la carte réseau employée est inscrit en haut, sous la mention **Connexion en utilisant**. Par ailleurs, dans la rubrique **Cette connexion utilise les éléments suivants**, double-cliquez sur la ligne **Protocole Internet TCP/IP**.

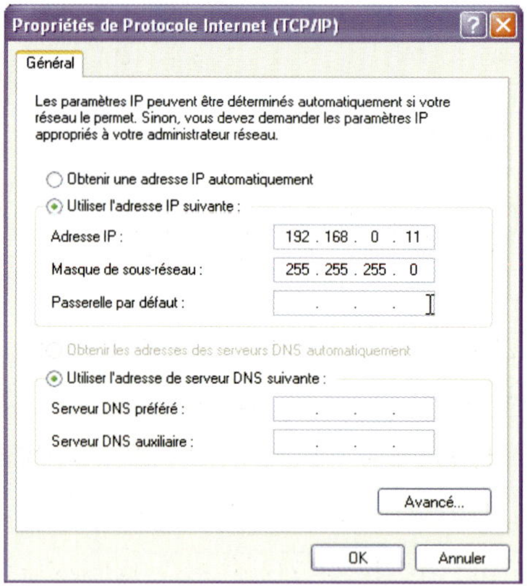

5 Dans la nouvelle fenêtre, cochez **Utiliser l'adresse IP suivante** et entrez l'adresse **192.168.0.11** pour le **premier poste**. Dans la case **Masque de sous-réseau**, entrez **255.255.255.0**, et ce pour tous les postes. Laissez vide pour l'instant la case **Passerelle par défaut** et ne mentionnez pas d'adresse dans la case **Serveur DNS préféré**.

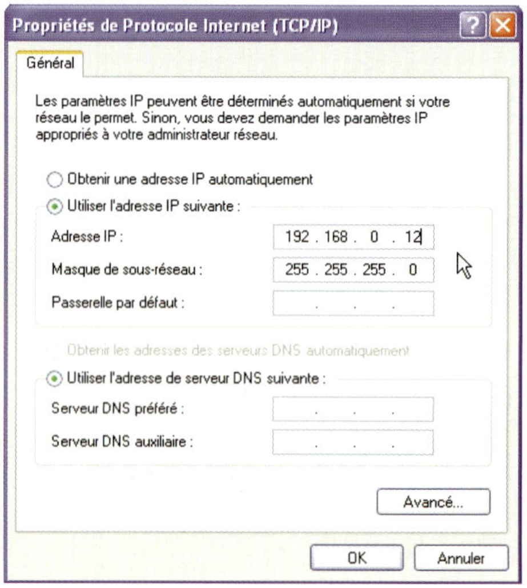

6 Entrez l'adresse **192.168.0.12** pour le **deuxième poste**, etc. (la dernière valeur peut aller jusqu'à 255 mais ne changez aucun des trois premiers chiffres). **La valeur du Masque de sous-réseau est toujours 255.255.255.0**.

Note

Pour continuer la configuration de chaque poste sous Windows XP, lisez la rubrique suivante « Configuration des noms de PC et de "domaines" pour Windows XP ».

Configuration des noms de PC et de « domaines » pour Windows XP

Sous Windows XP, comme pour les autres versions de Windows, il faut définir le nom de groupe de travail et le nom de l'ordinateur pour pouvoir dialoguer avec les autres machines connectées au réseau. La compatibilité avec les autres versions de Windows est assurée ; seule la procédure de configuration change un peu.

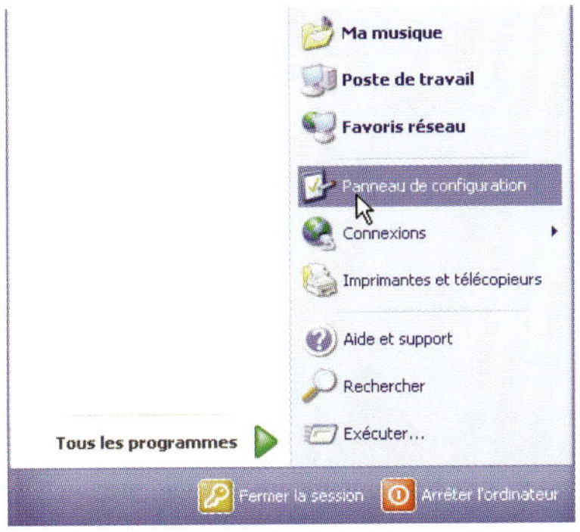

1 A l'aide du bouton **Démarrer**, accédez au Panneau de configuration.

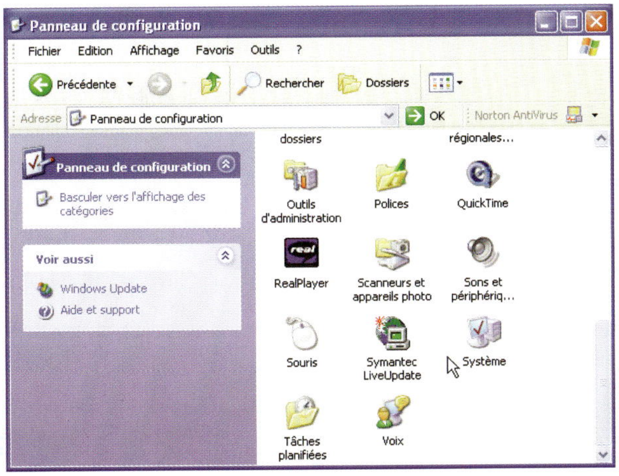

2 Double-cliquez sur l'icône **Système**.

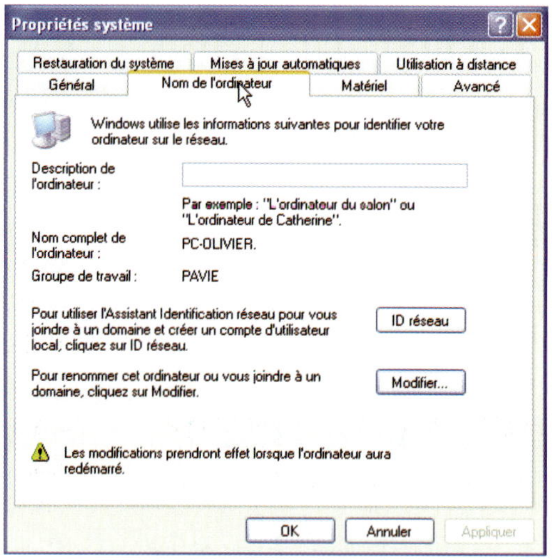

3 Dans la fenêtre **Propriétés système**, accédez au panneau **Nom de l'ordinateur**.

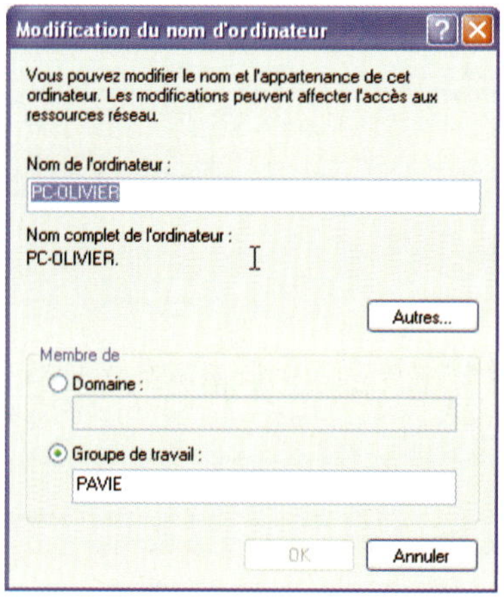

4 Pour donner un nom à l'ordinateur ou le changer, comme pour indiquer le nom de **Groupe de travail**, cliquez sur le bouton **Modifier**. Dans la fenêtre **Modification du nom d'ordinateur**, procédez ainsi :

Dans la zone de saisie **Nom de l'ordinateur**, entrez un nom d'ordinateur qui vous permette de facilement l'identifier parmi les machines réparties dans les différents bureaux ou à différents étages. Si les bureaux sont numérotés, utilisez éventuellement ces numéros. Si vous êtes en famille, choisissez par exemple le prénom de chacun.

Cochez la case **Groupe de travail** et entrez un nom significatif : le nom de la société ou celui de la famille, par exemple. L'essentiel est que le même nom de groupe de travail soit indiqué sur tous les postes qui doivent accéder au réseau !

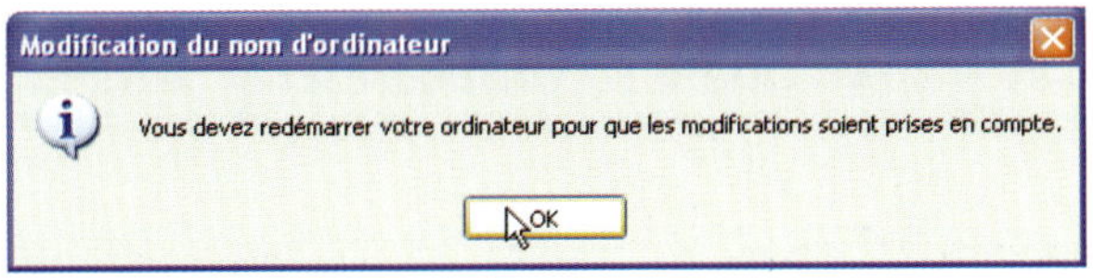

5 Validez les modifications en cliquant sur OK. Si vous avez changé le nom de l'ordinateur (ce qui est en général une bonne idée vu les noms farfelus choisis par Windows XP), Windows vous demande de redémarrer. En revanche, si vous avez juste changé de nom de groupe de travail, vous n'avez pas à redémarrer. Bienvenue dans votre groupe de travail !

Attention

Dans la rubrique **Membre de**, ne cochez surtout pas la case **Domaine**, sauf si vous êtes connecté à un réseau professionnel avec un serveur installé en tant que contrôleur de domaine sous Windows NT Serveur, Windows 2000 Serveur ou Windows Serveur 2003.

Note

La protection activée par défaut dans Windows XP vous empêche de voir les autres postes du réseau (voir Partie 5).

Particularités des réseaux sans fil

Les réseaux sans fil se greffent sur les couches réseau de Windows mais aussi sur d'autres environnements (Linux, UNIX, Mac OS, etc.). Les développeurs ont presque intégré un paramétrage supplémentaire pour que les utilisateurs puissent accéder aux autres postes en réseau, qu'ils soient sous la norme 802.11b ou en réseau sans fil « tout bête ».

Note

Nous nous intéressons ici aux réseaux sans fil basés sur la norme 802.11b. Pour d'autres réseaux ou des options complémentaires de la norme 802.11b, lisez la notice livrée avec votre adaptateur.

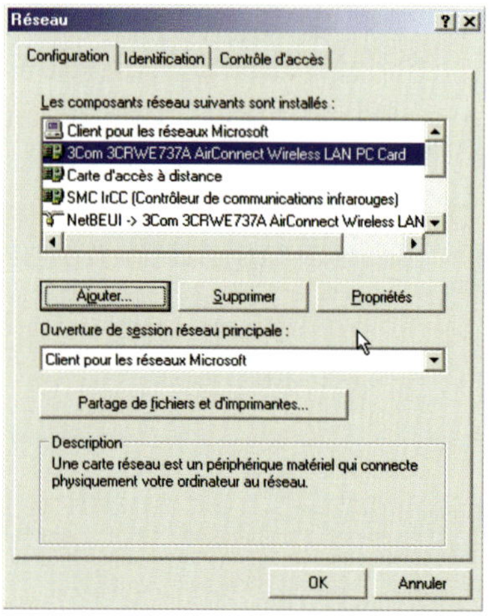

1 Dans un réseau sans fil à la norme 802.11b, tous les utilisateurs du réseau se servent d'un identifiant commun, baptisé SSID (*Service Set IDentifier*) ou encore Wireless LAN Service Area. Cet identifiant est défini dans les caractéristiques du pilote de la carte réseau, accessibles *via* l'icône **Réseau** sise sur le Panneau de configuration.

Note

Si vous n'utilisez pas de point d'accès dans votre réseau sans fil, vous devez utiliser le mode **ad-hoc** des cartes WiFi. Si vous utilisez un point d'accès, choisissez le mode **infrastructure**.

2 Double-cliquez sur le nom de votre carte. Selon son modèle, vous vous retrouvez dans l'un des cas de figure suivants :

Soit vous entrez le SSID directement dans la fenêtre qui s'affiche.

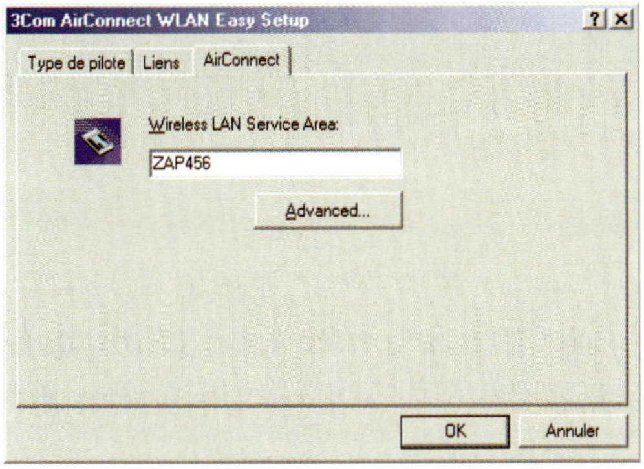

Soit vous accédez au panneau **Avancés**. Choisissez alors l'option **SSID** et définissez l'identifiant dans la case **Valeur**.

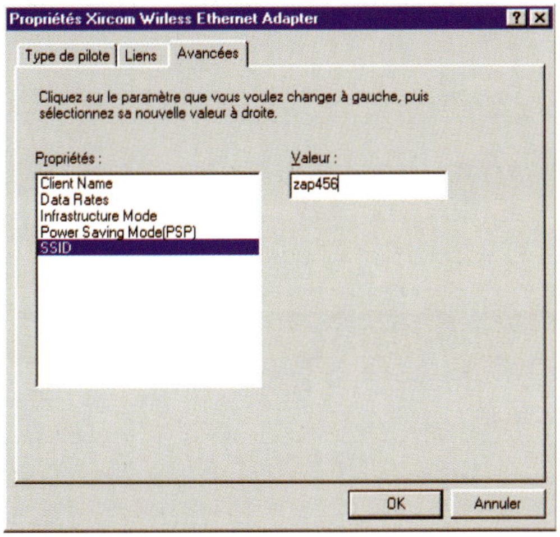

Attention

Un réseau sans fil est très simple à pirater depuis l'extérieur. C'est d'autant plus simple si vous ne prenez pas un minimum de précautions. Pour commencer, choisissez un SSID qui ne soit pas celui affecté par le constructeur de la carte. Evitez le nom de votre société, votre nom de famille ou le nom de votre rue. Considérez le SSID comme un mot de passe très personnel, même s'il est utilisé sur tous les ordinateurs du réseau sans considération du WEP. Autre conseil : si vous utilisez une base compatible 802.11b, **désactivez** la fonction **Broadcast SSID** ou **Accept Broadcast Wireless LAN Service Area** si elle existe ; son but est de diffuser le SSID à qui le demande, ce qui facilite grandement le piratage !

Exemple de configuration d'une base 802.11b

Il est possible de sécuriser les réseaux sans fil, de préférence à la norme 802.11b, pour empêcher des intrusions externes. Le principe est de paramétrer la base et les cartes d'accès. Vous obtiendrez le maximum de sécurité en plaçant une clé de cryptage des données sous 40, 64 ou 128 bits. Voyons l'exemple du 3Com AirConnect.

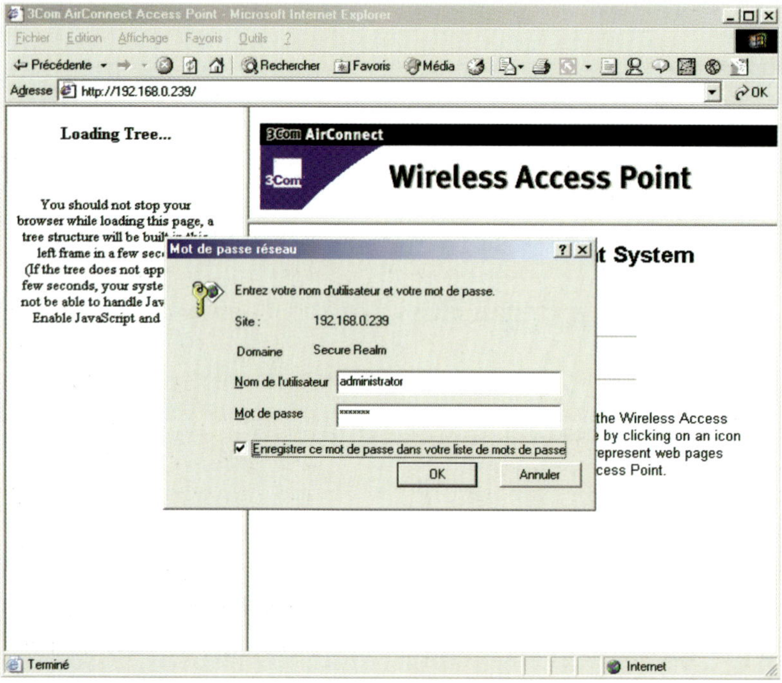

1 Accédez à la base. Avec le 3Com AirConnect, comme avec la plupart des bases à la norme 802.11b, vous pouvez accéder aux paramètres de la base au moyen d'un simple navigateur, en entrant son adresse IP. En premier lieu, vous devez fournir un nom de login et un mot de passe pour entrer dans cette zone « sensible ».

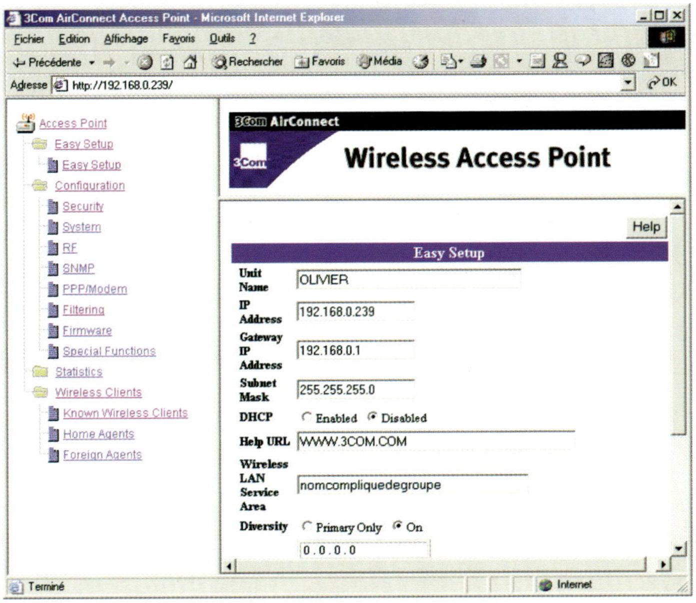

2 Configurez le groupe de travail en réseau. Pour la norme 802.11b, l'un des premiers aspects de la sécurisation consiste à entrer le nom d'un groupe de travail propre au réseau sans fil, qui s'ajoute à celui que vous utilisez à l'intérieur du réseau classique. De préférence, ne saisissez pas le même libellé. Choisissez un nom de groupe suffisamment compliqué pour que personne de l'extérieur ne le trouve.

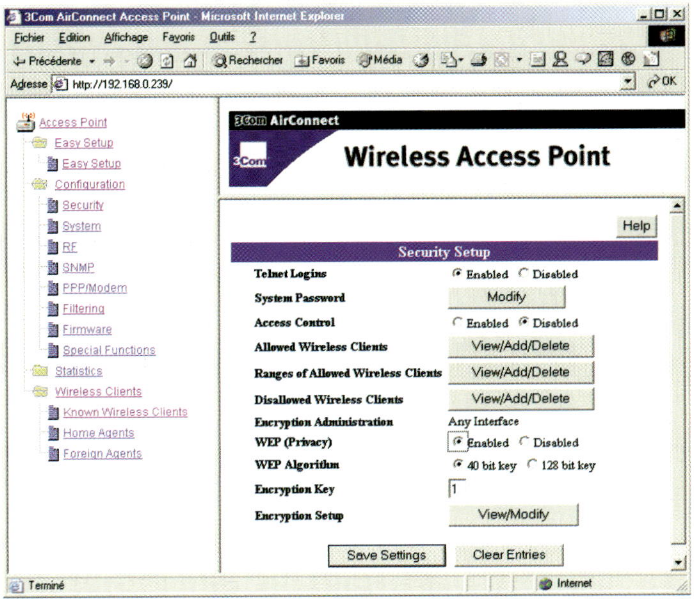

3 Activez le cryptage de flux de données. Vous devez posséder cette fonction sur la base et sur les cartes réseau. Attention : les constructeurs fournissent parfois un environnement où le cryptage est une fonction complémentaire de leur réseau sans fil. Ce sont en général les cartes d'accès qui ont ou n'ont pas la possibilité d'utiliser des flux cryptés en 40, 64 ou 128 bits. Selon les constructeurs, il faut acquérir un logiciel complémentaire de cryptage ou acquérir d'autres cartes plus chères. Le réseau AirConnect est par défaut capable de crypter en 40 bits.

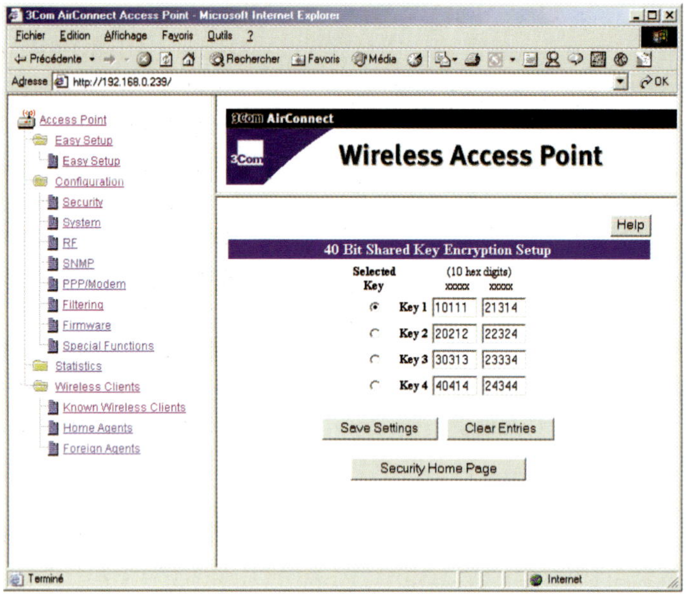

4. Choisissez la clé. La clé de cryptage utilisée est éventuellement un modèle fourni par le constructeur, mais vous pouvez la remplacer par celle de votre choix. Il est essentiel de bien paramétrer le logiciel des postes clients pour être certain que tout fonctionnera. L'activation d'une clé de cryptage augmente le travail du processeur central du PC, même si cela est négligeable sur les PC actuels.

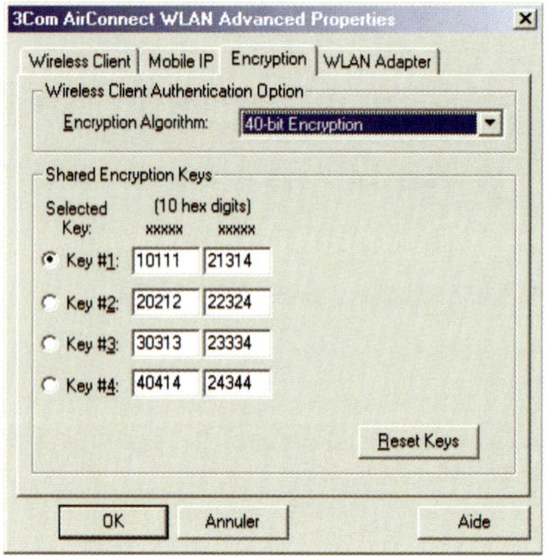

5. Installez les pilotes avec la gestion de cryptage sur les PC et portables sans fil. Pour que portables et PC puissent accéder au réseau, vous devez installer le pilote adéquat gérant le cryptage sur 40 bits. Ce pilote s'installe comme n'importe quel autre pilote. Une fenêtre s'ouvre dans laquelle vous entrez les paramètres souhaités ; bien évidemment, la clé de cryptage par défaut est la même que celle proposée par défaut sur la base.

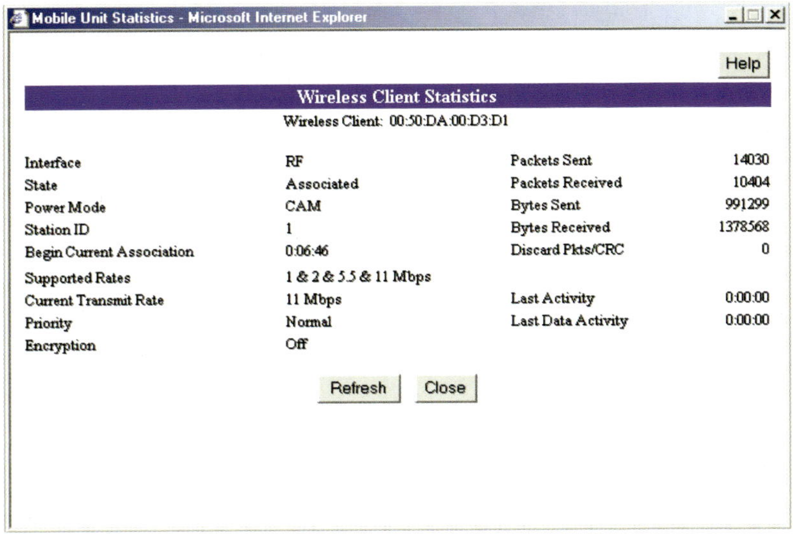

6 Rebootez les PC et le point d'accès. Si vous n'avez jamais utilisé un algorithme de cryptage des données pour votre point d'accès, vous devez le redémarrer pour qu'il prenne en compte le cryptage. Idem si vous venez de configurer vos cartes d'accès en réseau sans fil. Dans le cas du point d'accès 3Com, l'information relative au cryptage des données n'est pas indiquée dans la fenêtre d'informations de la carte connectée. Cependant, si vous désactivez la clé de cryptage sur l'ordinateur distant, vous ne pouvez plus accéder au réseau.

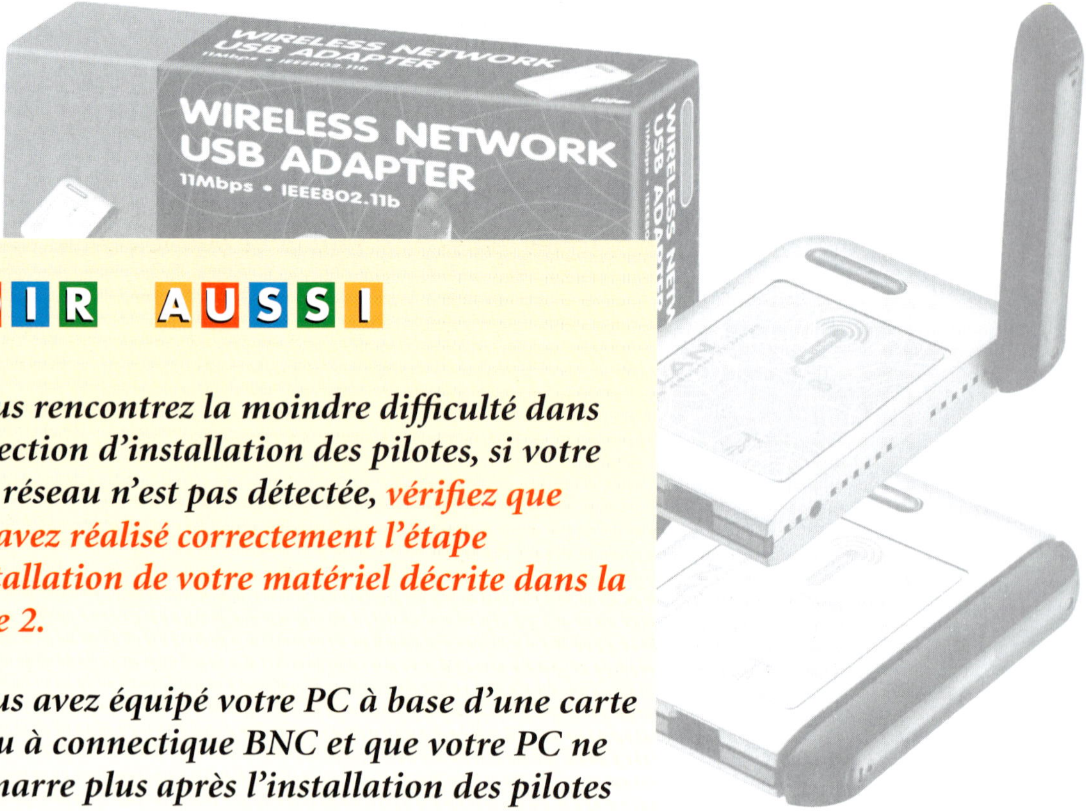

VOIR AUSSI

Si vous rencontrez la moindre difficulté dans une section d'installation des pilotes, si votre carte réseau n'est pas détectée, vérifiez que vous avez réalisé correctement l'étape d'installation de votre matériel décrite dans la Partie 2.

Si vous avez équipé votre PC à base d'une carte réseau à connectique BNC et que votre PC ne redémarre plus après l'installation des pilotes et le redémarrage de Windows, raccordez la sortie BNC de la carte au dispositif de câblage décrit dans la Partie 4.

Si vous disposez d'une carte réseau interne de type Plug and Play et qu'elle n'est pas du tout détectée par Windows, essayez de changer son emplacement physique dans le PC en l'intégrant dans un autre connecteur d'extension. Au besoin, reportez-vous à la Partie 9.

PARTIE 4

Réalisation du câblage

N'importe quel magasin de matériel informatique qui vend des cartes réseau propose aussi les câbles qu'il faut pour du câblage en RJ45 ou BNC.

Pour le RJ45 :
Pour chaque ordinateur à relier à un hub, choisissez un câble de catégorie 5 (pour une connexion 10/100) ou de catégorie 6 (pour une connexion 10/100/1000) droit et non croisé.
Si vous devez relier deux ordinateurs en RJ45 sans passer par un hub (vous ne pouvez alors relier que deux ordinateurs), achetez un câble croisé.
Si vous achetez des câbles prêts à l'emploi, vous n'avez pas besoin de savoir comment ils sont faits. Néanmoins, pour ceux que cela intéresse, nous décrivons ces caractéristiques dans la rubrique « Normes de câblage RJ45 », dans cette partie.
Les câbles RJ45 de catégorie 5 ou de catégorie 6 sont vendus en différentes longueurs, allant de 50 cm à 15 m ou plus. Les câbles de longueur inférieure ou égale à 1 m servent à l'élaboration de « panneau de brassage » (sorte d'armoire à fils). Les câbles mesurant de 1,50 m à 3 m servent en général à relier des ordinateurs à des prises murales, voire à un hub lorsque tous les ordinateurs sont dans la même pièce. Quant aux câbles mesurant de 5 à 15 m, ils sont surtout utilisés par ceux qui ne veulent pas réaliser une installation avec des prises murales.

Pour le BNC :
Pour relier des ordinateurs en BNC, il faut du câble coaxial d'une impédance de 50 ohms.
Il est envisageable de trouver des prises murales en BNC, mais dans ce cas, nous conseillons vivement d'entreprendre un câblage RJ45.

- Matériel et consommables pour câbler en RJ45
- Normes de câblage RJ45
- Fabrication d'un câble RJ45
- Connexion des postes en RJ45 et test
- BNC, le matériel prêt à l'emploi !
- Connexion des postes en BNC et test

Matériel et consommables pour câbler en RJ45

Pour réaliser vos propres câbles, munissez-vous d'une pince à sertir spécialement étudiée pour les connecteurs RJ45. Ce que nous appelons les consommables, c'est le câble vendu au mètre et les prises RJ45 à sertir.

1 Si vous achetez la pince à sertir la moins chère, vous réaliserez une dizaine de câbles avec l'assurance de bien les sertir ; pour la suite, il faudra voir à l'usage si vous ne devrez pas consommer des quantités de prises avant de les réussir ! Si vous vous sentez l'âme d'un câbleur, préférez les modèles de pinces aux alentours de 45,75 €.

2 Procurez-vous une bonne petite pince coupante électronique. Une pince à 23 € fera un travail de précision et de qualité alors qu'un article à 7,5 € ne coupera peut-être pas parfaitement les fils qui ont un diamètre d'environ 0,4 mm !

3 Pour dénuder le câble contenant les quatre paires torsadées, utilisez un couteau genre Opinel ou couteau suisse plutôt que l'outil intégré à la pince à sertir. En général, la pince à sertir, même de qualité correcte, endommage en partie les conducteurs, provoquant soit de petits courts-circuits, soit une usure prématurée du câble.

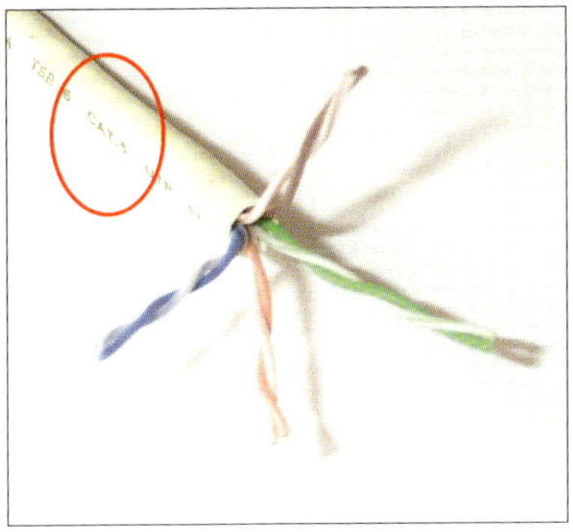

4 Pour fabriquer vous-même des câbles RJ45, il faut du câble de catégorie 5 ou 6, en fonction de votre besoin, vendu au mètre. Il est inutile qu'il soit blindé pour une connexion en 10/100, à moins que vous ne fassiez une installation professionnelle dans un immeuble dans lequel les gaines techniques servent en même temps aux gros câbles d'alimentation électrique d'EDF. Dans un câble de catégorie 5 ou 6, il y a quatre paires de conducteurs, torsadées en couples : le bleu est torsadé avec le blanc/bleu, le vert avec le blanc/vert, l'orange avec le blanc/orange et le marron avec le blanc/marron.

Attention

Un câble de catégorie 5 ou 6 se présente toujours avec quatre paires torsadées de conducteurs dont les couleurs sont le marron, le vert, le bleu et l'orange. Nous reviendrons sur le sens de ces couleurs plus loin.

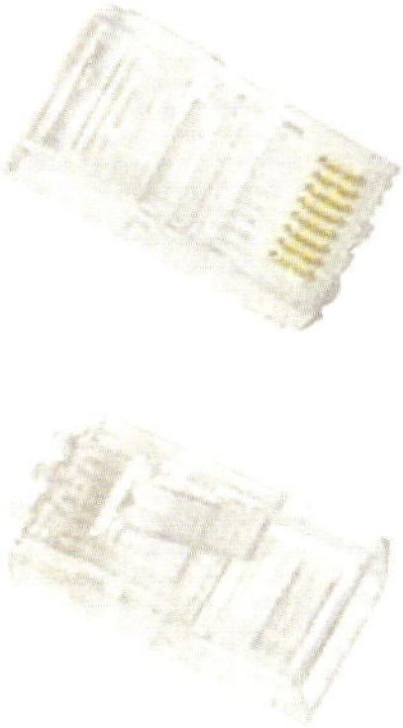

5 En plus du câble, il faut des prises à sertir de type RJ45. Si le câble n'est pas blindé, il est inutile d'acheter des prises blindées. Quel que soit le projet de réseau que vous montez, utilisez des prises de qualité. Nous vous conseillons les prises de la marque AMP : elles ont des rainures dans lesquelles il est commode de faire glisser les conducteurs jusqu'à l'endroit où se situent les contacts à sertir. Même si vos prises ne sont pas de la marque AMP, procurez-vous des prises présentant ces rainures.

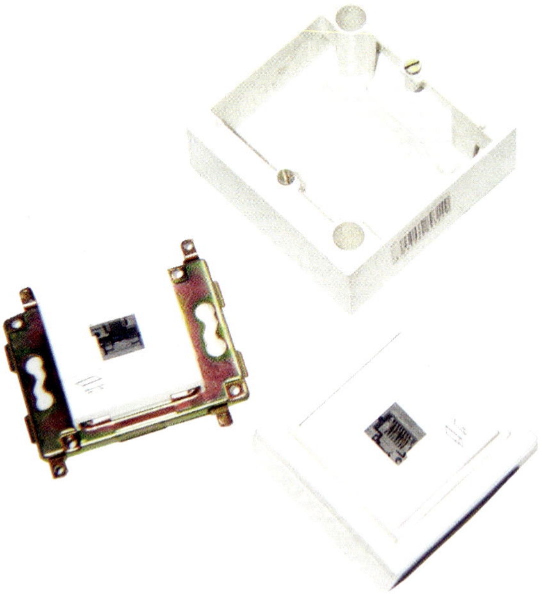

6 Pour ce qui est des prises murales, nous vous conseillons deux marques : Pouyet (groupe 3M) et Legrand, qui vendent les différents types de boîtiers à poser au mur et des prises RJ45 murales qui se logent parfaitement dans les boîtiers d'accueil.

Note

Le blindage ne signifie pas que les prises sont plus solides que les autres, mais qu'elles sont protégées contre les perturbations électromagnétiques. Cette protection est assurée grâce à une gaine en métal conducteur qui sert de « cage de Faraday » lorsqu'elle est reliée à la « masse ».
Il existe deux sortes de câbles blindés : soit ils sont entourés d'un papier d'aluminium (ou équivalent) qui contient un fil de fer en plus des quatre paires torsadées, soit ils sont entourés d'une gaine en forme de tresse métallique. Ces câbles sont hors de prix et plutôt destinés aux réseaux en environnement industriel (usines de montage de véhicules, par exemple).

Note

Les prises murales en RJ45 ne sont généralement pas vendues avec toutes les pièces nécessaires à une parfaite adaptation. Il faut bien regarder tous les éléments à monter et les réunir : cela relève parfois d'un jeu de patience, tant il existe de références dans les catalogues Pouyet et Legrand.

Normes de câblage RJ45

Il existe des prises murales qui utilisent un code de couleur pour le câblage de catégorie 5 en spécifiant la norme utilisée au lieu des numéros de contacts. En faisant correspondre vos différents câbles à ce genre de spécification, vous êtes certain que votre réseau fonctionnera du premier coup.

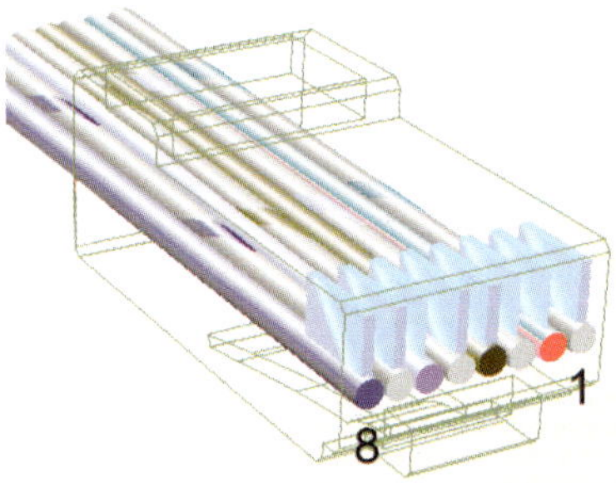

1 EIA/TIA 568 A et EIA/TIA 568 B sont les deux principales normes de câblage. Elles se définissent par un ordre différent de positions des couleurs de fils par rapport à la position de la numérotation des contacts d'une prise RJ45. Lorsque vous regardez la prise, l'ergot en dessous et la région d'insertion des conducteurs face à vous, le numéro 1 est à gauche, le numéro 8 à droite.

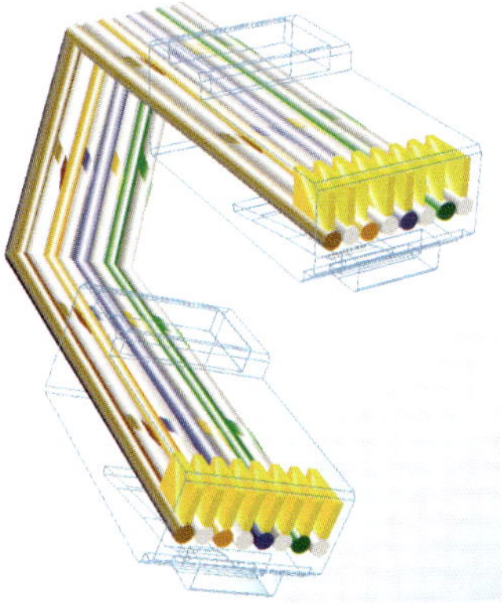

2 L'un au-dessous de l'autre, les deux connecteurs d'un câble EIA/TIA 568 A droit.

Note

Dans un réseau, il est possible de mélanger les normes de câblage, bien que cela ne soit pas recommandé. Attention : les deux extrémités d'un câble doivent avoir la bonne correspondance de conducteurs pour l'usage que vous en faites (croisé ou droit). Par exemple, vous pouvez relier votre carte réseau d'ordinateur à un câble droit en norme 568 A connecté à une prise murale, elle-même reliée au hub en câble droit 568 B. Un câble droit relie la carte réseau d'un PC à un hub, alors qu'un câble croisé relie deux cartes réseau entre elles. Les câbles croisés sont rarement utilisés.

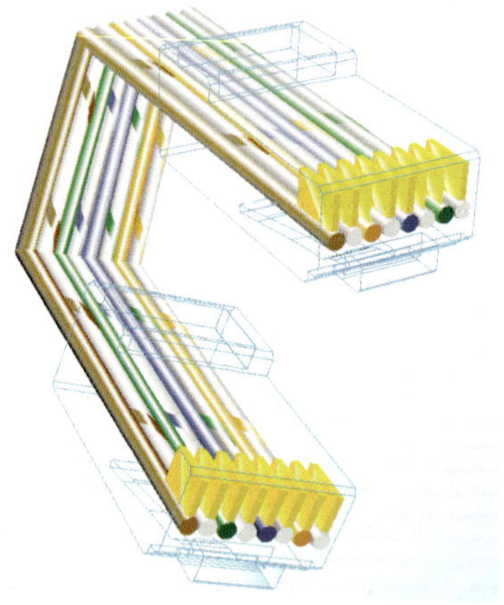

3 L'un au-dessous de l'autre, les deux connecteurs d'un câble EIA/TIA 568 A croisé.

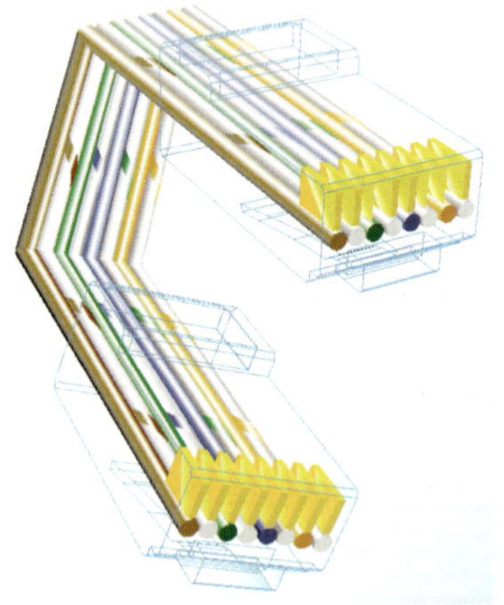

4 L'un au-dessous de l'autre, les deux connecteurs d'un câble EIA/TIA 568 B droit.

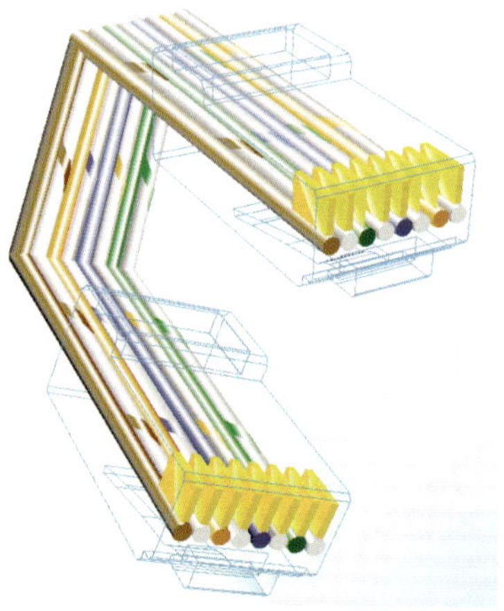

5 L'un au-dessous de l'autre, les deux connecteurs d'un câble EIA/TIA 568 B croisé.

Fabrication d'un câble RJ45

La fabrication d'un câble RJ45 demande beaucoup de précision. Vérifiez toujours l'ordre des fils dans la prise avant de la sertir.

1 Avant de fabriquer votre câble, vérifiez que votre prise RJ45 s'introduit à fond dans la forme de la pince à sertir. Si vous pressez légèrement sur la pince, la petite patte de sertissage vient juste en face et au milieu des contacts.

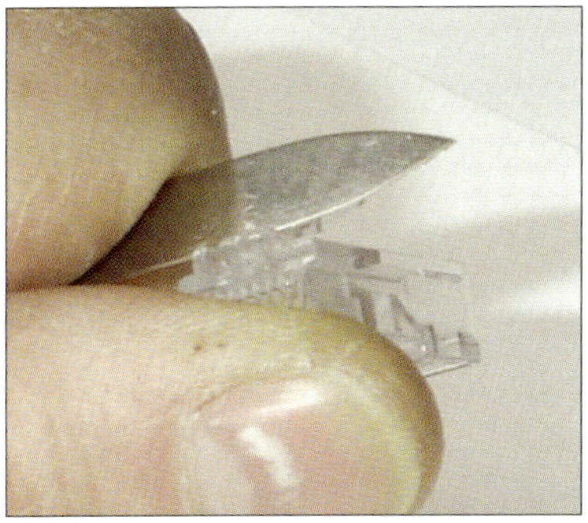

2 Vous avez du mal à enfoncer la prise dans l'outil de sertissage ? Grattez un petit peu l'ergot en plastique avec votre couteau. Vérifiez ainsi chaque prise que vous utiliserez. D'ordinaire, si la première est opérationnelle, les autres le sont aussi…

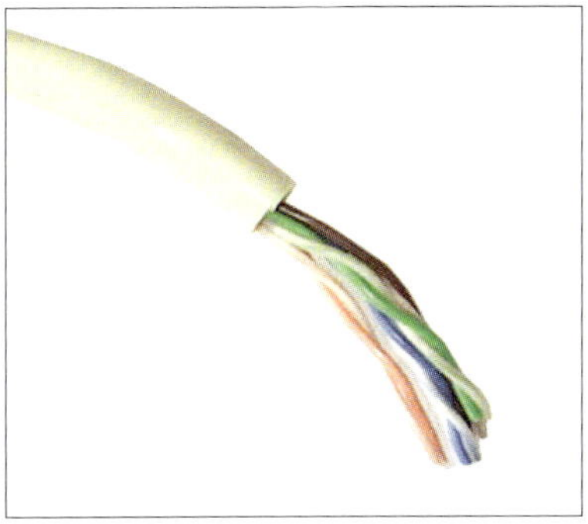

3 Dénudez votre câble en utilisant votre couteau plutôt que l'outil intégré à votre pince à sertir. Dénudez-le sur environ 2,5 cm.

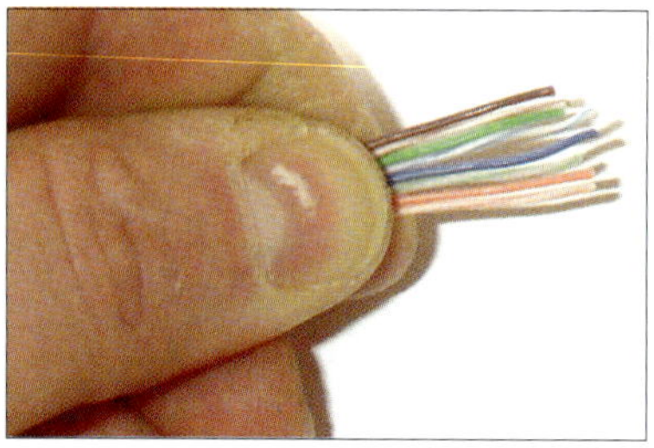

4 Décroisez vos fils et organisez-les pour qu'ils soient positionnés à plat, dans l'ordre de la norme 568 A ou B. Tirez-les pour qu'ils soient le plus droit possible et parfaitement juxtaposés. Ensuite, à l'aide de votre pince coupante, égalisez la longueur de tous les fils d'un seul coup de pince de façon qu'il reste 1,2 à 1,5 cm entre la partie dénudée et l'extrémité des conducteurs.

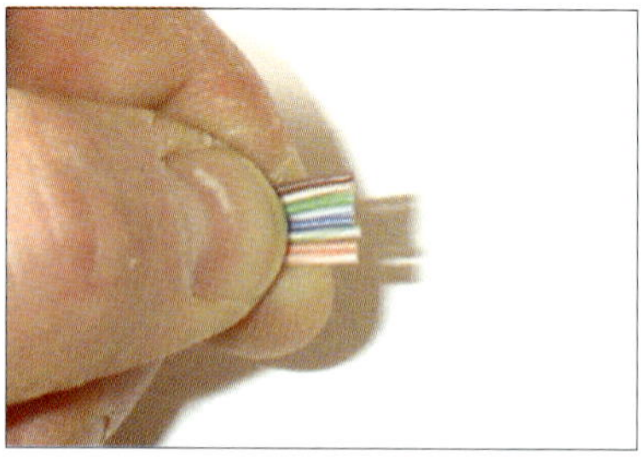

5 La coupe doit être nette et perpendiculaire à l'axe de l'alignement des câbles.

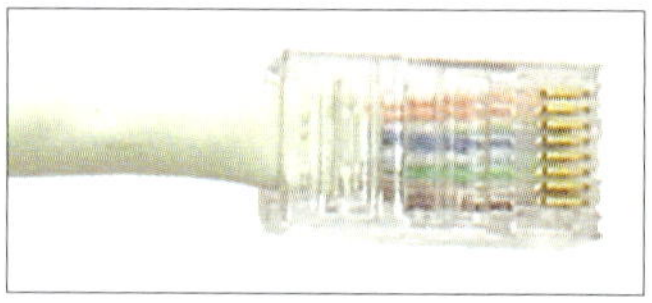

6 Prenez votre prise RJ45 (l'ergot positionné en dessous) et insérez la « nappe » que vous avez créée de manière que chaque conducteur s'insère correctement et dans le bon ordre. Quelle que soit la norme choisie, le fil marron se retrouve à droite lorsque l'ergot est en dessous et que le trou d'insertion des fils est face à vous.

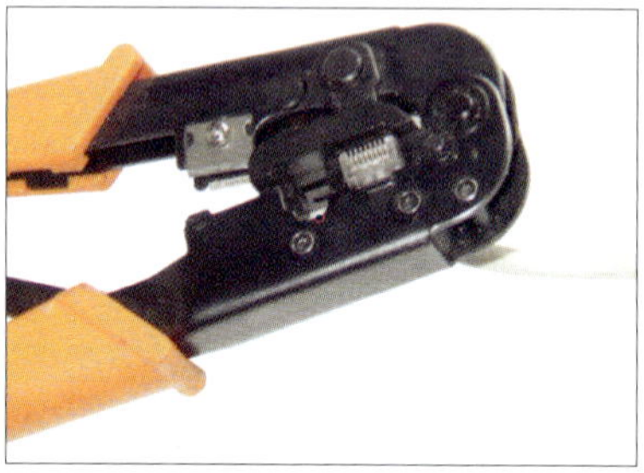

7 Le positionnement des fils est correct et les conducteurs vont tout au fond de la prise ? Dans ce cas, la partie de câble non dénudée doit entrer dans la prise RJ45 sur environ 5 ou 6 mm. Insérez alors la prise RJ45 à fond dans la pince à sertir, puis serrez, quitte à pincer deux ou trois fois. La prise est sertie !

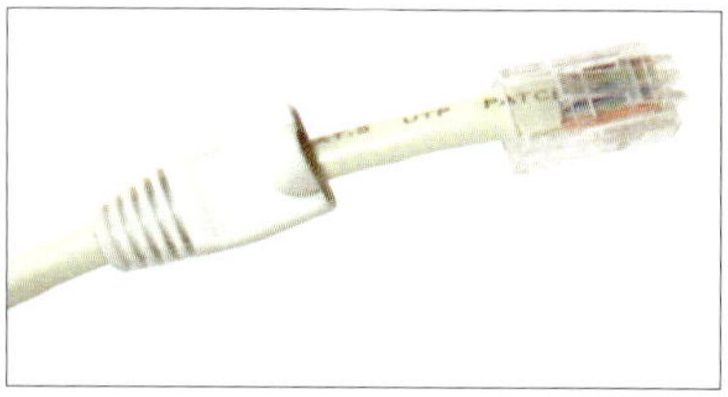

8 Si les câbles à réaliser serviront à relier les ordinateurs au hub ou à des prises murales, nous vous conseillons d'utiliser des cabochons. Attention : glissez les deux cabochons lorsqu'une extrémité du câble est déjà sertie ; après, vous ne pourrez plus !

Connexion des postes en RJ45 et test

Vos câbles sont prêts ? Vous les avez tous vérifiés et revérifiés ? Il est donc temps de connecter vos postes en réseau.

1 Pour un premier branchement, éteignez vos PC, reliez les câbles au hub ou aux prises murales, mettez sous tension le hub puis un premier PC. Des prises correctement insérées dans leur logement font un petit « clic » en se verrouillant. Vous ne pouvez pas les tirer sans appuyer sur la languette.

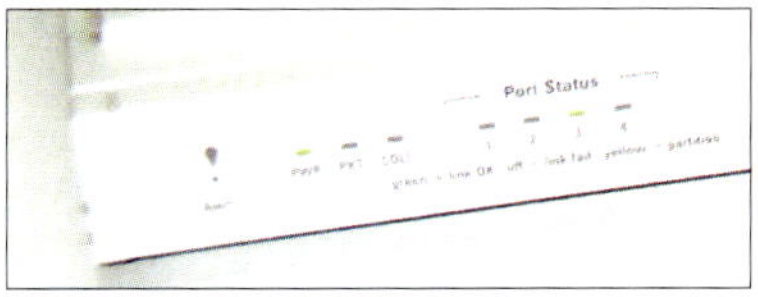

2 Si vous avez bien installé votre carte réseau, si vos protocoles ont été configurés correctement (voir Partie 3), le hub vous indique, au moyen d'un voyant lumineux, une connexion sur l'un de ses ports, en l'occurrence, le poste que vous venez de mettre sous tension.

Note

Ce n'est pas parce que votre hub n'affiche pas de connexion dès la mise sous tension du PC que votre réseau ne fonctionne pas : il lui faut quelquefois plusieurs secondes, voire plusieurs dizaines de secondes, avant de reconnaître un poste. A l'inverse, ce n'est pas parce que le hub indique une connexion que le réseau fonctionne. Avant de tester le réseau, mettez deux postes sous tension, attendez que deux voyants s'affichent sur le hub et lancez Windows.

3 Vous allez procéder à un premier essai du réseau. Au préalable, notez les adresses IP des postes (voir Partie 3) dont vous voulez tester le fonctionnement en réseau. Sur l'un des deux postes à tester, allez dans le menu **Démarrage**, choisissez **Programmes**, **Accessoires** et cliquez sur **Commandes MS-DOS**.

Note

Sous Windows XP, cliquez sur le bouton **Démarrer** et choisissez **Tous les Programmes, Accessoires, Invite de commande**.

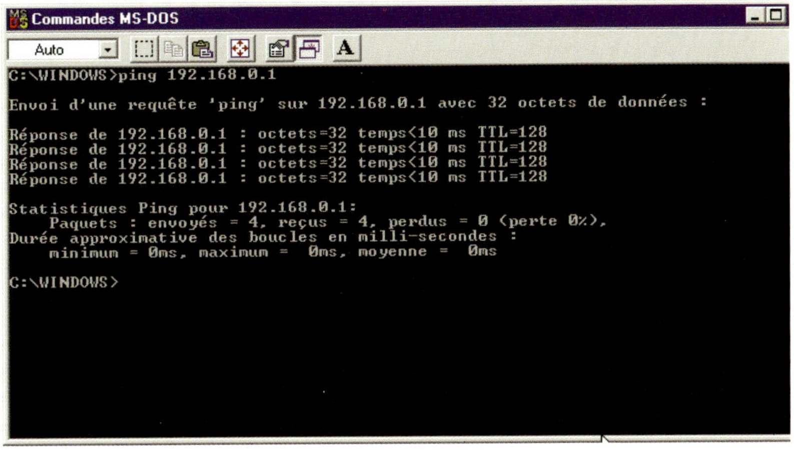

4 Dans la fenêtre qui s'affiche, après la mention **C:\WINDOWS>**, entrez la commande **PING 192.168.0.X**, où X est la valeur correspondante dans l'adresse IP du poste distant. Si tout se passe bien, quatre lignes indiquent **Reponse XXXXX** et le temps de réponse.

Si votre réseau est bien monté, tous les temps de réponse sont identiques, sauf éventuellement le premier qui peut nécessiter un temps d'interrogation minimal.

La moindre erreur dans les quatre tests signale généralement un petit défaut de câblage quelque part.

Si toutes les réponses correspondent à des erreurs, c'est qu'il n'y a pas de liaison entre vos PC : soit la carte est mal installée en termes de pilotes, soit elle est mal câblée ou mal reliée. Vérifiez vos branchements et le bon fonctionnement du hub. Au besoin, éteignez-le puis rallumez-le.

BNC, le matériel prêt à l'emploi !

Même si nous l'apprécions assez peu (voir Parties 1 et 2), le câblage BNC est économique puisqu'il ne nécessite pas de hub (sauf si vous reliez un réseau BNC à un réseau RJ45). Ce type de réseau convient pour l'interconnexion de trois postes, mais pas plus (même si de nombreuses entreprises ont utilisé, en leur temps, ce cablâge pour des dizaines de postes). Par ailleurs, nous vous conseillons vivement d'acheter les câbles tout faits.

Il vous faut :

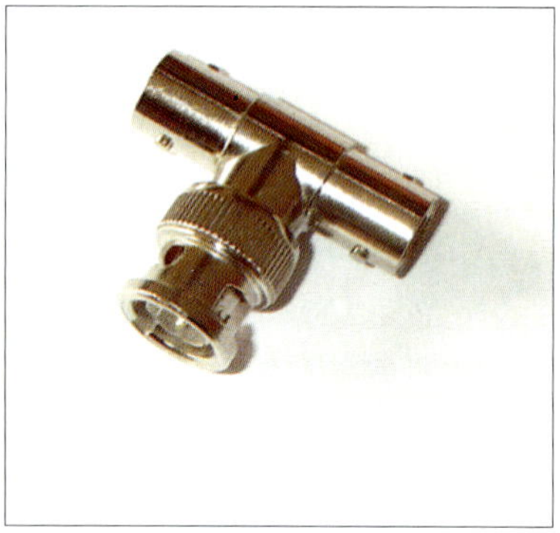

1 Un T par poste à connecter en réseau, deux T pour relier les deux premiers PC entre eux, et un T par machine supplémentaire.

2 Deux bouchons de 50 ohms, indispensables au fonctionnement d'un réseau BNC.

3 Un câble BNC/BNC 50 ohms pour relier deux machines, un câble de plus par machine supplémentaire. Par « machine », on entend toute carte réseau devant se raccorder au réseau en BNC, qu'il s'agisse d'une carte réseau contenue dans une imprimante, d'un hub BNC/RJ45, d'un PC ou d'un Macintosh. Il existe des câbles BNC tout faits dont la longueur varie de 2 à 25 m.

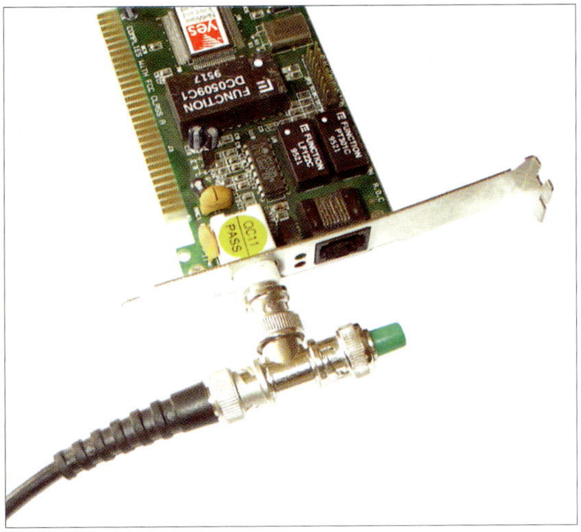

4 Des cartes réseau avec des prises BNC, plus précisément une par poste.

Connexion des postes en BNC et test

En général, il vaut mieux éviter de mettre sous tension un PC sous Windows équipé d'une carte réseau à connectique BNC avant de l'avoir correctement connecté au réseau : le temps de démarrage de l'ordinateur est interminable. Pour tester une carte BNC dans un PC isolé du réseau, raccordez un T à la sortie BNC de la carte réseau et deux bouchons sur celui-ci.

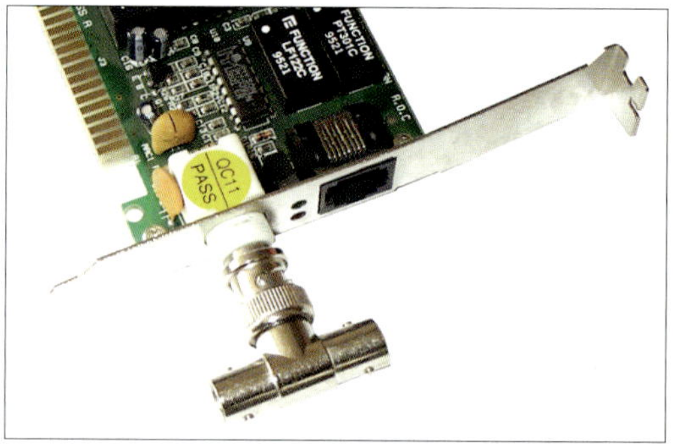

1 Avant de connecter vos postes en réseau, assurez-vous qu'ils sont éteints. Placez un T sur chaque connecteur BNC de chaque carte réseau.

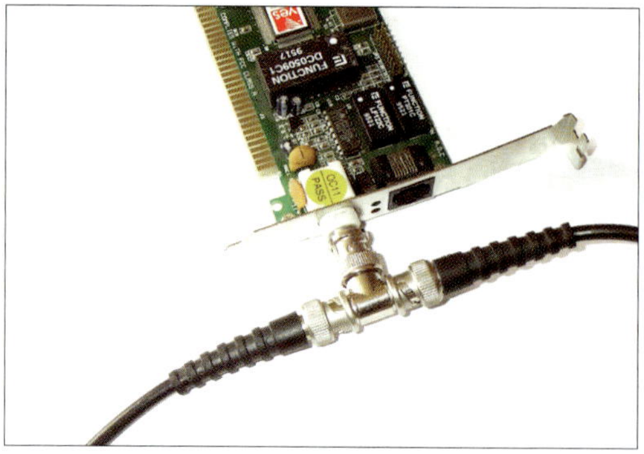

2 Raccordez les câbles BNC à la chaîne entre chaque T. Quand vous connectez trois PC en réseau, celui du milieu a un câble à chaque extrémité de son T.

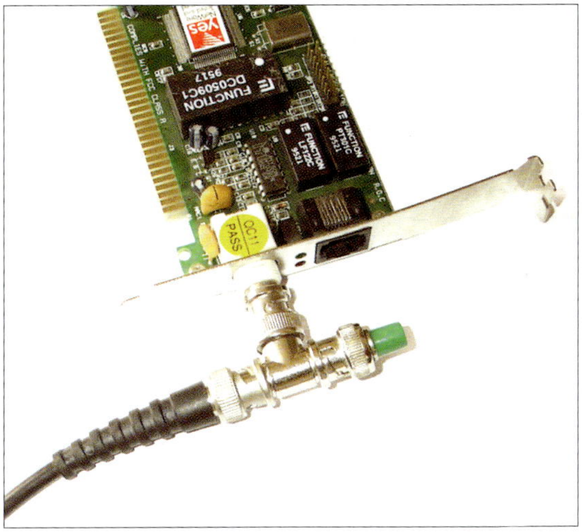

3 Les deux autres PC ont sur leur T un bouchon et le câble qui les relie au PC du milieu.

4 Vous allez procéder à un premier essai du réseau. Au préalable, notez les adresses IP des postes (voir Partie 3) dont vous voulez tester le fonctionnement en réseau. Sur l'un des deux postes à tester, ouvrez le menu **Démarrage**, choisissez **Programmes**, **Accessoires** et cliquez sur **Commandes MS-DOS**.

Note

Sous Windows XP, cliquez sur le bouton **Démarrer** et choisissez **Tous les Programmes, Accessoires, Invite de commande.**

5 Dans la fenêtre qui s'affiche, après la mention **C:\WINDOWS>**, entrez la commande **PING 192.168.0.X**, où X est la valeur correspondante dans l'adresse IP du poste distant. Si tout se passe bien, quatre lignes indiquent **Reponse XXXXX** et le temps de réponse.

Si votre réseau est bien monté, tous les temps de réponse sont identiques, sauf éventuellement le premier qui peut nécessiter un temps d'interrogation minimal.

La moindre erreur dans les quatre tests signale généralement un petit défaut de câblage quelque part.

Si toutes les réponses correspondent à des erreurs, c'est qu'il n'y a pas de liaison entre vos PC : soit la carte est mal installée en termes de pilotes, soit elle est mal câblée ou mal reliée, soit la sortie BNC n'est pas activée sur la carte réseau. Dans le cas d'une carte disposant des deux connectiques BNC et RJ45, vérifiez vos branchements, le positionnement des bouchons et consultez la documentation de la carte ; vous y trouverez peut-être la configuration correcte de sa sortie BNC.

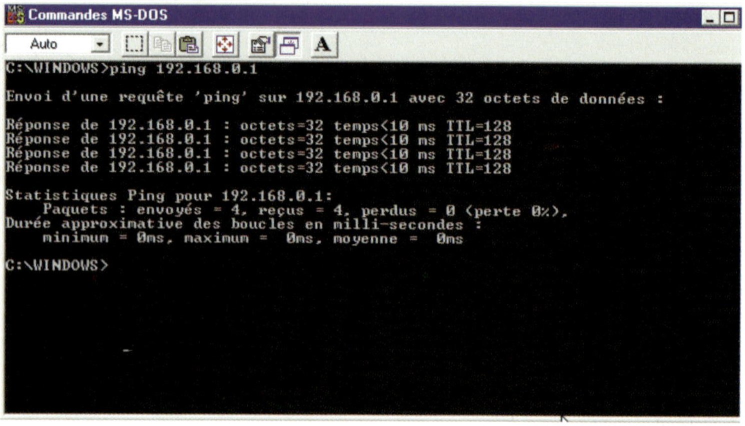

VOIR AUSSI

Cette partie relative au câblage de vos postes est évidemment essentielle au bon fonctionnement de votre réseau ; en cas de dysfonctionnement des tests, reportez-vous à la Partie 3 et vérifiez vos adresses IP, votre nom de groupe de travail et vos protocoles réseau.

Si vous souhaitez partager un accès à Internet sans partager d'imprimantes ou de disques, passez directement à la Partie 6.

Si vous avez déjà un accès à Internet sur un poste, si vous avez affecté l'adresse IP fixe 192.168.0.1 à la carte réseau que vous venez d'installer, rendez-vous à la Partie 7.

Si vos problèmes se posent dans le cas d'un réseau de type BNC, vérifiez bien la position des deux bouchons de terminaison.

PARTIE 5

Partage de ressources

Un réseau sert au partage de services et d'informations : de nombreuses ressources d'un ordinateur faisant partie d'un réseau peuvent être utilisées par les autres ordinateurs du même réseau. Dans cette partie, nous expliquons comment partager une imprimante, des répertoires ou des disques entiers (CD-ROM, disque dur, etc.) et y accéder depuis les différents PC d'un réseau, qu'ils soient sous Windows 9X/Me, sous Windows NT, 2000 ou XP (édition familiale et professionnelle). Le partage d'accès Internet est traité plus loin. Si vous comptez limiter le partage à celui d'une connexion Internet, il est inutile d'opérer les procédures décrites dans cette partie. En revanche, si vous voulez à la fois partager des répertoires, des disques et une connexion à Internet, il faut commencer par partager les ressources selon les méthodes décrites ici.

Préparation d'un PC au partage de ses ressources

Sous Windows, il faut préparer le PC pour qu'il puisse partager ses ressources d'imprimante ou de disque. Il existe deux méthodes : l'une pour Windows 95, 98, 98SE et Me, l'autre pour Windows XP.

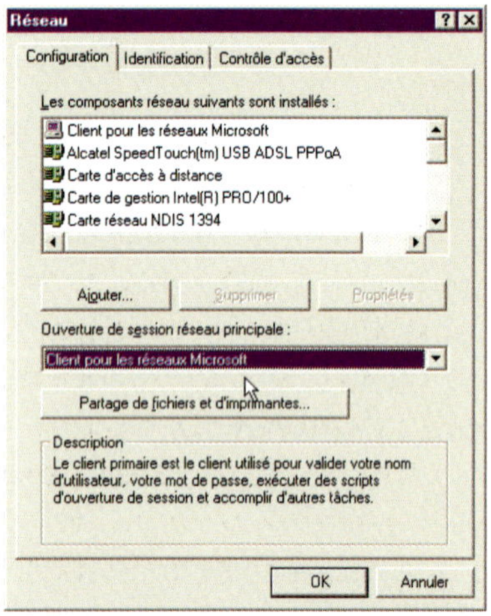

1 Sous Windows 9X/Me, ouvrez le **Poste de travail**, puis le **Panneau de configuration**, et double-cliquez sur l'icône **Réseau**. Dans la liste des composants réseau figurent l'entrée **Client pour les réseaux Microsoft**, le nom des cartes installées et des différents protocoles que vous avez choisis. Dans **Ouverture de session réseau principale**, **Client pour les réseaux Microsoft** doit également être sélectionné.

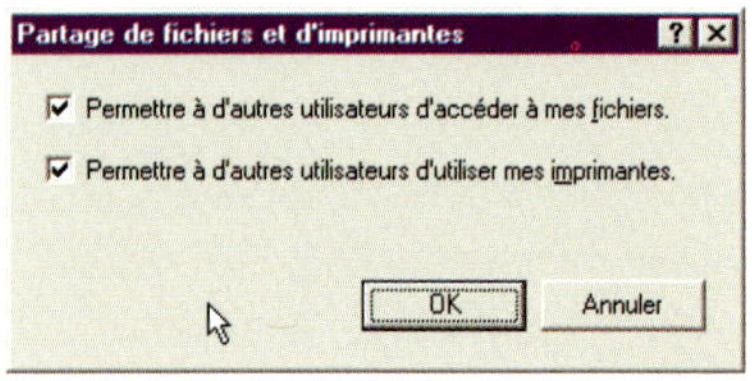

2 Cliquez sur le bouton **Partage de fichiers et d'imprimantes**, cochez les deux cases. Validez en cliquant sur OK. Le PC vous demande d'insérer le CD-ROM de Windows et vous propose ensuite de redémarrer. Au redémarrage, l'ordinateur est prêt pour la configuration des différents partages.

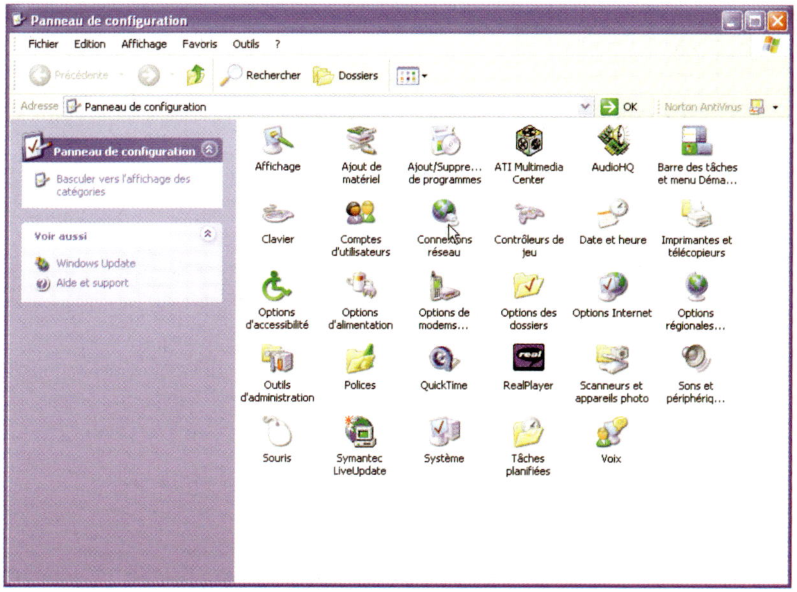

3 Sous Windows XP, choisissez **Panneau de configuration** dans le menu **Démarrer** et double-cliquez sur l'icône **Connexions réseau**.

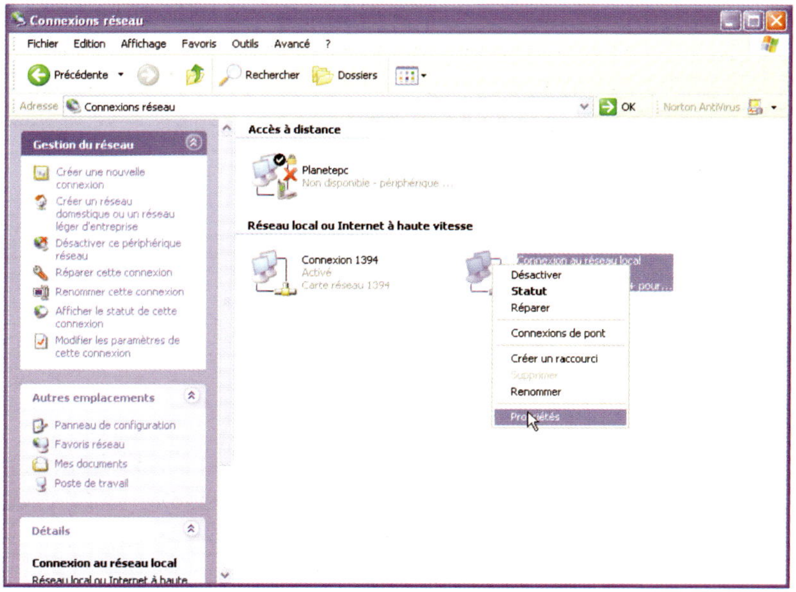

4 Faites un clic droit sur l'icône **Connexion au réseau local 1** représentant la carte réseau qui vous sert à accéder au reste du réseau. Si vous avez plusieurs cartes réseau, choisissez l'icône correspondant à celle pour laquelle vous avez défini une adresse IP (voir Partie 3). Sélectionnez l'option **Propriétés**.

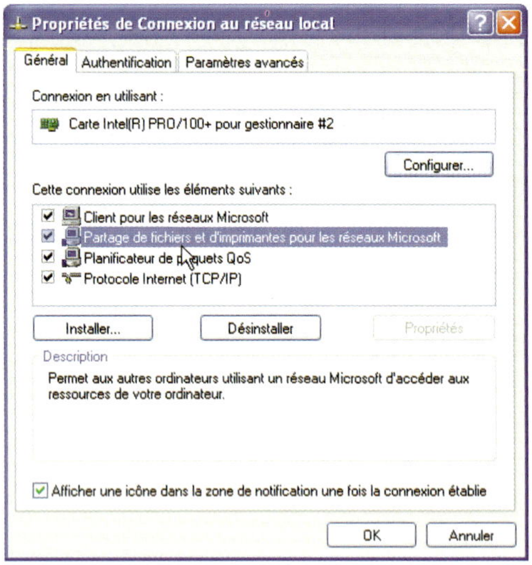

5 Dans le panneau **Général**, vérifiez que la case **Partage de fichiers et d'imprimantes pour les réseaux Microsoft** est cochée.

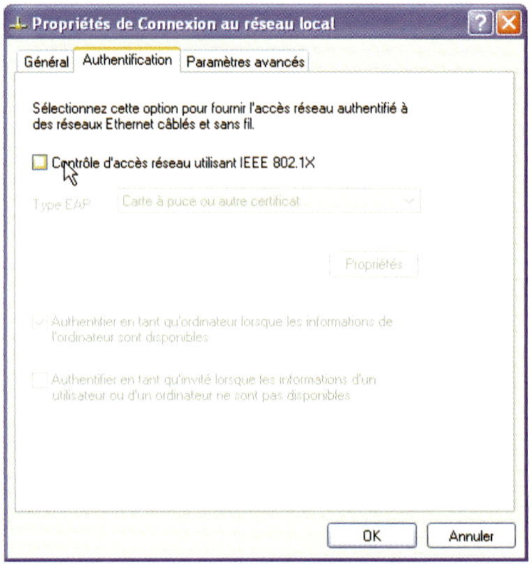

6 Dans le panneau **Authentification**, décochez la case **Contrôle d'accès réseau utilisant 802.1X**.

Note

L'étape 6 permet de désactiver la protection qui vous empêche de voir les autres postes du réseau, activée par défaut sous Windows XP.

Partage d'imprimante sous Windows 95, 98, 98SE et Me

Avant de partager une imprimante, il faut l'installer et la configurer sur le poste censé assurer ce service.

1 Pour activer le partage d'imprimante, double-cliquez sur le **Poste de travail** puis sur **Imprimantes**.

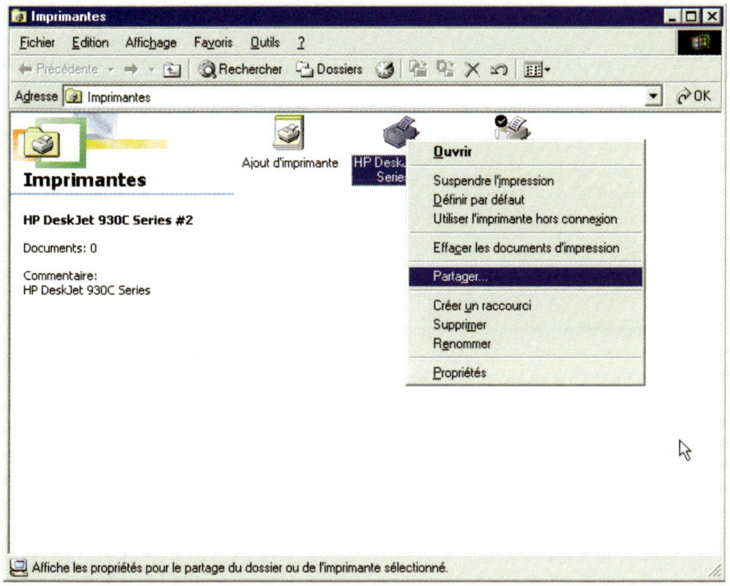

2 Faites un clic droit sur l'imprimante que vous voulez partager et sélectionnez **Partager**.

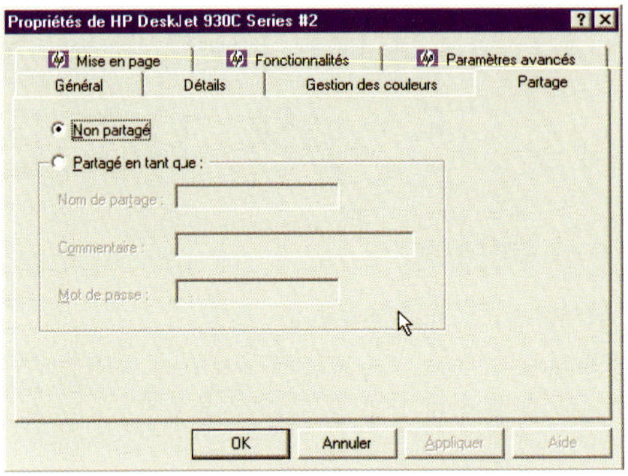

3 Dans la fenêtre qui s'affiche, c'est l'option **Non partagé** qui est cochée par défaut.

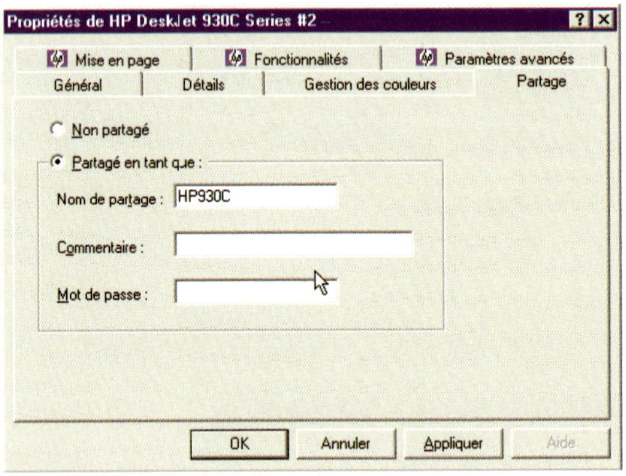

4 Evitez pour l'instant les mots de passe qui compliquent les tests ; vous n'avez pas non plus besoin d'indiquer de commentaires.

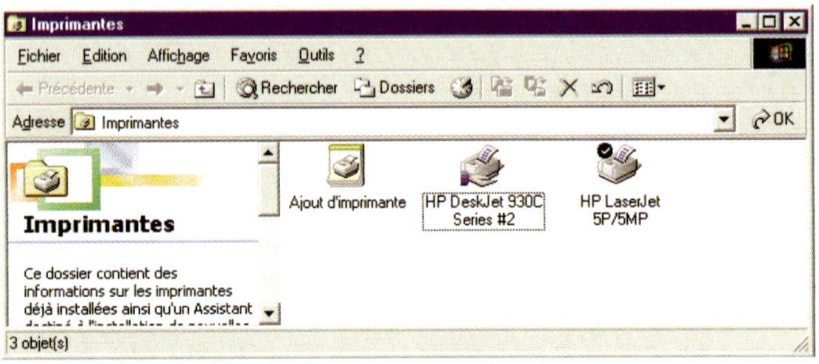

5 Validez le partage. Votre imprimante est prête à être utilisée depuis un autre PC connecté en réseau. Comme « servie sur un plateau », l'icône de l'imprimante repose à présent au creux d'une petite main.

Note

Toutes les imprimantes de tous les postes peuvent être configurées pour être partagées.

Partage de disques ou de répertoires sous Windows 95, 98, 98SE et Me

Qu'il s'agisse de partager des répertoires, des disques ou une imprimante, la technique est pratiquement la même ; ce qui change, c'est le nombre de possibilités de partage.

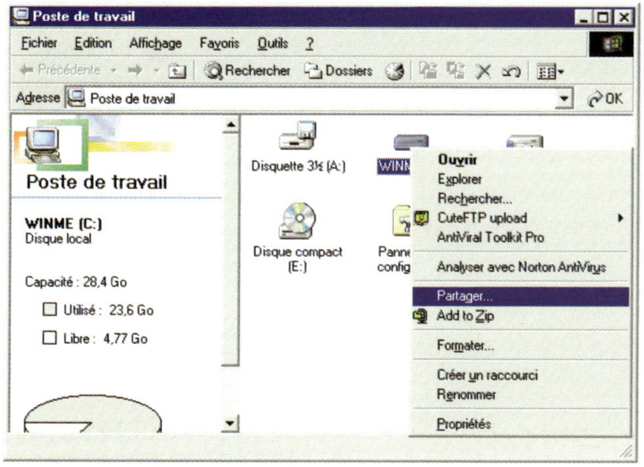

1 Accédez au **Poste de travail**. Pour partager un disque en entier, cliquez directement du bouton droit sur le disque à partager et choisissez l'option **Partager**.

2 Cochez la case **Partagé en tant que**, donnez un nom au disque partagé (de préférence, n'entrez pas plus de huit lettres), saisissez des commentaires si vous le souhaitez (cela peut être pratique pour identifier où se situe le PC partageur depuis un PC distant par exemple) et choisissez le **Type d'accès** (trois possibilités) :

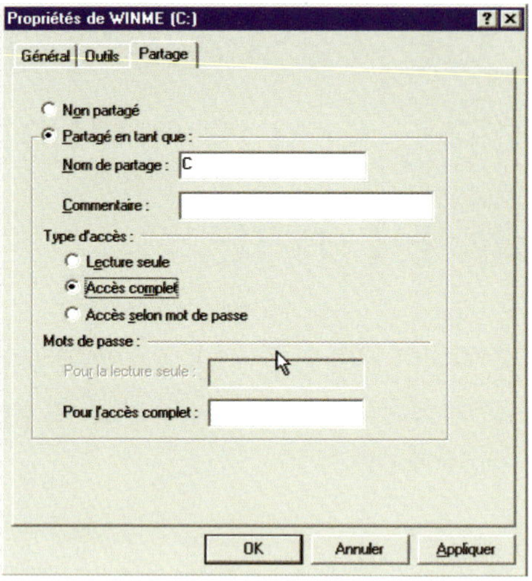

Lecture seule. Les autres PC ont le droit d'ouvrir les fichiers du disque, mais pas de les modifier. Vous pouvez éventuellement définir un mot de passe, seuls les utilisateurs qui le connaîtront pourront alors lire les fichiers.

Accès complet. Les autres PC peuvent lire et écrire sur le disque dur. Si vous définissez un mot de passe, seuls les utilisateurs qui le connaîtront pourront accéder à la lecture/écriture des fichiers.

Accès selon mot de passe. Permet de définir les deux modes d'accès avec deux mots de passe différents.

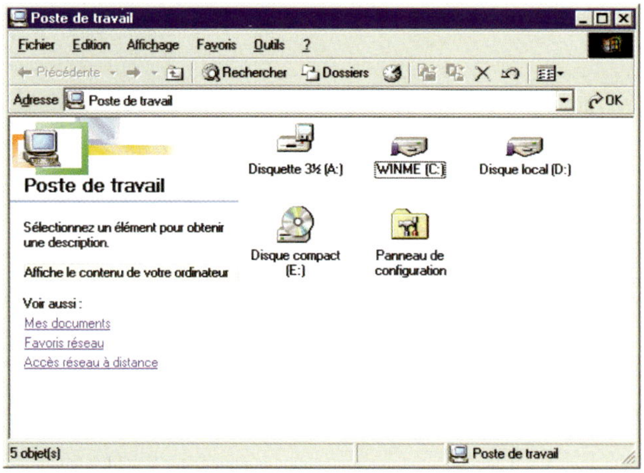

3 Le type de partage choisi, validez. A l'instar de l'icône de l'imprimante, l'icône du disque partagé repose à présent sur une main, comme « servie sur un plateau ».

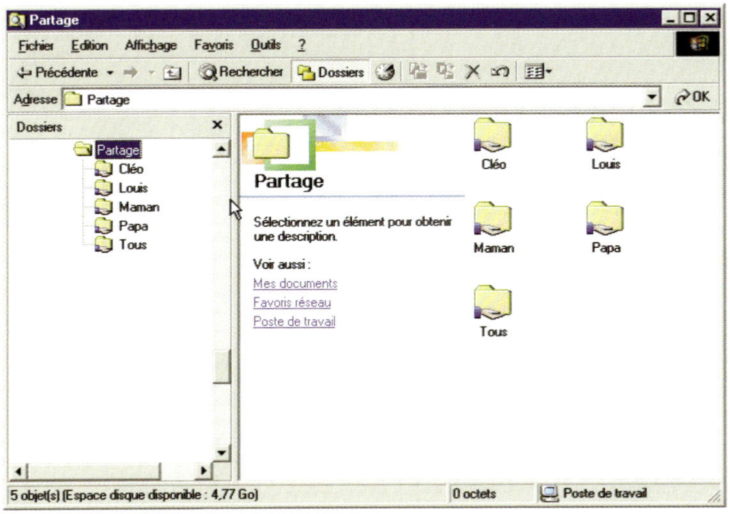

4 Vous pouvez aussi définir un répertoire **Partage** sur le disque dur partageur et plusieurs sous-répertoires affectés à certaines utilisations. Un répertoire d'informations générales ou de modèles de documents peut être accessible en lecture seule par tous, alors que l'accès à d'autres répertoires peut être verrouillé par un mot de passe et strictement réservé aux seuls utilisateurs qui le connaissent. Cette figure présente une arborescence de partage avec des accès protégés pour chaque sous-répertoire.

Note

Vous avez défini le partage d'un disque ? Vous pouvez effectuer exactement la même procédure pour un répertoire, un sous-répertoire, etc. Au sein d'une entreprise, il est préférable de ne pas partager un disque complet, mais simplement un répertoire contenant des sous-répertoires avec des autorisations d'accès et de partage différents en fonction des utilisateurs.

Attention

Si vous partagez un disque entier avec accès complet sans mot de passe, tout est partagé d'office, sauf les répertoires pour lesquels vous avez défini d'autres autorisations.

Impression sur l'imprimante partagée depuis un autre PC sous Windows 95, 98, 98SE et Me

Lorsque l'imprimante a été partagée sur un poste du réseau, elle peut être utilisée par tous les postes de ce réseau, à condition qu'ils soient configurés matériellement et « logiquement » pour y accéder. N'oubliez pas les adresses IP, le protocole NetBEUI (qui marche à tous les coups) et le nom du groupe de travail.

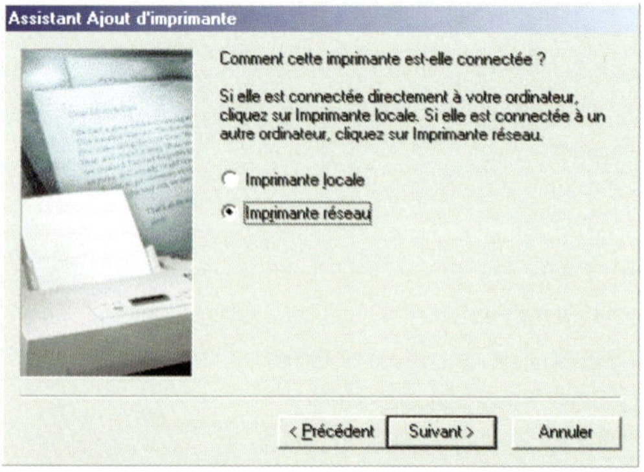

1 Pour imprimer à partir d'un PC en réseau sur une ou plusieurs imprimantes partagées, ouvrez le **Poste de travail**, puis choisissez **Imprimantes**, **Ajout d'imprimante**, **Suivant**, **Imprimante réseau**.

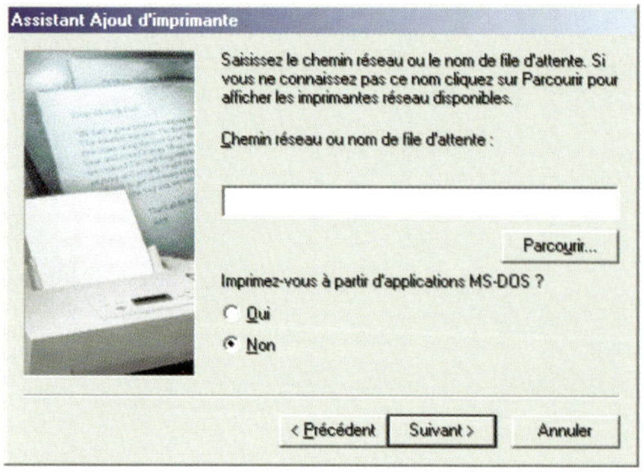

2 Cliquez sur le bouton **Parcourir**.

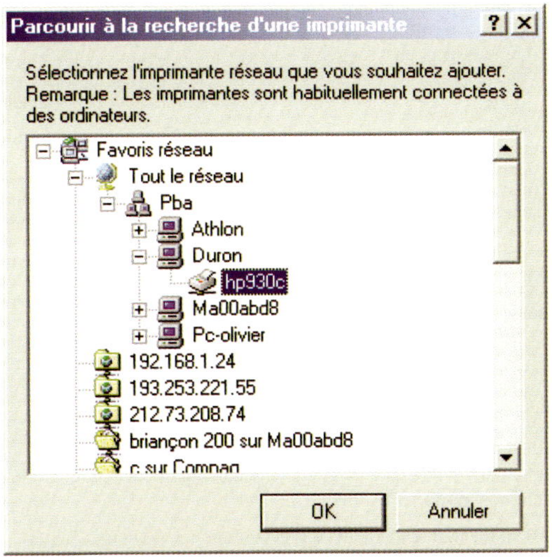

3 Parcourez la liste des ordinateurs affichés. Seuls sont listés ceux qui proposent un partage d'imprimante (pour lesquels vous avez défini et paramétré le partage).

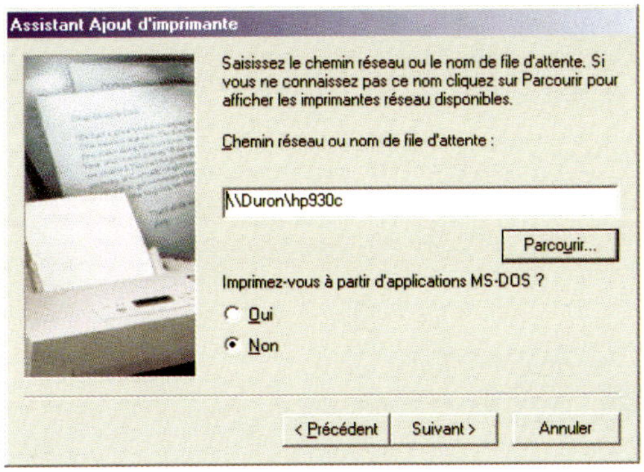

4 Choisissez l'ordinateur qui vous intéresse et validez en cliquant sur OK. La fenêtre contient désormais le chemin de l'imprimante réseau.

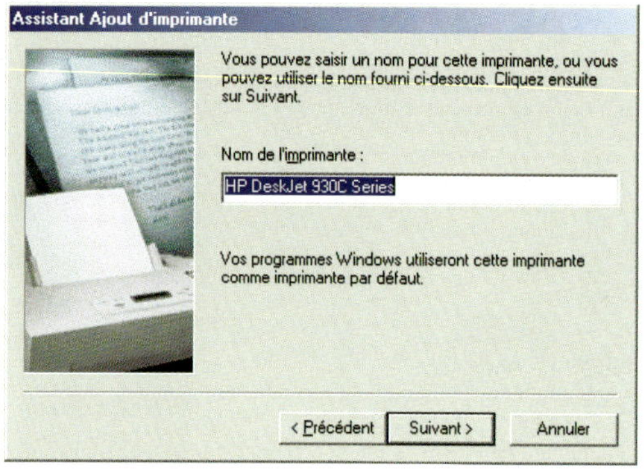

5 Avant de cliquer sur **Suivant**, indiquez si vous souhaitez imprimer à partir d'applications MS-DOS ou non. Par défaut, **Non** est coché. Néanmoins, si vous utilisez un logiciel qui fonctionne encore sous DOS, un logiciel de comptabilité par exemple, et même si l'application « tourne » dans une fenêtre DOS sous Windows, cochez **Oui**. Cela n'empêchera pas l'imprimante de fonctionner aussi sous Windows. Vous avez fait votre choix ? Cliquez sur **Suivant**.

Note

Quand un PC utilise des applications MS-DOS, il est préférable de lui connecter une imprimante. Vous pourrez toujours imprimer sur une imprimante réseau pour imprimer depuis des applications Windows.

En revanche, si vous utilisez une imprimante réseau pour imprimer depuis des applications MS-DOS, vous ne pourrez plus imprimer à partir d'applications Windows sur l'imprimante locale (à moins d'un paramétrage fastidieux).

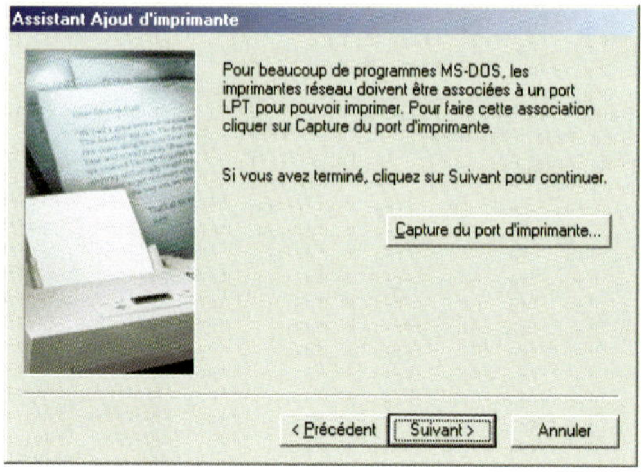

6 Si vous avez demandé l'utilisation d'applications MS-DOS, vous obtenez un message vous enjoignant d'associer l'imprimante réseau à un port LPT. Si vous cliquez sur le bouton **Capture du port d'imprimante**, vous ne pourrez plus vous servir de l'imprimante locale sur le poste en question.

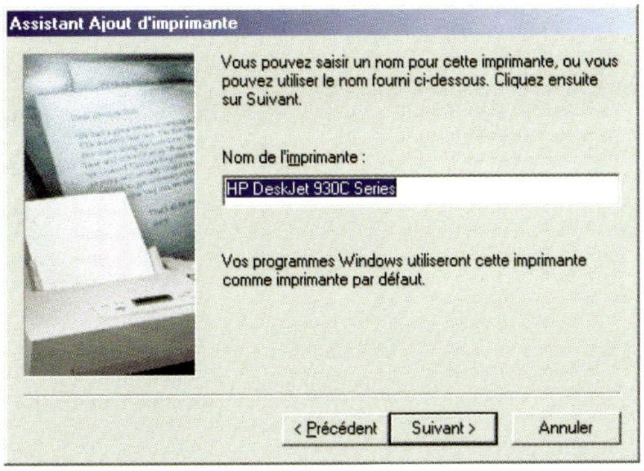

7 Que vous ayez choisi **Oui** ou **Non** pour l'utilisation d'applications MS-DOS, cliquez sur **Suivant**. Une nouvelle fenêtre s'affiche, indiquant le nom d'une imprimante.

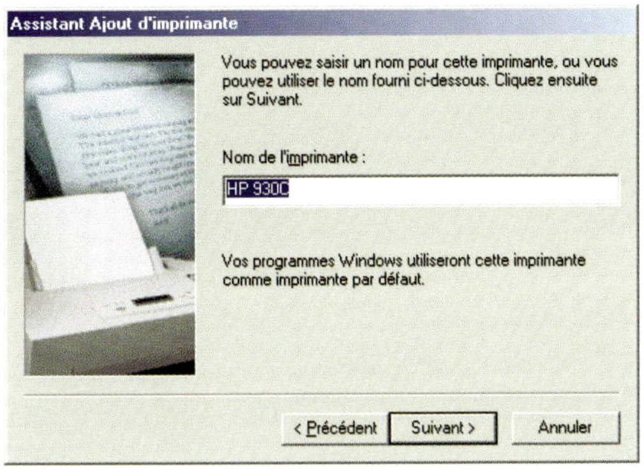

8 Indiquez si vous souhaitez ou non utiliser cette imprimante comme imprimante par défaut.

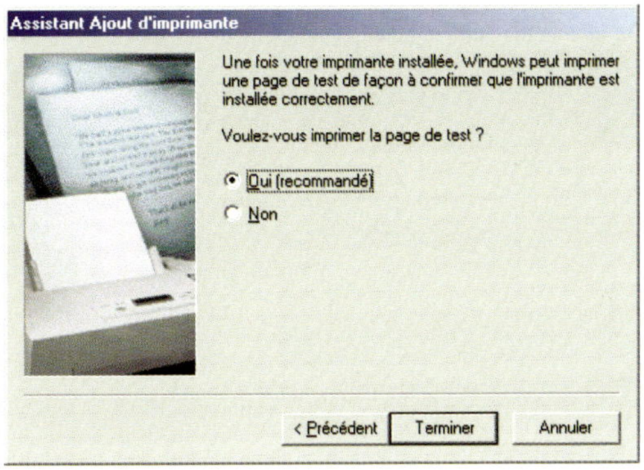

9 Validez : le programme vous propose une page de test. Nous vous conseillons vivement d'accepter. Le programme recopie alors les pilotes de l'imprimante trouvés sur le PC où est partagée l'imprimante et lance l'impression de test.

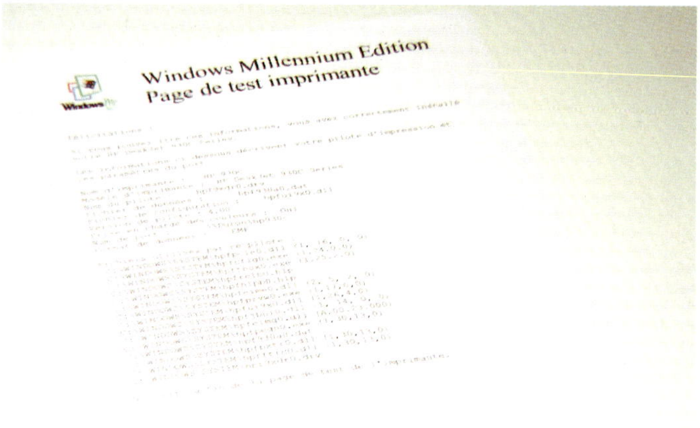

10 Si vous obtenez une belle page avec le logo de Windows et le mot « Félicitations », c'est que tout s'est bien passé.

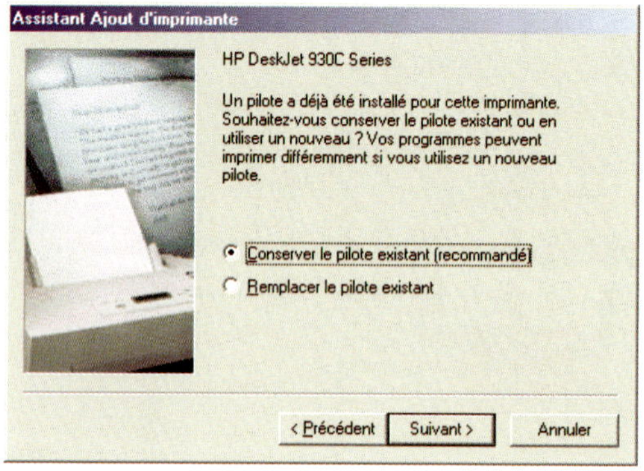

11 Si vous avez déjà sur votre PC un pilote d'impression configuré pour l'utilisation de l'imprimante distante, Windows vous en avertit. Si le pilote distant est plus récent que celui que vous utilisez, acceptez le remplacement. Sinon, refusez.

Accès aux disques partagés depuis un autre PC du réseau sous Windows 95, 98 et 98SE

Voyons comment accéder au disque ou répertoire partagé d'un PC du réseau depuis un poste sous Windows 95, 98, 98SE.

1 Sur le Bureau, double-cliquez sur l'icône **Voisinage réseau**.

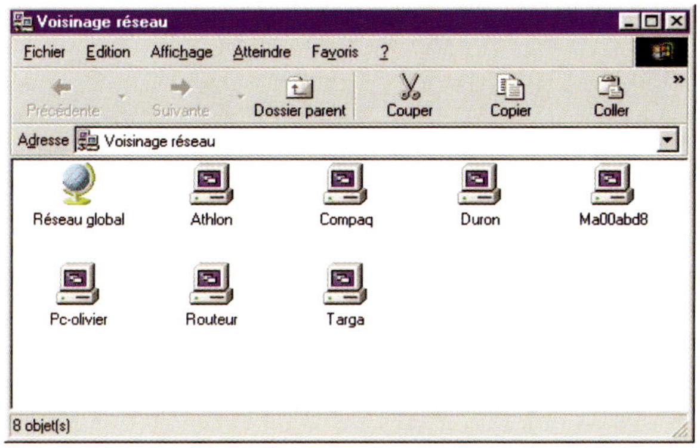

2 Si la connexion réseau existe, sélectionnez l'ordinateur dans la liste qui s'affiche en double-cliquant sur son icône.

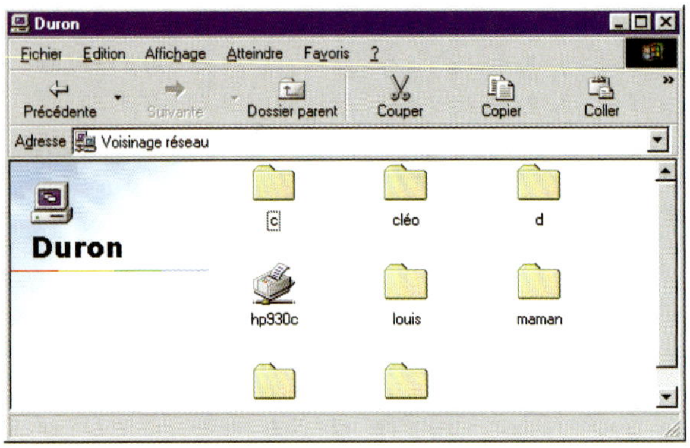

3 La nouvelle fenêtre liste les différents disques et répertoires partagés du PC choisi. Vous pouvez les ouvrir d'un double-clic, comme vous le faites sur votre propre disque dur, à une différence près : il est impossible d'accéder aux répertoires protégés (s'ils existent) sans détenir le mot de passe.

Attention

Il n'existe pas de « poubelle réseau » sous Windows : si vous effacez un fichier sur un disque dur distant, il est difficile de le récupérer puisque ni votre Corbeille, ni celle du PC distant ne l'ont recueilli.

4 En fonction des droits d'accès qui vous sont donnés, vous pouvez effacer, déplacer, copier les données, etc.

Accès aux disques partagés depuis un autre PC du réseau sous Windows Me

Voyons comment accéder au disque ou répertoire partagé d'un PC du réseau depuis un poste sous Windows Me.

1 Double-cliquez sur l'icône **Favoris réseau** du Bureau.

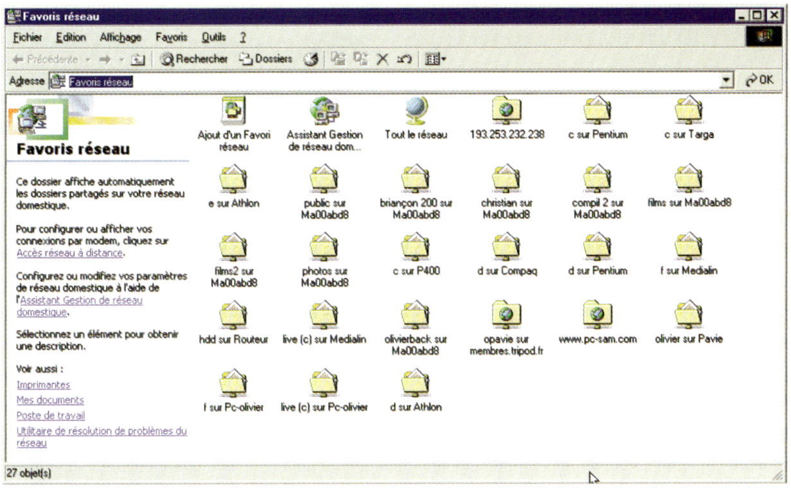

2 S'il existe des répertoires ou des disques partagés sur les PC du réseau, les raccourcis pour y accéder s'affichent dans la fenêtre.

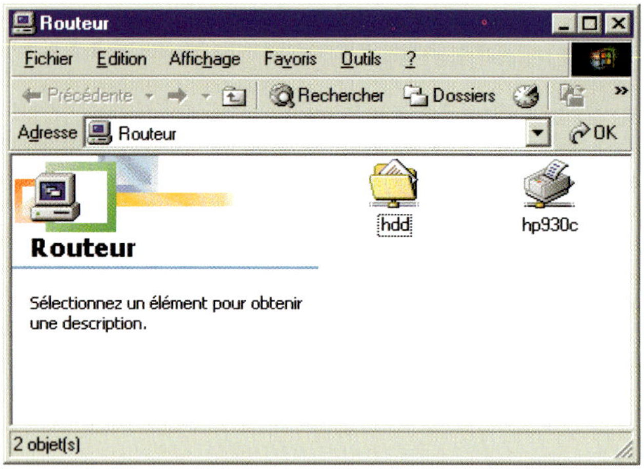

3 Si vous double-cliquez sur le raccourci qui vous intéresse, le disque ou répertoire affiche les répertoires et sous-répertoires disponibles qu'il contient. Vous pouvez les ouvrir d'un double-clic, comme vous le faites sur votre propre disque dur, à une différence près : il est impossible d'accéder aux répertoires protégés (s'ils existent) sans détenir le mot de passe.

Attention

Si les raccourcis disponibles sur le réseau ne s'affichent pas tous, double-cliquez sur l'icône **Tout le réseau**, puis sur l'icône correspondant au nom du groupe de travail qui vous intéresse, et cliquez sur le nom de l'ordinateur.

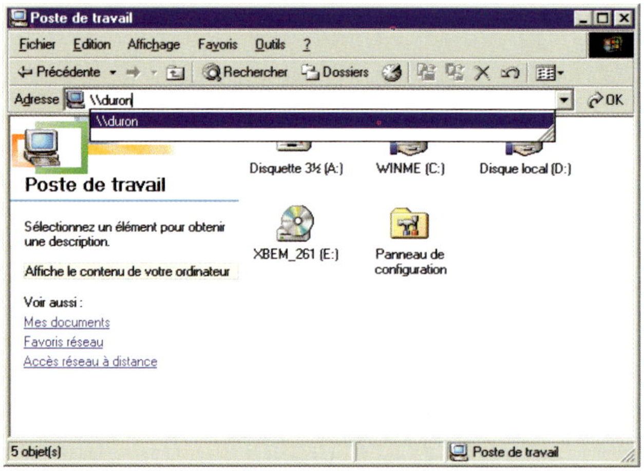

Astuce

Pour des raisons parfois compliquées ou inexplicables, il arrive que le nom de l'ordinateur ne s'affiche pas dans la liste des ordinateurs en réseau. Dans ce cas, dans la zone **Adresse** de la fenêtre des **Favoris réseau**, entrez **\\nomdelordinateur**, où « nomdelordinateur » est le nom du PC auquel vous cherchez à accéder. Validez en appuyant sur la touche Entrée. Normalement, toutes les « connexions réseau » disponibles sur cet ordinateur s'affichent, y compris les partages d'imprimante.

Accès aux disques partagés depuis un autre PC du réseau sous Windows XP

Voyons comment accéder au disque ou répertoire partagé d'un PC du réseau depuis un poste sous Windows XP.

Note

Sous Windows XP Edition familiale, le menu Favoris réseau n'est pas affiché par défaut lorsque vous utilisez le bouton Démarrer. Pour le faire apparaître, faites un clic droit sur le bouton Démarrer et demandez les Propriétés. Dans l'onglet Menu Démarrer, cliquez sur le bouton Personnaliser. Accédez à l'onglet Avancé. Dans la zone Eléments du menu Démarrer, section Connexions réseau, cochez Afficher en tant que menu Connexions. Cochez également Favoris réseau (un peu plus bas dans la liste). Validez en cliquant deux fois sur OK : quand vous utilisez le bouton Démarrer, Favoris réseau s'affiche en dessous du lien vers le Poste de travail, et les connexions réseau en dessous du lien vers le Panneau de configuration.

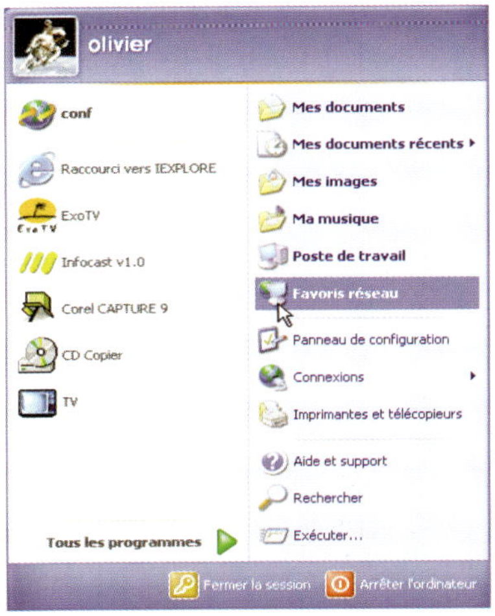

1 Dans le menu **Démarrer**, choisissez **Favoris réseau**.

Astuce

Pour créer une icône d'accès aux Favoris réseau sur votre Bureau Windows XP, faites un clic droit sur **Favoris Réseau** dans le menu **Démarrer** et choisissez **Afficher sur le Bureau**.

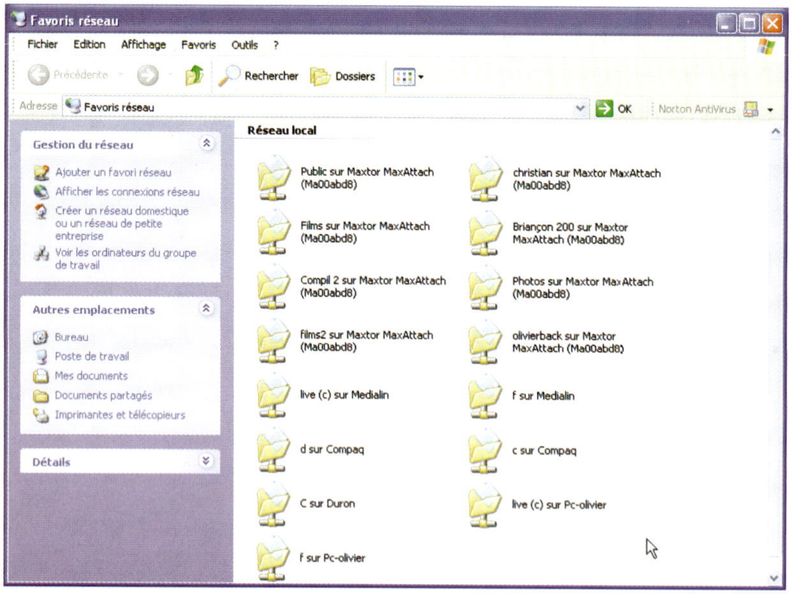

2 S'il existe des répertoires ou des disques partagés sur les PC du réseau, les raccourcis pour y accéder s'affichent dans la fenêtre.

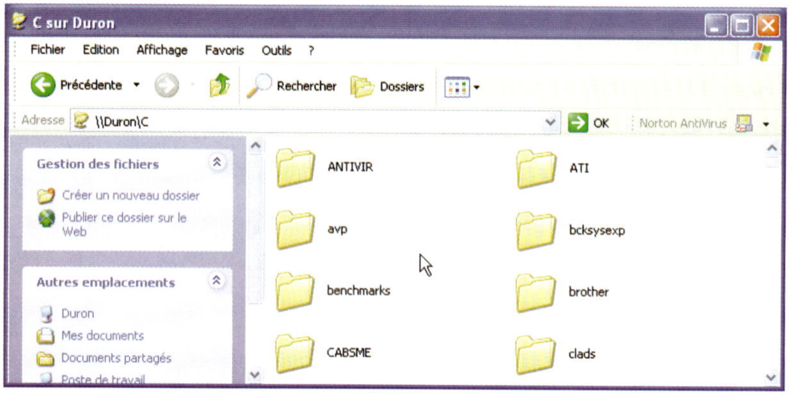

3 Si vous double-cliquez sur le raccourci qui vous intéresse, le disque ou répertoire affiche les répertoires et sous-répertoires disponibles qu'il contient. Vous pouvez les ouvrir d'un double-clic, comme vous le faites sur votre propre disque dur, à une différence près : il est impossible d'accéder aux répertoires protégés (s'ils existent) sans détenir le mot de passe.

4 Si les raccourcis disponibles ne s'affichent pas tous, vous pouvez accéder à la liste des ordinateurs du réseau en cliquant sur le lien **Voir les ordinateurs du groupe de travail**.

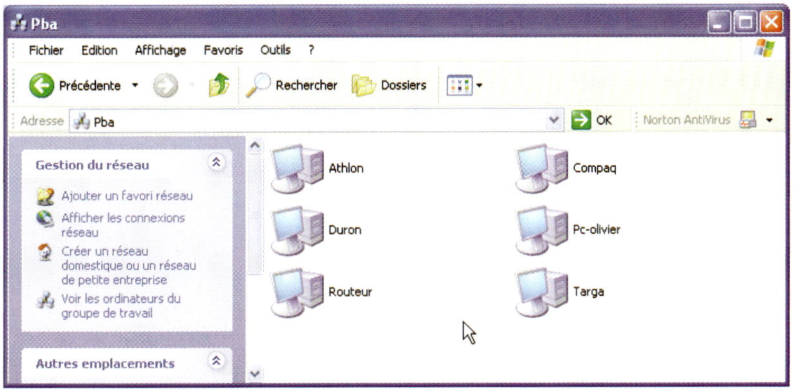

5 La liste des ordinateurs du groupe de travail auquel appartient le PC sous Windows XP sur lequel vous travaillez s'affiche.

Attention

Si seul votre ordinateur figure dans la liste des ordinateurs du groupe de travail, il y a trois cas de figure : soit votre PC n'est pas correctement connecté au réseau, soit son groupe de travail est mauvais, soit son adresse IP ne fait pas partie du même réseau. Vérifiez que vous avez décoché la case **Contrôle d'accès réseau utilisant 802.1X** dans le panneau **Authentification** des propriétés de la Connexion au réseau local (depuis la fenêtre **Favoris réseau**, cliquez sur le lien **Afficher les connexions réseau**).

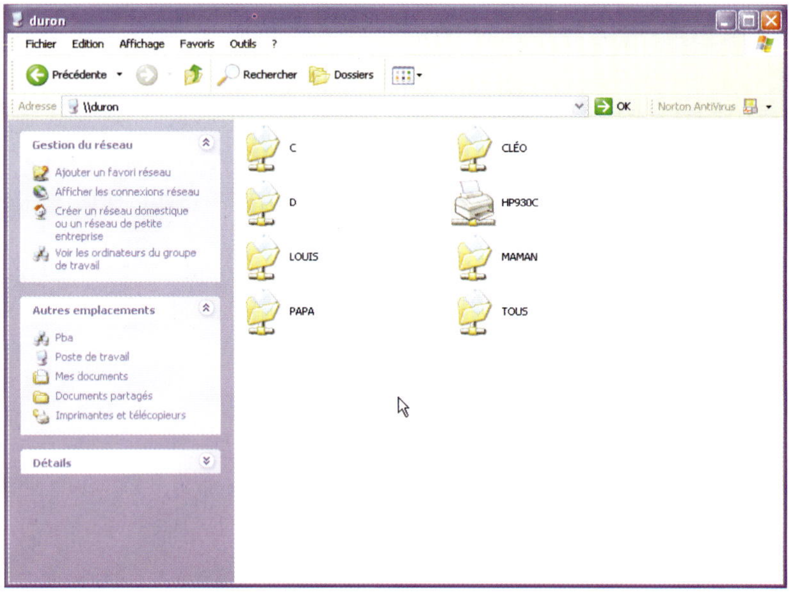

6 Cliquez sur le nom de l'ordinateur auquel vous souhaitez vous connecter. S'il existe un partage de disque ou de répertoire, il s'affiche.

Attention

Si les raccourcis disponibles sur le réseau ne s'affichent pas tous, double-cliquez sur l'icône **Tout le réseau**, puis sur l'icône correspondant au nom du groupe de travail qui vous intéresse, et cliquez sur le nom de l'ordinateur.

Accès en « montant » un lecteur

Pour utiliser certaines applications, notamment celles qui ne sont pas vraiment prévues pour travailler en réseau, vous devez « monter » un lecteur réseau. Cette opération a pour effet de faire apparaître le réseau sur votre Poste de travail.

Note

Le principe est simple : le logiciel a besoin d'identifier un répertoire de données ou d'applications en lui affectant une lettre de lecteur. Votre PC dispose d'un lecteur A : pour les disquettes, d'un lecteur C : comme disque dur, éventuellement d'un lecteur D : de CD-ROM ; de la même manière, il peut se voir affecter un lecteur E :, Y : ou Z : de réseau.

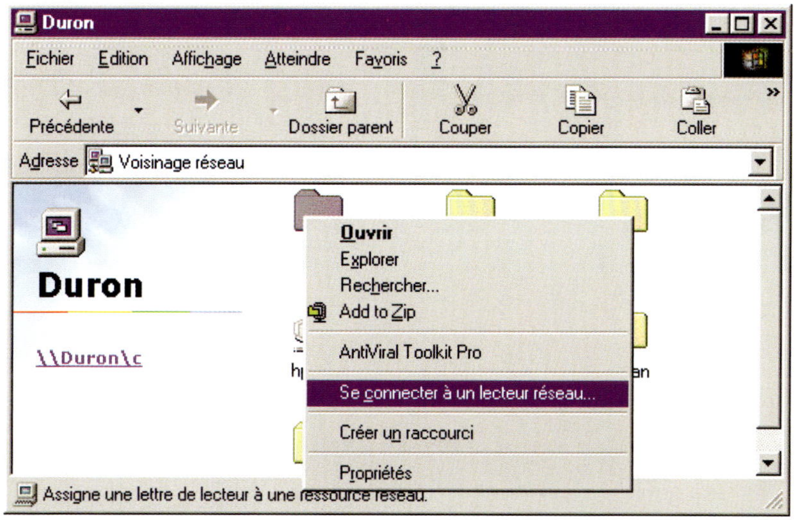

1 Sous Windows 95/98/98SE, pour créer un disque réseau accessible depuis le Poste de travail comme n'importe quel disque, allez dans **Voisinage réseau**, double-cliquez sur l'icône de l'ordinateur qui vous intéresse, faites un clic droit sur un répertoire ou un disque partagé. Dans le menu qui s'affiche, choisissez l'option **Se connecter à un lecteur réseau**.

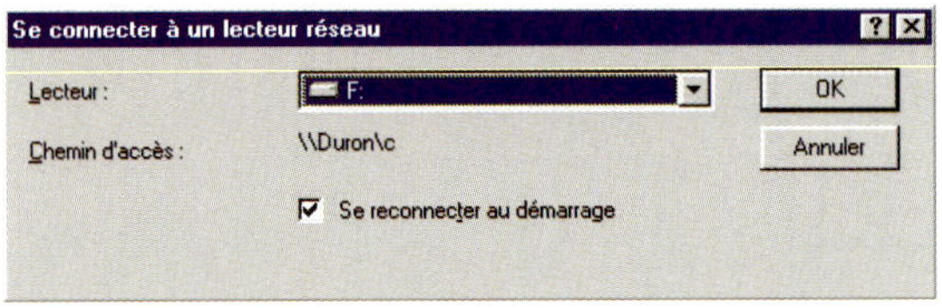

2 Dans la fenêtre qui s'ouvre, choisissez une lettre de lecteur et cochez la case **Se reconnecter au démarrage**.

Note

Après le redémarrage, le « lecteur » réseau en question figure systématiquement sur votre Poste de travail. Lorsqu'il apparaît en mode « classique », c'est-à-dire avec le même genre d'icône que le lecteur C :, cela signifie qu'il est accessible normalement. Lorsqu'il apparaît marqué d'une croix rouge, cela signifie qu'il est bien paramétré, mais que le PC sur lequel ce répertoire ou ce disque est physiquement installé n'est pas accessible par le réseau : soit le réseau est hors service, soit le hub n'est pas sous tension, soit le PC distant n'est pas sous tension !

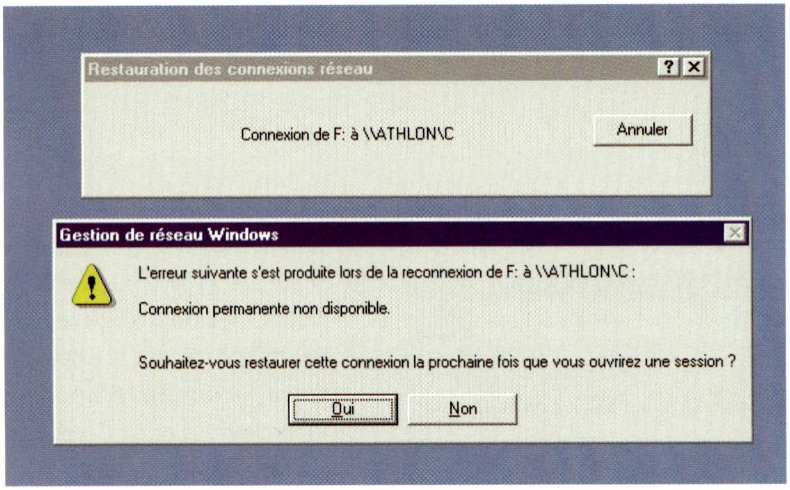

3 Lorsque vous démarrez un PC disposant d'un lecteur réseau avec « connexion au démarrage » alors que le PC serveur n'est pas accessible, un message d'erreur s'affiche. Cliquez sur **Oui**. Si vous cliquez sur **Non**, le lecteur est automatiquement « démonté » par Windows. La seule solution est de recréer le lecteur de réseau comme vous l'avez fait au moment de la première définition.

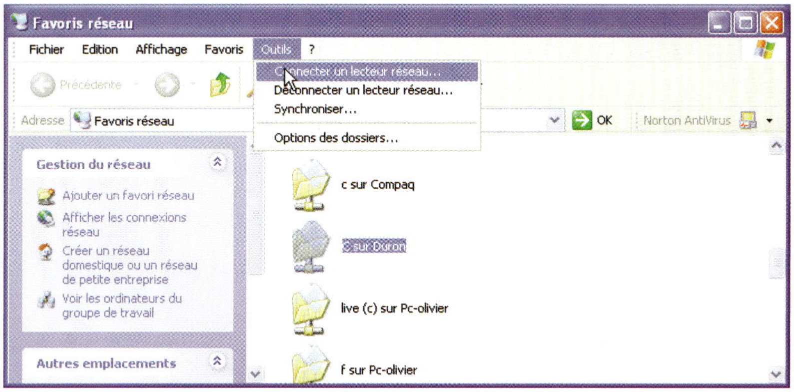

4 Sous Windows Me et Windows XP, la démarche est similaire, tout comme les règles de fonctionnement. La différence est la suivante : dans la liste des Favoris réseau qui s'affichent, ouvrez le menu **Outils**, et choisissez l'option **Connecter un lecteur réseau**.

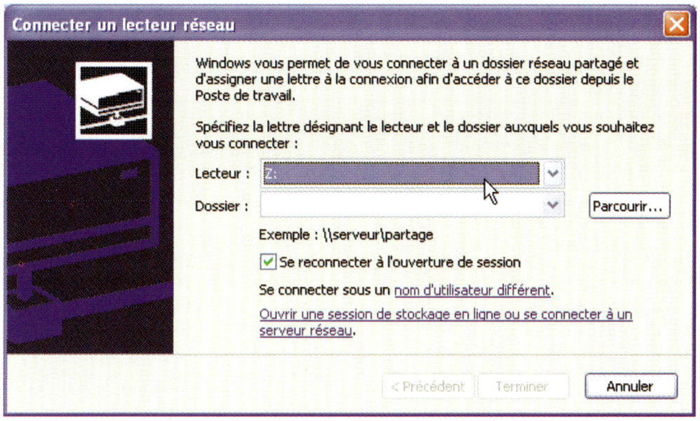

5 Parmi le choix offert, indiquez à quelle lettre de lecteur vous voulez affecter un raccourci puis choisissez dans la liste des raccourcis celui que vous voulez lier à cette lettre de lecteur.

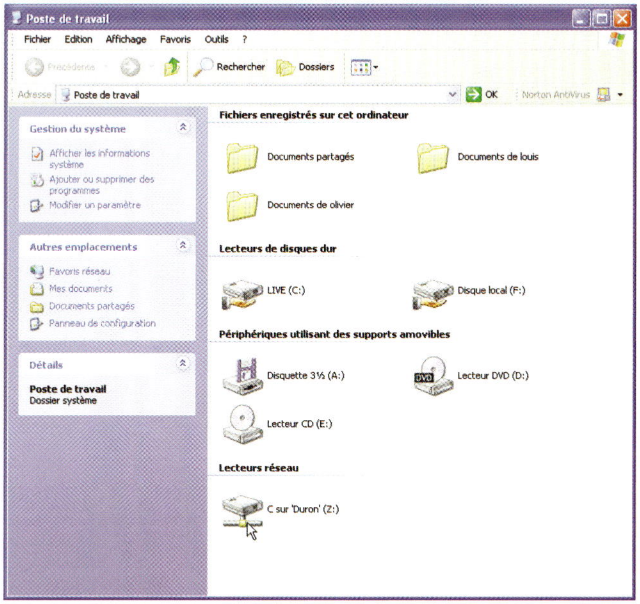

6 Sous Windows XP, le raccourci désigné par une lettre de lecteur réseau s'affiche dans la fenêtre du **Poste de travail**, comme dans les autres versions de Windows.

Partage d'imprimante sous Windows XP

La philosophie de Windows XP étant un peu différente de celle des autres versions de Windows, nous décrivons ici en détail le partage d'une imprimante sous Windows XP.

Note

Le résultat est le même que pour les autres versions de Windows. La méthode d'accès à l'imprimante partagée depuis un poste fonctionnant sous Windows 95, 98, 98SE est parfaitement valable.

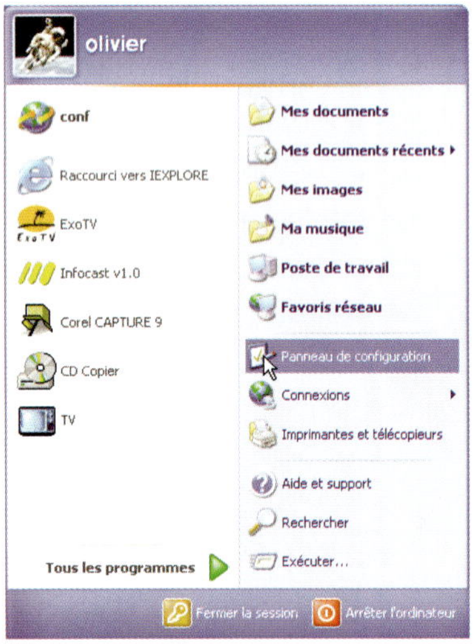

1 Dans le menu **Démarrer**, choisissez **Panneau de configuration**.

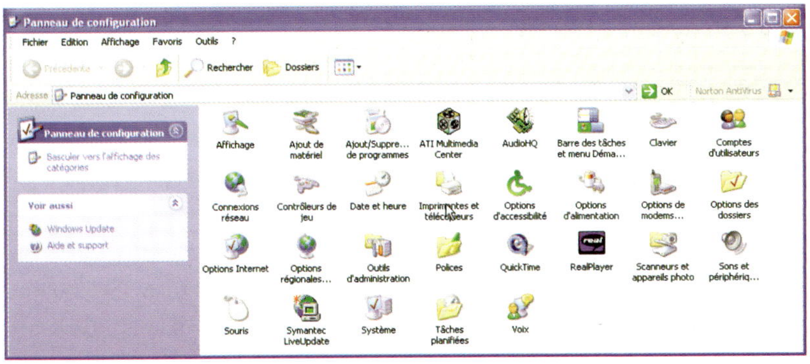

2 Double-cliquez sur l'icône **Imprimantes et télécopieurs**.

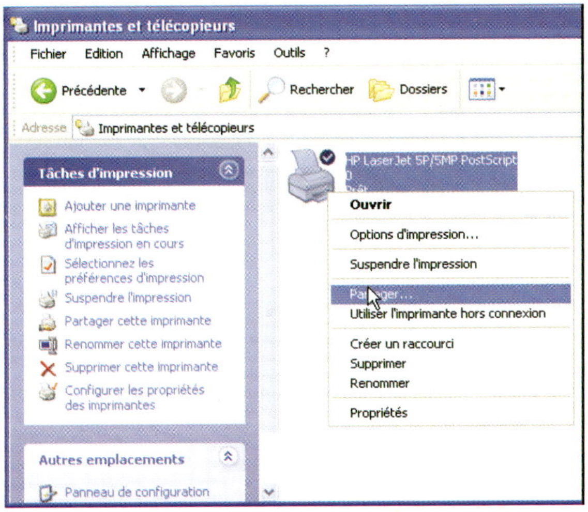

3 Faites un clic droit sur l'imprimante que vous voulez partager et choisissez **Partager** dans le menu contextuel.

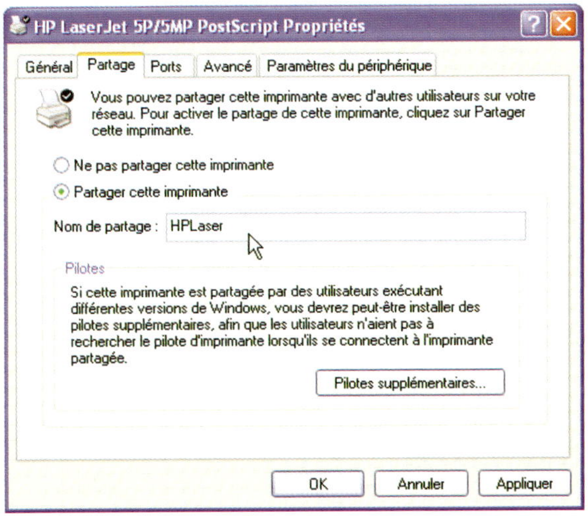

4 Dans le panneau **Partage** de la fenêtre qui s'affiche, cochez **Partager cette imprimante** et nommez-la.

Astuce

Vous pouvez sélectionner l'icône de l'imprimante et cliquer sur le lien **Partager cette imprimante** qui s'affiche à gauche dans la fenêtre **Imprimantes et télécopieurs**.

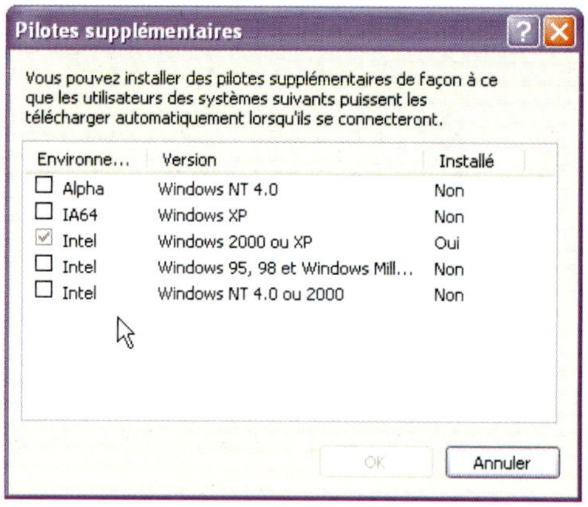

5 Si certains des PC du réseau sont sous Windows 3.11, Windows NT, éventuellement Windows 2000, mais surtout si certains sont sur des plates-formes à processeur Alpha (processeurs DEC/Compaq) ou IA64 (nouvelle architecture Itanium d'Intel), vous pouvez cliquer sur le bouton **Pilotes supplémentaires** et ajouter des supports de pilotes en cochant ce qui vous intéresse.

Attention

Si vous ne disposez pas des pilotes d'imprimantes pour les autres versions d'architectures ou de Windows, ne modifiez pas ces options.

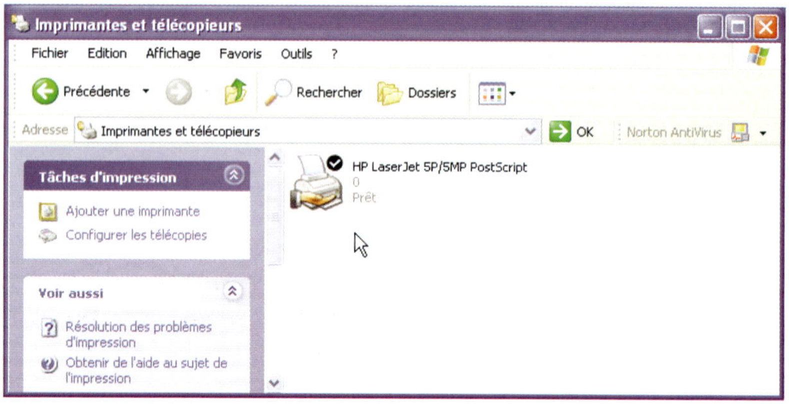

6 Lorsque votre imprimante est partagée, validez en cliquant sur OK. Normalement, dans la fenêtre **Imprimantes et télécopieurs**, l'icône de votre imprimante repose au creux d'une petite main.

Impression sur l'imprimante partagée depuis un autre PC sous Windows XP

Voyons comment paramétrer une imprimante distante sur un PC tournant sous Windows XP. La démarche est très proche de celle mise en œuvre pour les autres versions de Windows.

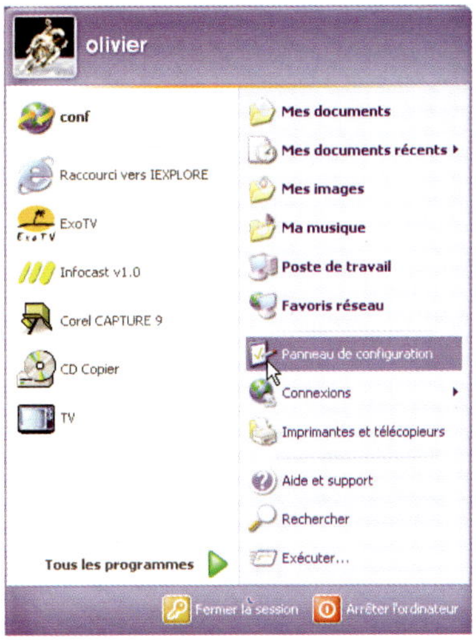

1 Accédez au **Panneau de configuration** *via* le menu **Démarrer**.

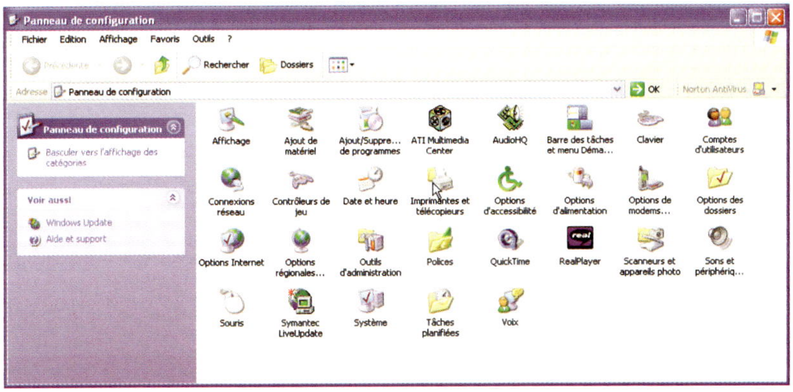

2 Double-cliquez sur l'icône **Imprimantes et télécopieurs**.

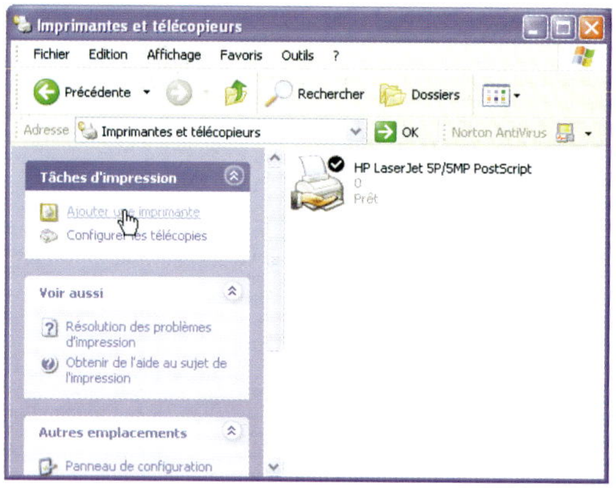

3 Dans la partie gauche de la fenêtre, cliquez sur le lien **Ajouter une imprimante**.

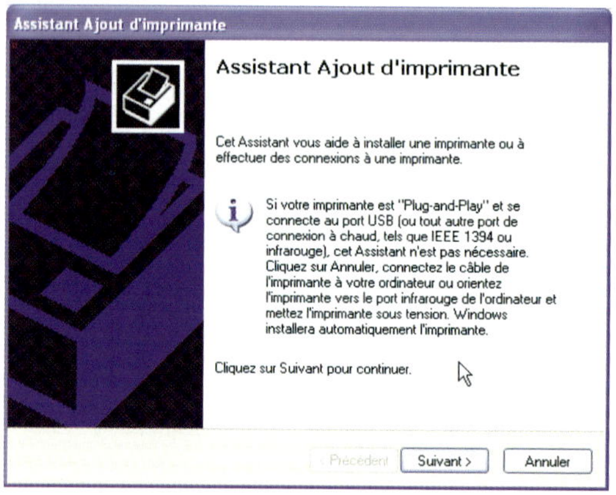

4 L'assistant **Ajout d'imprimante** démarre. Cliquez sur **Suivant**.

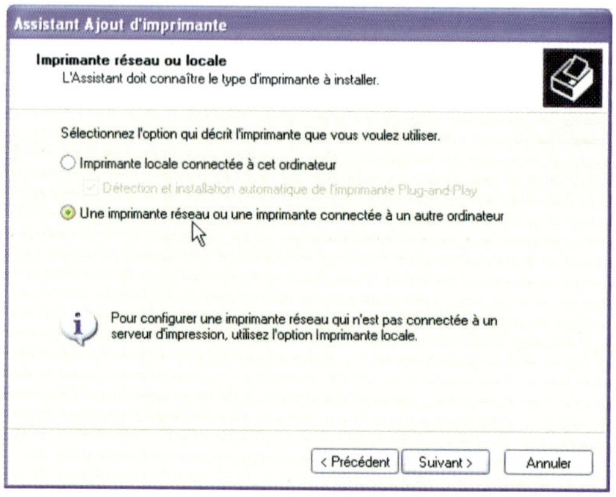

5 Sélectionnez l'option **Une imprimante réseau ou une imprimante connectée à un autre ordinateur** et cliquez sur **Suivant**.

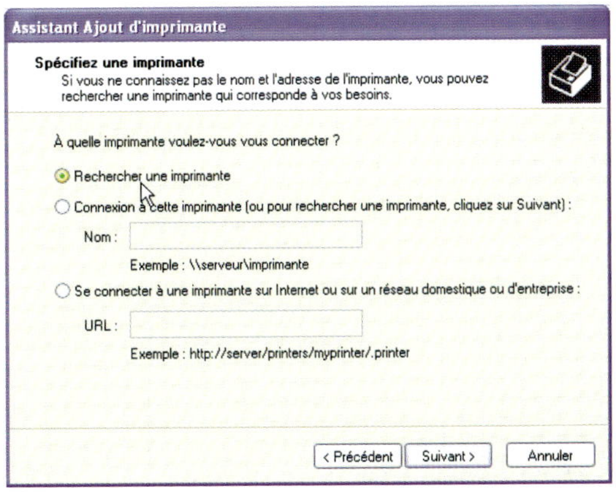

6 Sélectionnez l'option **Rechercher une imprimante** et cliquez sur **Suivant**.

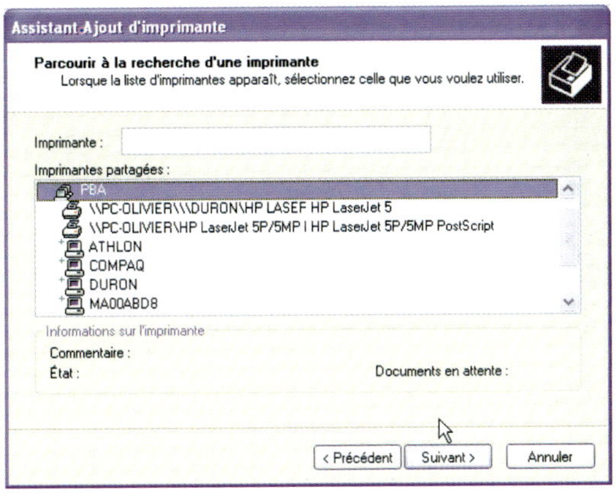

7 Une liste des ordinateurs du réseau s'affiche, avec des petits « + » devant leurs icônes.

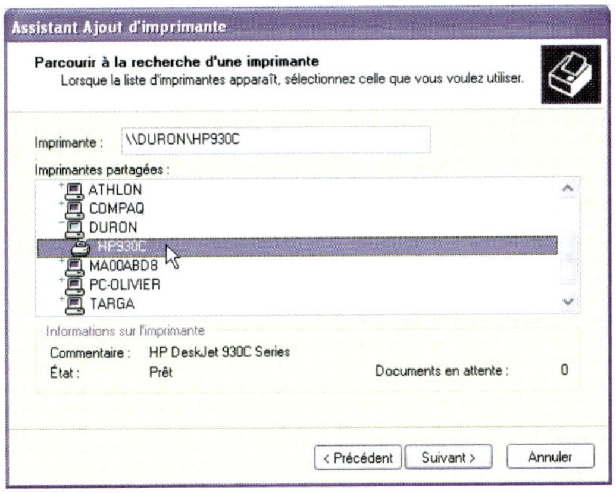

8 En double-cliquant sur l'icône d'un ordinateur qui partage effectivement une imprimante, vous affichez la liste des imprimantes concernées.

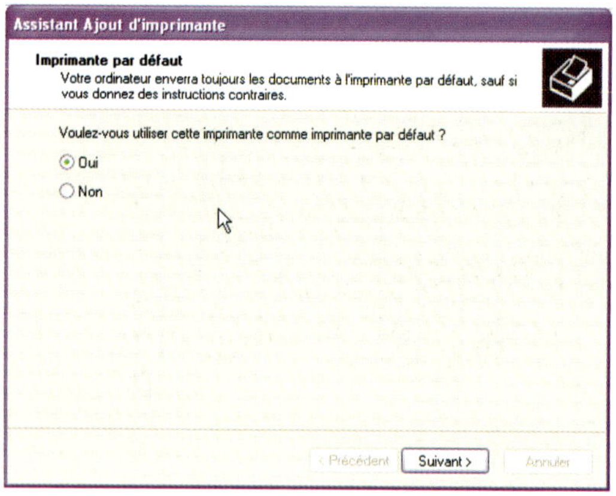

9 Double-cliquez sur l'imprimante qui vous intéresse. La boîte de dialogue qui s'ouvre vous demande si vous souhaitez utiliser cette imprimante par défaut. Choisissez **Oui** si vous n'avez pas d'imprimante locale ou si vous voulez que cette imprimante devienne le premier choix pour l'impression.

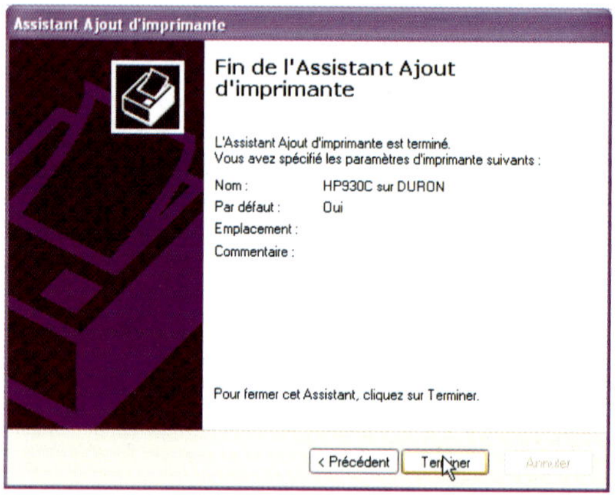

10 Cliquez sur **Suivant** puis sur **Terminer**.

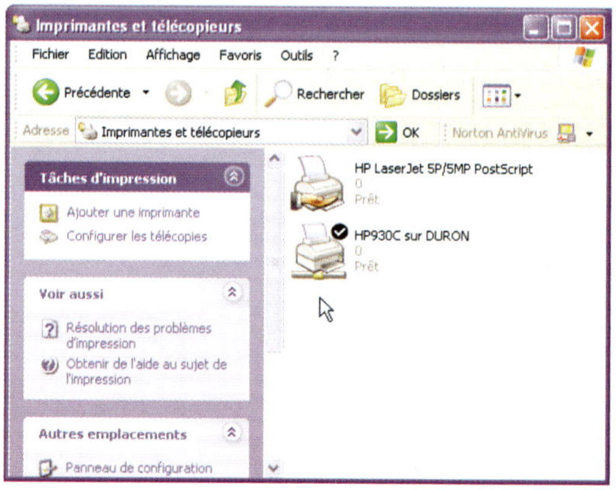

11 L'imprimante apparaît alors comme reliée à un câble, avec un rond noir marqué d'une coche de validation si c'est l'imprimante par défaut.

VOIR AUSSI

Vous avez des difficultés à accéder à une imprimante partagée ou à un disque dur partagé sur un autre poste du réseau ? Relisez bien la Partie 3 relative à la configuration des adresses IP, du nom de groupe de travail et de protocole.

Vérifiez bien la rubrique de cette partie relative à la configuration du PC qui partage ses ressources : le partage de fichiers ou d'imprimantes doit être activé à partir de l'icône Réseau du Panneau de configuration.

Si vous rencontrez encore des difficultés, reportez-vous aux tests et dépannages de la Partie 9.

Pour partager un accès à Internet, lisez les Parties 6 et 7.

PARTIE 6

Accès à Internet en vue de le partager

Vous voulez partager votre accès à Internet ? Dans cette partie, nous passons en revue toutes les techniques qui permettent à un ordinateur d'accéder à Internet en vue d'en partager l'accès. Presque tous les PC peuvent le faire sous Windows 95, NT, 2000, 98, 98SE, Me ou XP. Dans cette partie, nous nous intéressons aux PC sous Windows 98SE, Me, 2000 ou XP. Ces versions de Windows intègrent toutes gratuitement la possibilité de partager un accès à Internet qui fonctionne, même si parfois sa mise en œuvre n'est pas très évidente. Si vous vous connectez à Internet avec des « kits » propriétaires de fournisseurs d'accès, nous vous conseillons vivement de créer des accès en utilisant les méthodes décrites ici car vous serez certain de pouvoir partager l'accès.
Par ailleurs, dans chacune des rubriques suivantes, vous trouverez le descriptif de vos besoins complémentaires par rapport à l'architecture de réseau que vous avez choisie dans la Partie 1.
Nous partons du principe que votre modem analogique, Numéris ou ADSL USB est déjà installé et reconnu par le système.

Si vous disposez déjà d'un accès réseau à distance qui fonctionne bien, c'est-à-dire :

- sous Windows 98, visible à partir du Poste de travail, icône Accès réseau à distance puis l'accès réseau à distance désigné pour accéder à Internet ;
- sous Windows Me, visible à partir du Poste de travail, Panneau de configuration, icône Accès réseau à distance puis l'accès réseau à distance désigné pour accéder à Internet ;
- sous Windows XP ou 2000, visible à partir du Poste de travail, Panneau de configuration, icône Connexions réseau et accès réseau à distance puis l'accès réseau à distance désigné pour accéder à Internet ;

vous n'avez pas besoin de créer un accès comme expliqué dans cette partie, passez directement à la Partie 7 !

- *Via* un modem classique ou Numéris sous Windows 98/Me
- *Via* un modem classique ou Numéris sous Windows XP
- *Via* un modem classique ou Numéris sous Windows 2000
- *Via* un modem ADSL Ethernet en PPPTP sous Windows 98/Me
- *Via* un modem ADSL Ethernet en PPPTP sous Windows XP
- *Via* un modem ADSL Ethernet en PPPTP sous Windows 2000
- *Via* un modem ADSL Ethernet en PPPOE sous Windows 98/Me
- *Via* un modem ADSL Ethernet en PPPOE sous Windows XP
- *Via* un modem ADSL Ethernet en PPPOE sous Windows 2000
- *Via* un modem ADSL USB (protocole PPPOx) sous Windows 98/Me
- *Via* un modem ADSL USB (protocole PPPOx) sous Windows XP
- *Via* un modem câble sous Windows 98/Me
- *Via* un modem câble sous Windows XP
- *Via* un modem câble sous Windows 2000

Via un modem classique ou Numéris sous Windows 98/Me

Vous utilisez un modem de type classique à accès par ligne de téléphone normale, ou de type Numéris (abonnement Itoo, Duo ou abonnement simple) ? Vous n'avez besoin que d'une carte réseau ou d'un adaptateur réseau de type USB pour vous connecter au réseau que vous constituez.

Note

Si vous planifiez de partager cet accès à Internet avec d'autres postes du réseau, cette carte réseau servira au partage (voir Partie 7).

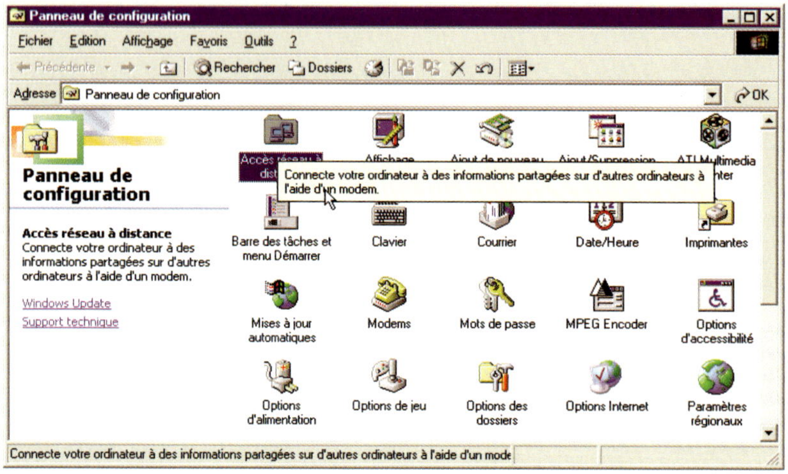

1 Dans la fenêtre du **Poste de travail**, double-cliquez sur l'icône **Accès réseau à distance** (ou choisissez **Poste de travail, Panneau de configuration, Accès réseau à distance** si vous utilisez Windows Me).

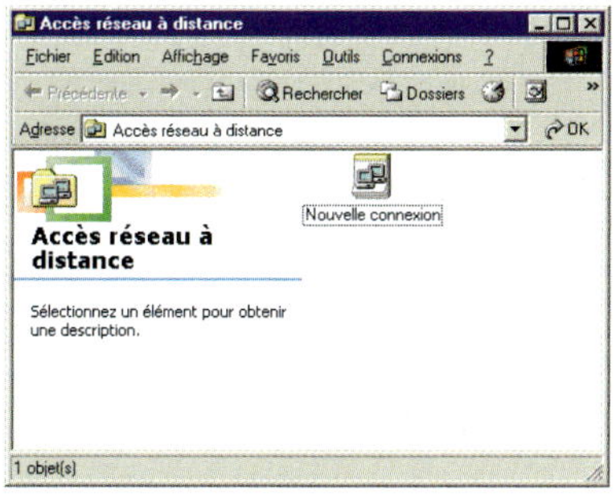

2 Cliquez sur l'icône **Nouvelle connexion**.

3 Entrez le nom de votre fournisseur d'accès à Internet (par exemple, PlaNETePC) et choisissez le modem à utiliser (Numéris ou classique).

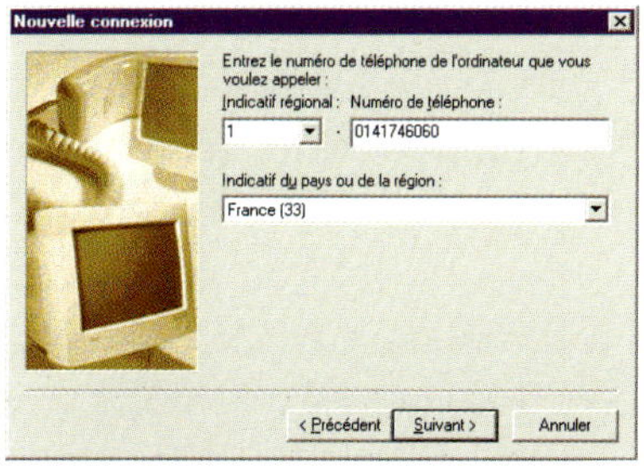

4 Cliquez sur **Suivant** et indiquez le numéro de téléphone. Pour PlaNETePC, entrez 0141746060, ne saisissez pas de numéro de zone et indiquez votre pays. Cliquez sur le bouton **Suivant**.

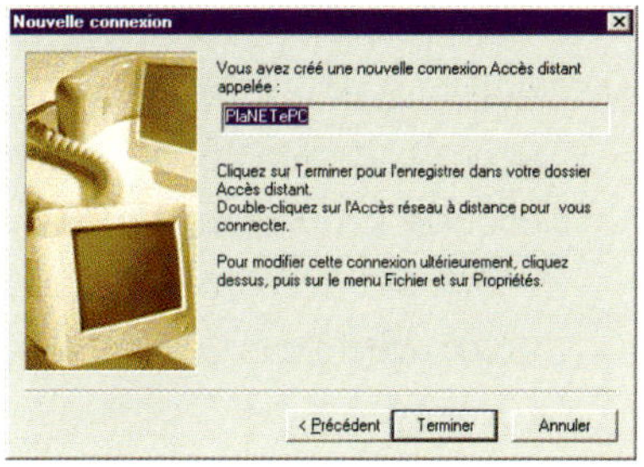

5 Acceptez la « nouvelle connexion » en cliquant sur le bouton **Terminer**.

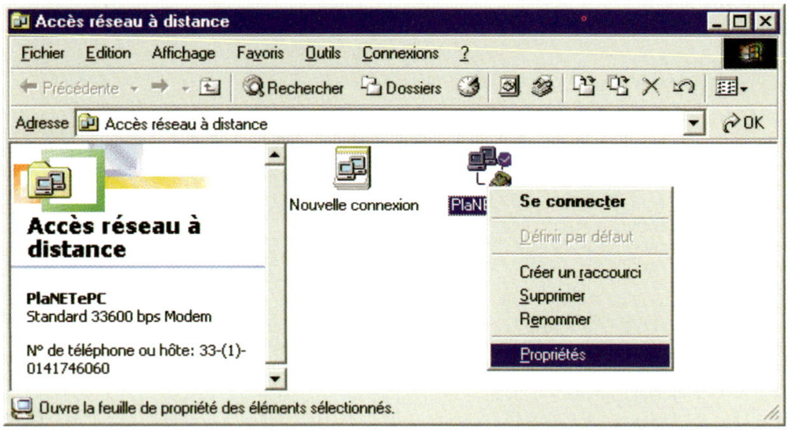

6 Vous devez maintenant paramétrer votre connexion pour qu'elle fonctionne correctement sur Internet. Vous allez avoir besoin de connaître le DNS de votre fournisseur d'accès à Internet. Pour cela, faites un clic droit sur l'icône de la connexion que vous venez de créer, c'est-à-dire PlaNETePC, et choisissez **Propriétés**.

7 Vérifiez que le numéro de téléphone entré est correct et que le modem choisi correspond à celui que vous voulez utiliser (vous pouvez employer un ordinateur portable utilisant un modem normal au bureau et un modem PCMCIA quand vous vous déplacez).

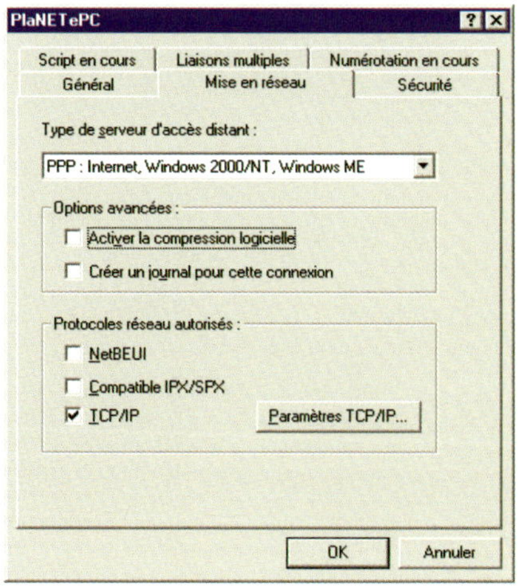

8 Dans le panneau **Mise en réseau,** cochez la case **TCP/IP** si nécessaire. Certains fournisseurs d'accès réclament parfois que l'option **Activer la compression logicielle** soit cochée, mais cela est rare. Dans le doute, ne cochez pas ce paramètre.

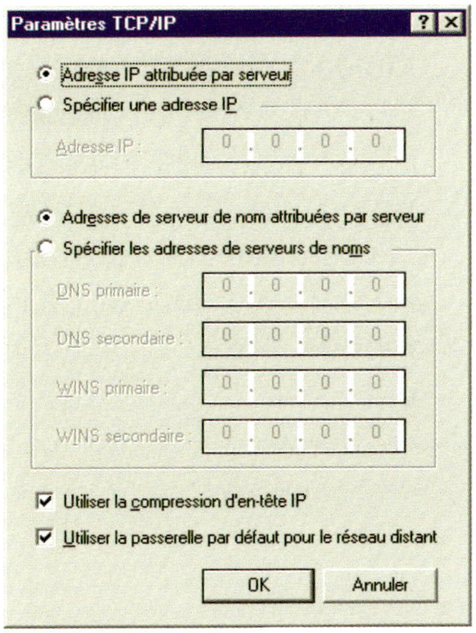

9 Cliquez maintenant sur le bouton **Paramètres TCP/IP**.

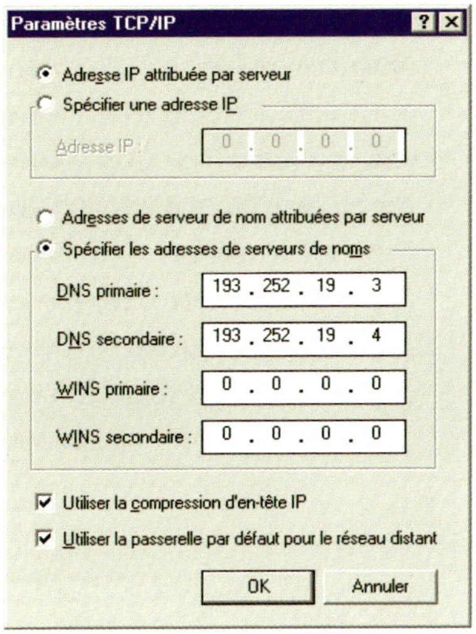

10 Entrez les paramètres de DNS que votre fournisseur d'accès vous a indiqués.

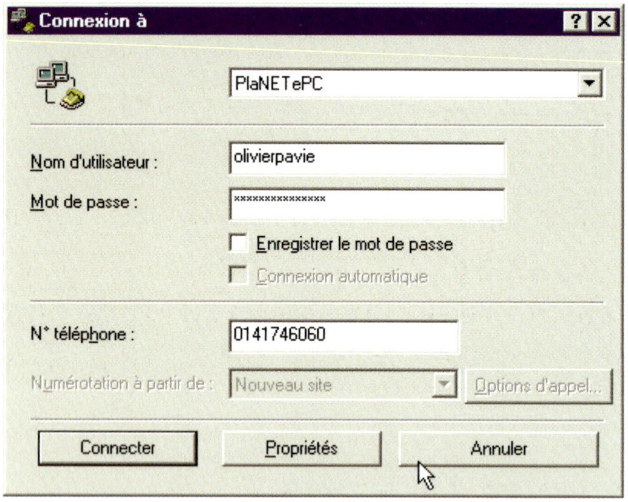

11 Validez en cliquant sur OK. Cliquez de nouveau sur OK. Vous pouvez maintenant tester votre configuration : double-cliquez sur la connexion, entrez votre **Nom d'utilisateur** et votre **Mot de passe**.

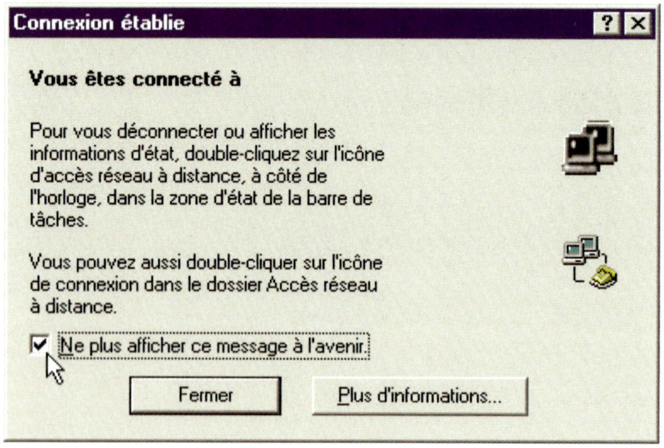

12 Si tout se passe bien, cette fenêtre s'affiche, ce qui signifie que vous êtes connecté à Internet. Si tous vos paramètres sont corrects, lancez votre navigateur et indiquez l'adresse d'un site, par exemple **www.pc-sam.com**. Normalement, la page d'accueil du site en question apparaît.

Note

Vous obtenez un message d'erreur du type « DNS error » ? Vous vous êtes trompé en saisissant les paramètres relatifs aux serveurs de DNS à l'étape 10.

Via un modem classique ou Numéris sous Windows XP

Vous utilisez un modem de type classique à accès par ligne de téléphone normale, ou de type Numéris (abonnement Itoo, Duo ou abonnement simple) ? Vous n'avez besoin que d'une carte réseau ou d'un adaptateur réseau de type USB pour vous connecter au réseau que vous constituez.

Note

Si vous planifiez de partager cet accès à Internet avec d'autres postes du réseau, cette carte réseau servira au partage (voir Partie 7).

1 Accédez au **Panneau de configuration** *via* le menu **Démarrer**.

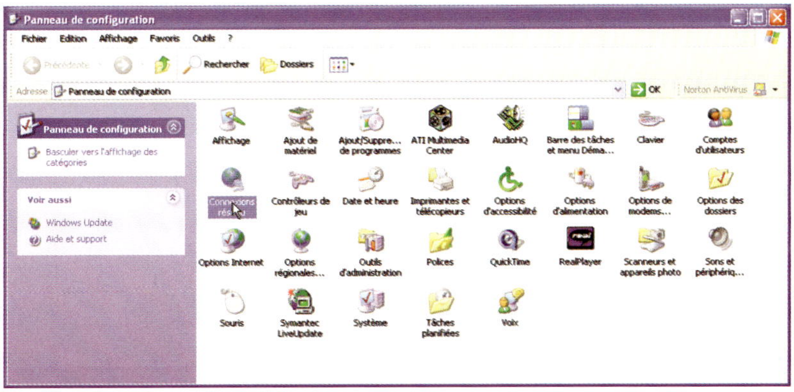

2 Double-cliquez sur l'icône **Connexions réseau**.

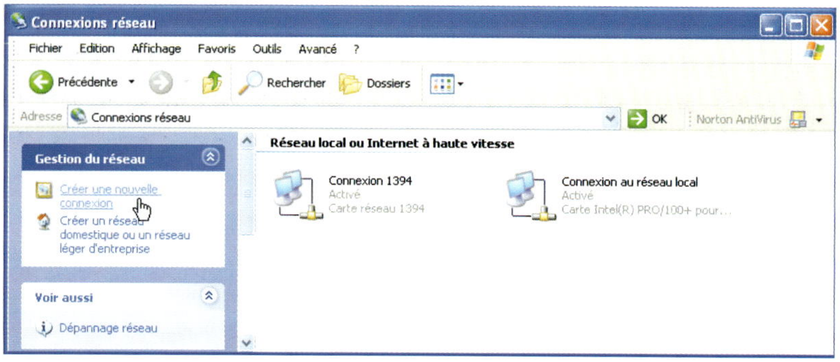

3 Pour créer un nouvel accès réseau à distance qui utilise un modem analogique ou un modem Numéris, cliquez sur le lien **Créer une nouvelle connexion** dans la section **Gestion du réseau** (partie gauche de la fenêtre).

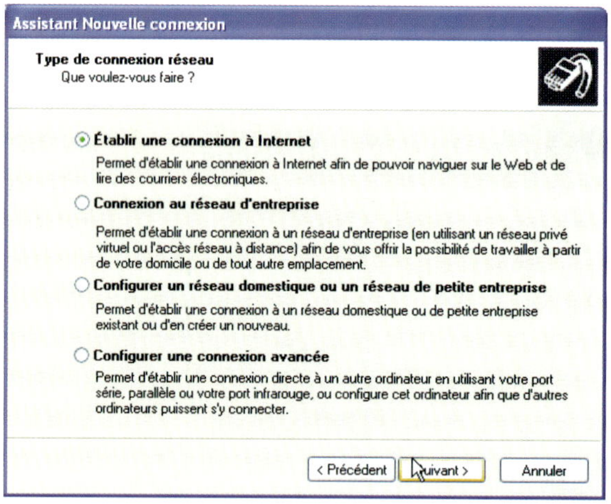

4 L'assistant **Connexion réseau** démarre. Cliquez sur **Suivant**, puis sélectionnez **Etablir une connexion à Internet**.

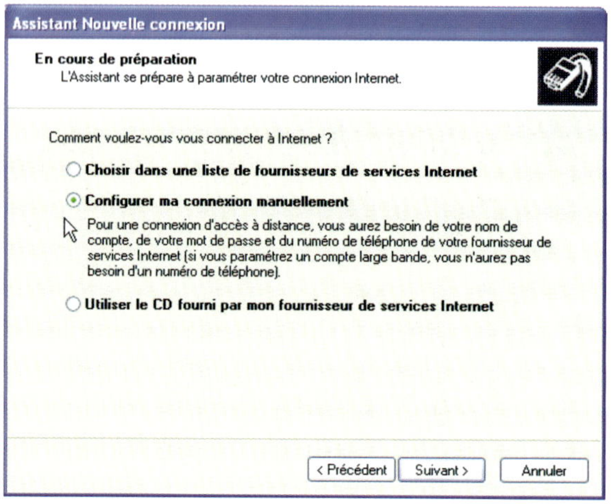

5 Cliquez sur **Suivant**, puis sélectionnez **Configurer ma connexion manuellement**.

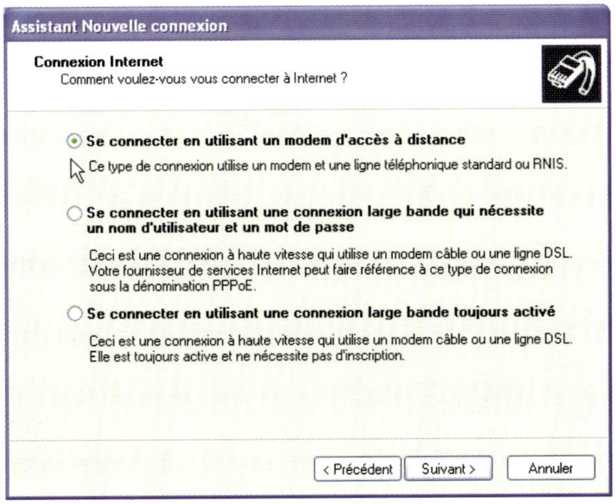

6 Cliquez encore sur **Suivant**, puis sélectionnez **Se connecter en utilisant un modem d'accès à distance**.

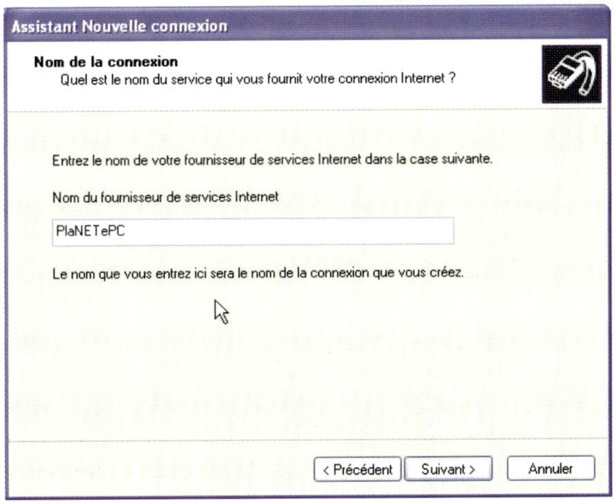

7 Entrez le nom du fournisseur d'accès, en l'occurrence PlaNETePC.

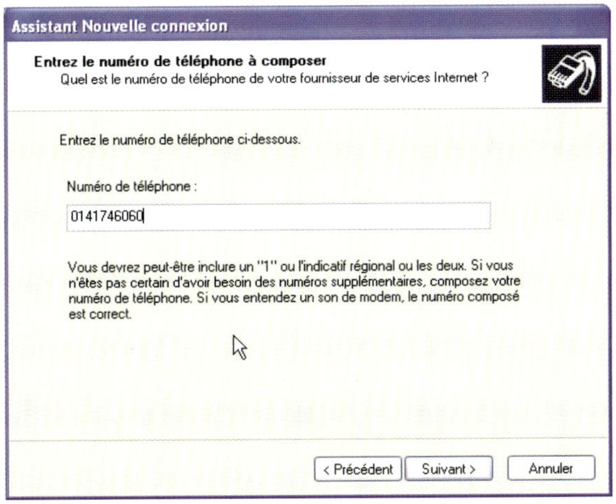

8 Dans la fenêtre suivante, entrez le numéro de téléphone.

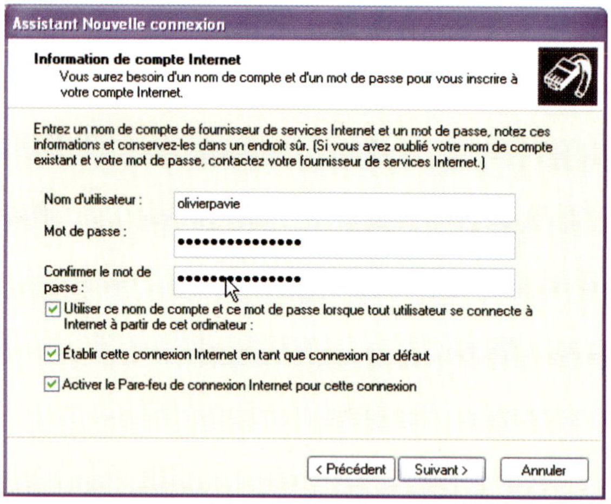

9 Cliquez sur **Suivant** et entrez votre **Nom d'utilisateur** et votre **Mot de passe** selon les indications fournies par votre fournisseur d'accès à Internet. S'il y a des minuscules et des majuscules dans l'un et/ou l'autre des libellés, respectez-les. Si vous devez saisir des minuscules, vérifiez que le clavier n'est pas en mode majuscules.

10 Cliquez sur **Suivant**. L'assistant vous demande si vous voulez créer la connexion et quitter. Cliquez sur **Terminer**. Il reste des paramètres à configurer ou à vérifier avant de lancer la connexion à Internet.

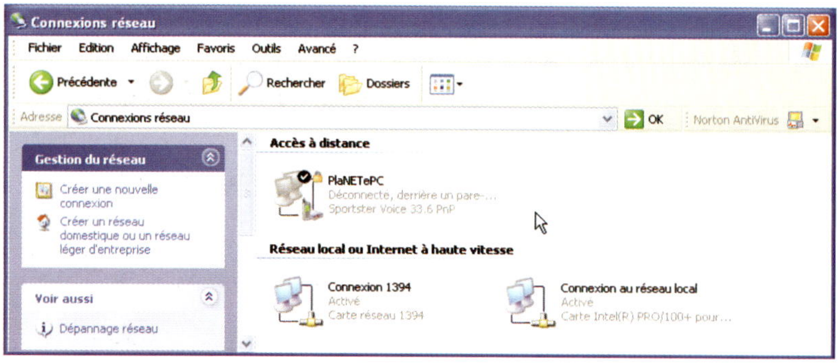

11 Si vous affichez de nouveau la fenêtre **Connexions réseau** du Panneau de configuration, le nouveau profil de connexion apparaît tel que vous l'avez défini.

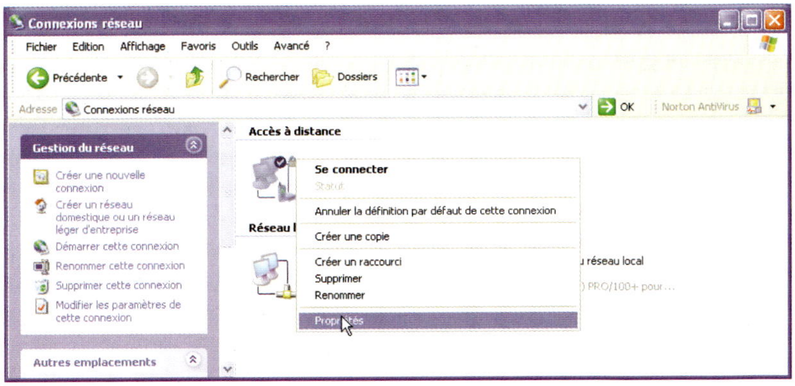

12 Vérifiez les paramètres. Pour cela, faites un clic droit sur la nouvelle connexion et choisissez **Propriétés**.

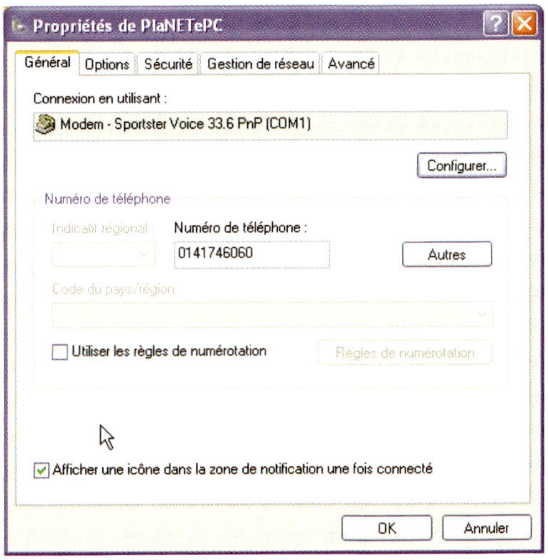

13 Dans le panneau **Général** sont indiqués le modem utilisé pour la connexion et le numéro de téléphone à employer. Les règles de numérotation sont d'ordinaire décochées. Laissez éventuellement cochée la case **Afficher une icône dans la zone de notification…** pour visualiser dans la barre des tâches l'état de votre connexion à Internet, notamment pour savoir quand votre ligne de téléphone est occupée.

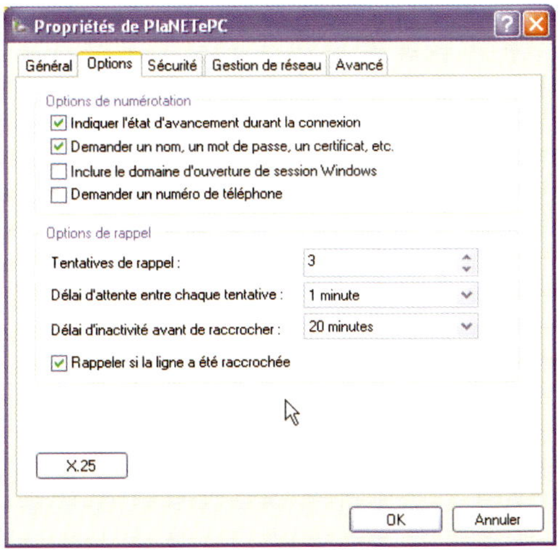

14 Dans le panneau **Options**, vous pouvez laisser les deux cases du haut cochées par défaut. L'option **Demander un nom, un mot de passe, etc.**, vous permet d'afficher la fenêtre correspondante à chaque fois que vous voulez vous connecter à Internet.

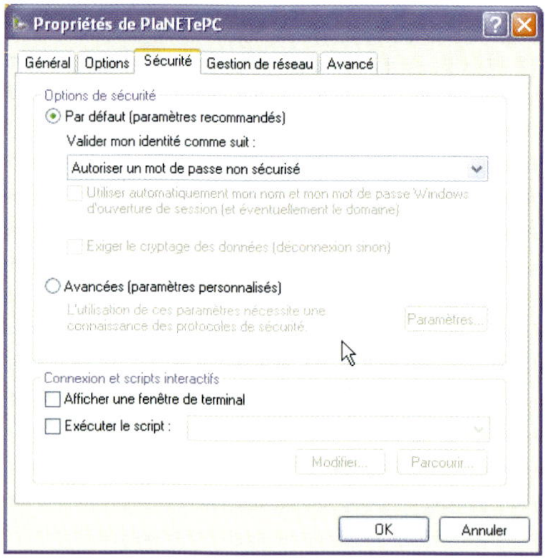

15 Dans le panneau **Sécurité**, les valeurs par défaut conviennent dans 99 % des cas, en particulier en France où un mot de passe crypté pour une connexion à Internet n'est pas apprécié par les autorités.

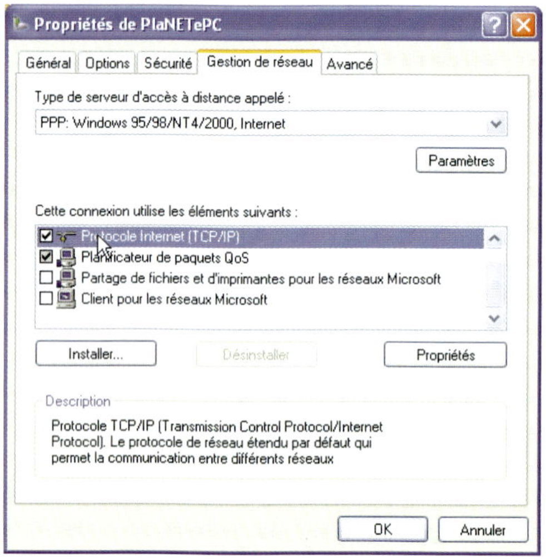

16 Dans le panneau **Gestion de réseau**, accédez aux propriétés du protocole TCP/IP. Il faut en général créer un paramétrage de DNS pour être certain de se connecter à Internet et d'accéder à tous les serveurs. C'est optionnel mais cela améliore la connexion à Internet dans 99 % des cas. Double-cliquez donc sur la ligne **Protocole Internet (TCP/IP)**.

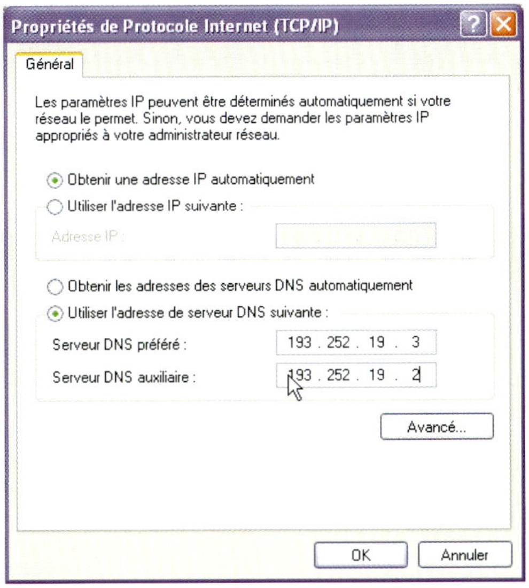

17 Dans la fenêtre qui s'affiche, laissez cochée l'option **Obtenir une adresse IP automatiquement**. Si vous rencontrez des difficultés de connexion, par exemple si vous êtes déconnecté, utilisez le bouton **Avancé...** et décochez notamment la case **Utiliser la compression d'en-tête IP**.

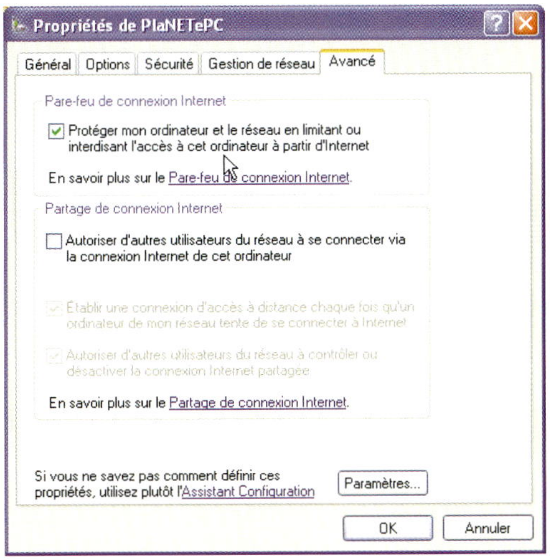

18 Enfin, dans le panneau **Avancé**, vous pouvez activer la fonction de partage d'accès à Internet de votre PC en cochant la case **Autoriser d'autres utilisateurs du réseau...** Vous autorisez ainsi le partage de cette connexion avec d'autres PC connectés en réseau. Il faut maintenant acquérir des connaissances supplémentaires pour en profiter (voir Partie 7) !

Via un modem classique ou Numéris sous Windows 2000

Vous utilisez un modem de type classique à accès par ligne de téléphone normale, ou de type Numéris (abonnement Itoo, Duo ou abonnement simple) ? Vous n'avez besoin de rien d'autre que d'une carte réseau ou d'un adaptateur réseau de type USB pour vous connecter au réseau que vous constituez.

Note

Si vous planifiez de partager cet accès à Internet avec d'autres postes du réseau, cette carte réseau servira au partage (voir Partie 7).

1 Pour créer un accès réseau à distance, affichez la fenêtre du **Panneau de configuration** et cliquez sur **Connexions réseau et accès à distance**.

2 Si vous possédez une ou plusieurs cartes réseau dans votre PC, elles figurent dans la fenêtre qui s'affiche. Si vous n'en possédez pas, il est possible que seule l'icône **Etablir une nouvelle connexion** soit visible. Double-cliquez dessus. L'assistant **Connexion réseau** démarre.

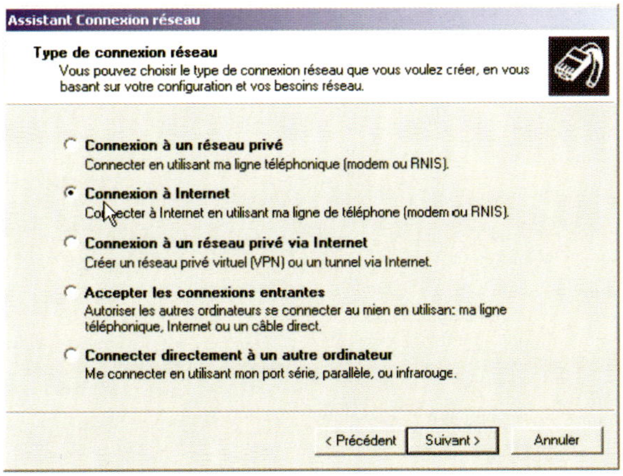

3 Cliquez sur **Suivant**. Sélectionnez **Connexion à Internet**.

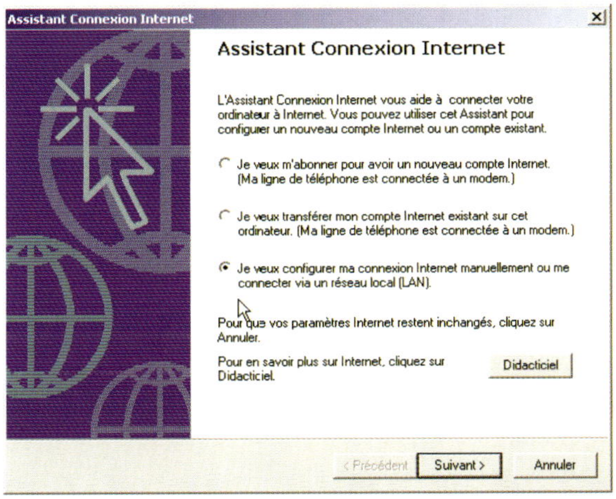

4 Cliquez sur **Suivant** et sélectionnez **Je veux configurer ma connexion Internet manuellement**.

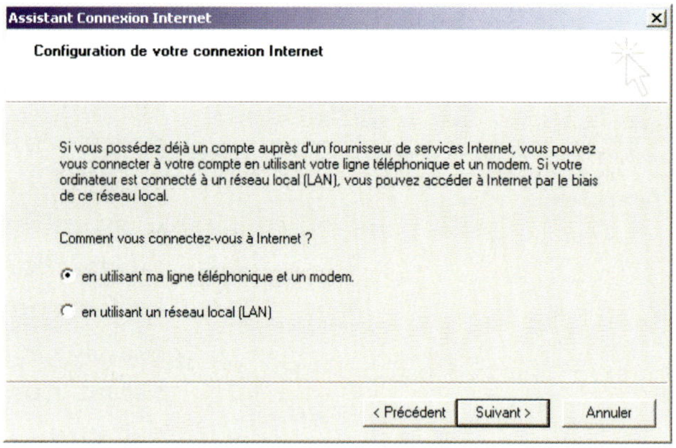

5 Cliquez de nouveau sur **Suivant**, puis sélectionnez **en utilisant ma ligne téléphonique et un modem**.

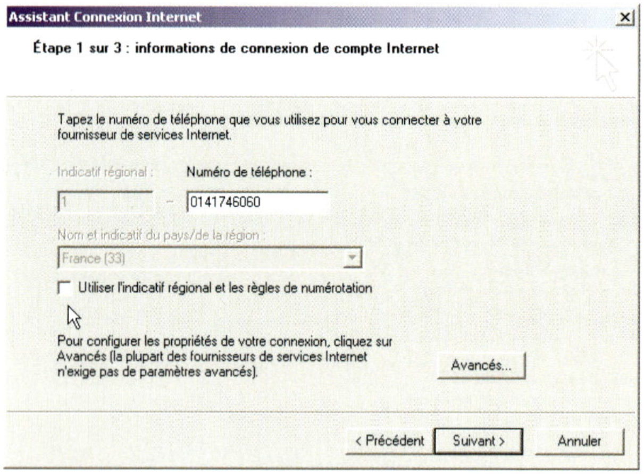

6 Indiquez ensuite le numéro de téléphone de votre fournisseur d'accès. Attention : décochez la case **Utiliser l'indicatif régional et les règles de numérotation** si vous êtes chez vous ou si vous avez une ligne directe au bureau. *A priori*, vous n'avez pas à modifier les options accessibles *via* le bouton **Avancés…** de cette fenêtre.

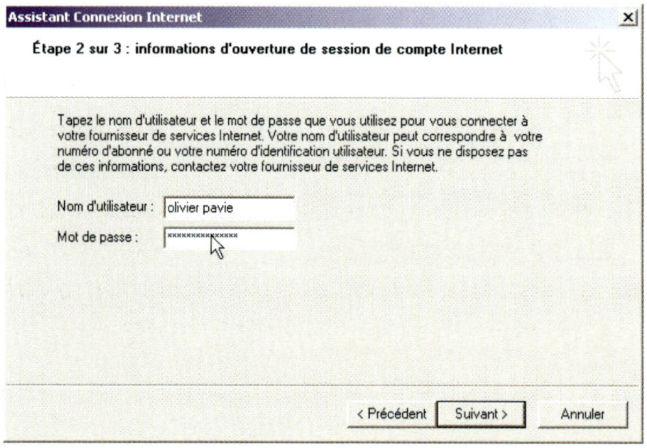

7 Cliquez sur **Suivant** et entrez votre **Nom d'utilisateur** et votre **Mot de passe** selon les indications fournies par votre fournisseur d'accès à Internet. S'il y a des minuscules et des majuscules dans l'un et/ou l'autre des libellés, respectez-les. Si vous devez saisir des minuscules, vérifiez que le clavier n'est pas en mode majuscules. Cliquez sur **Suivant**.

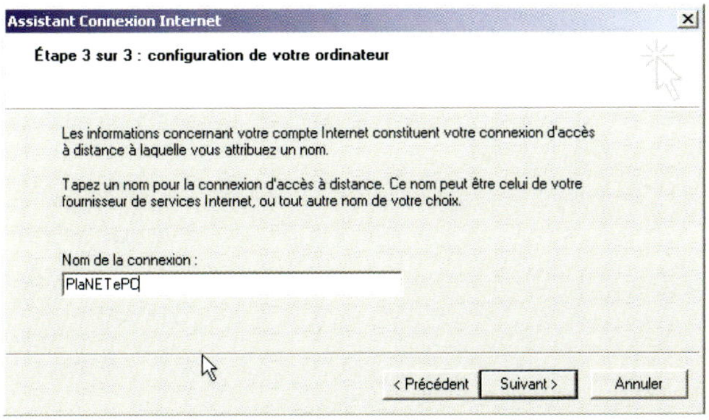

8 Entrez le nom que vous voulez donner à votre connexion : par exemple, PlaNETePC. Cliquez sur **Suivant**.

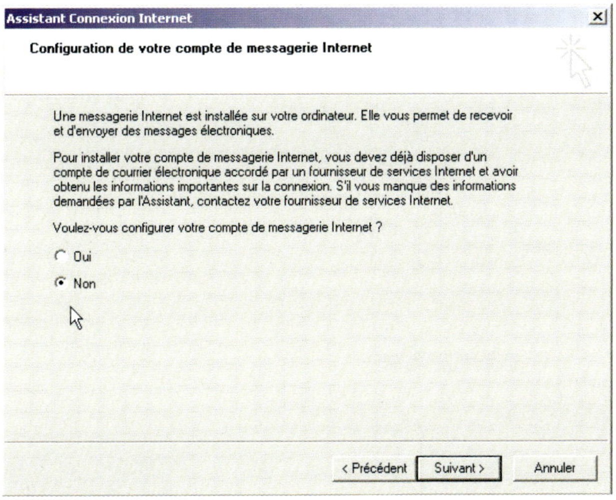

9 Dans la fenêtre qui s'ouvre, indiquez si vous voulez configurer votre compte de messagerie. Répondez par **Non** car il vous sera possible de le faire ultérieurement. Cliquez sur **Suivant**.

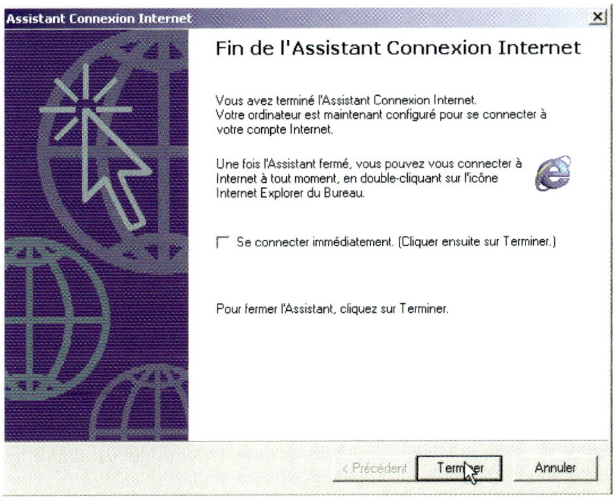

10 L'assistant vous demande ensuite si vous voulez vous connecter immédiatement. Décochez cette case et cliquez sur **Terminer**. Il reste des paramètres à configurer ou à vérifier avant de lancer la connexion à Internet.

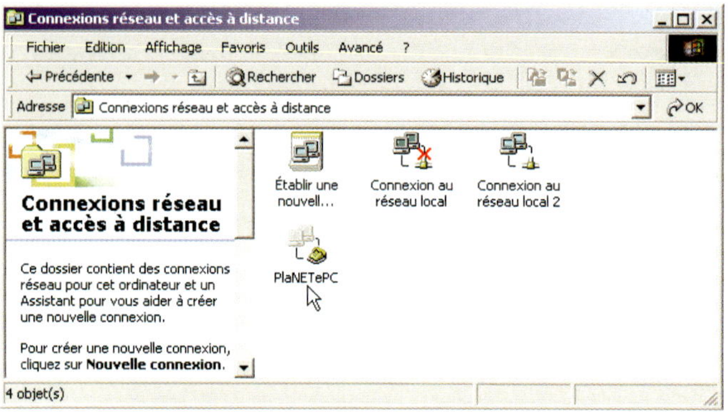

11 Si vous affichez de nouveau la fenêtre **Connexions réseau et accès à distance** à partir du Panneau de configuration, votre nouveau profil de connexion apparaît tel que vous l'avez défini.

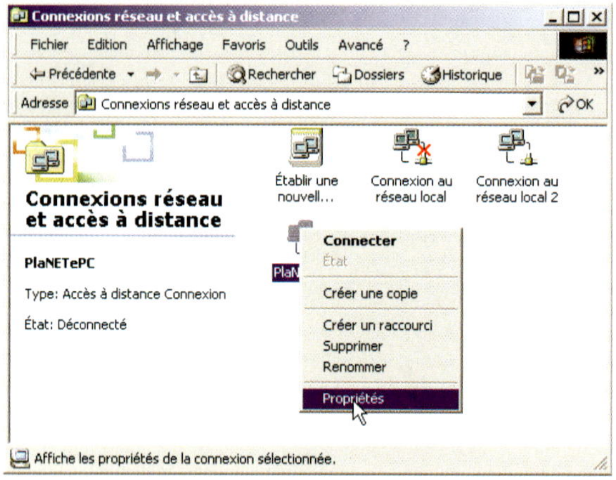

12 Faites un clic droit sur l'icône de la nouvelle connexion et affichez ses propriétés.

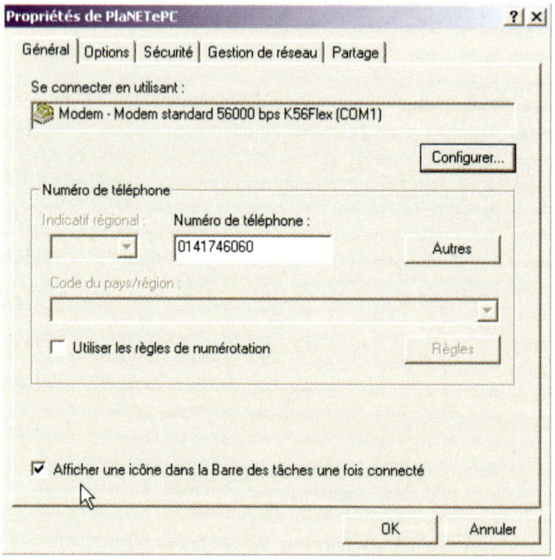

13 Dans le panneau **Général** sont affichés le modem utilisé pour la connexion et le numéro de téléphone à composer. Les règles de numérotation sont d'ordinaire décochées. Laissez éventuellement cochée la case **Afficher une icône...** pour visualiser dans la barre des tâches l'état de votre connexion à Internet, en particulier pour savoir quand votre ligne de téléphone est occupée.

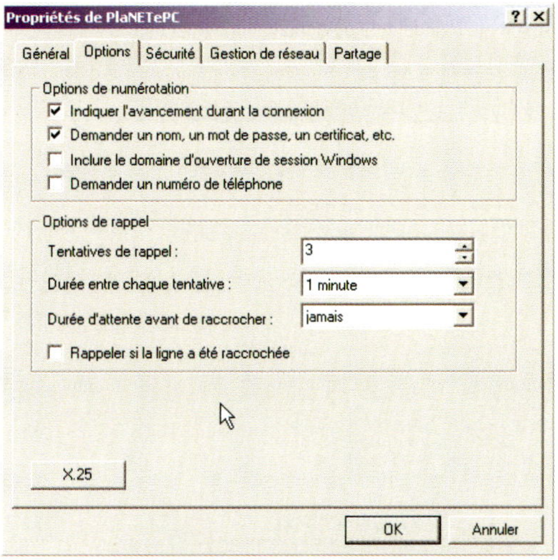

14 Dans le panneau **Options**, vous pouvez laisser cochées les deux cases qui le sont par défaut.

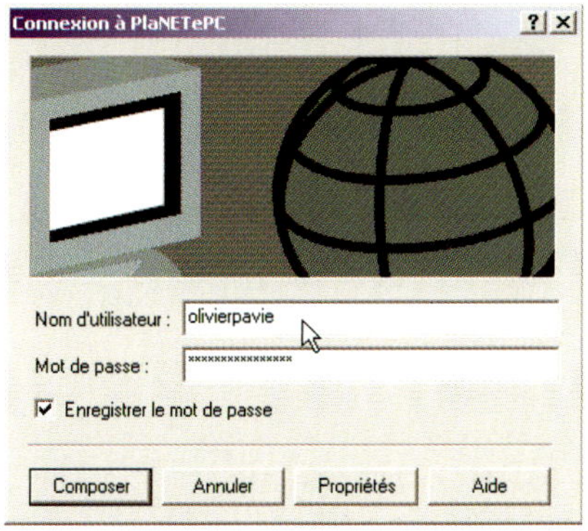

15 L'option **Demander un nom, un mot de passe, etc.** vous permet d'afficher cette fenêtre à chaque fois que vous voulez vous connecter à Internet.

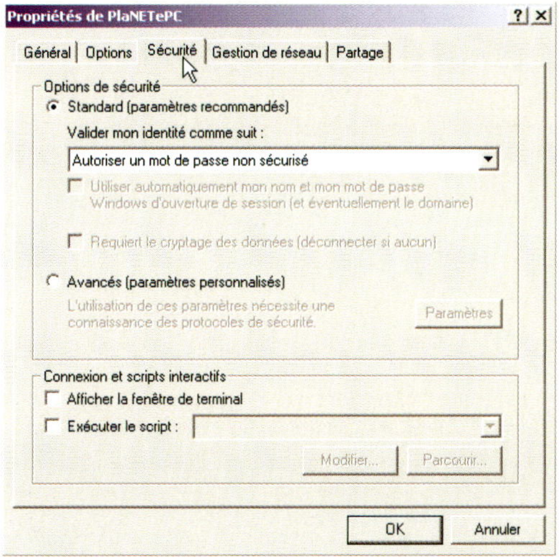

16 Dans le panneau **Sécurité**, les valeurs par défaut de Windows 2000 conviennent dans 99 % des cas, en particulier en France où le mot de passe crypté pour une connexion à Internet n'est pas spécialement apprécié par les autorités.

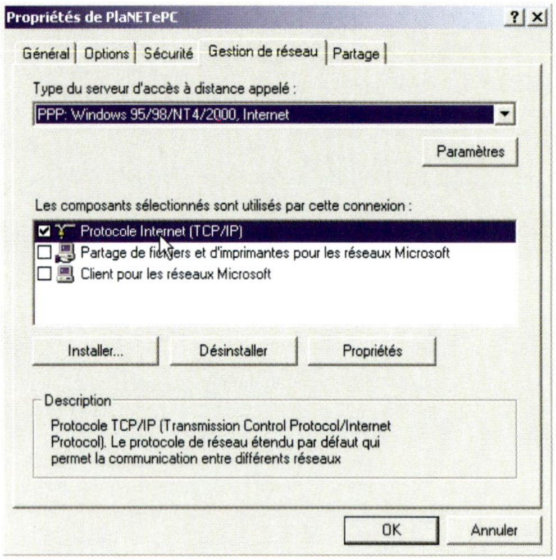

17 Dans le panneau **Gestion de réseau**, accédez aux propriétés du protocole TCP/IP. Il faut en général créer un paramétrage de DNS pour être certain de se connecter à Internet et de pouvoir accéder à tous les serveurs. C'est optionnel mais cela améliore la connexion à Internet dans 99 % des cas. Double-cliquez donc sur la ligne **Protocole Internet (TCP/IP)**.

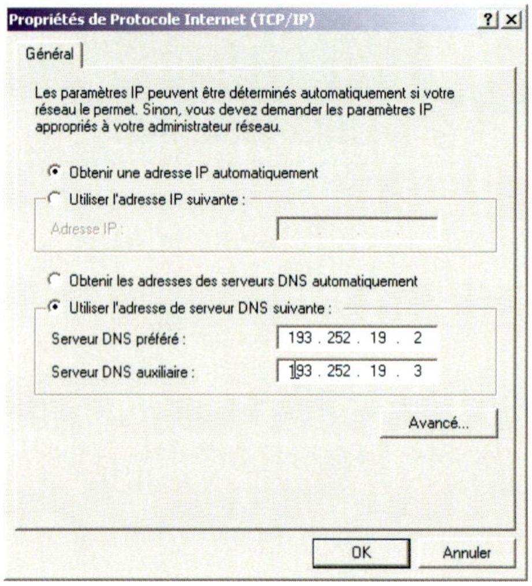

18 Dans la fenêtre qui s'affiche, laissez cochée l'option **Obtenir une adresse IP automatiquement**. Cochez également la case **Utiliser l'adresse de serveur DNS suivante** et entrez la ou les valeurs de DNS fournies par votre fournisseur d'accès à Internet.

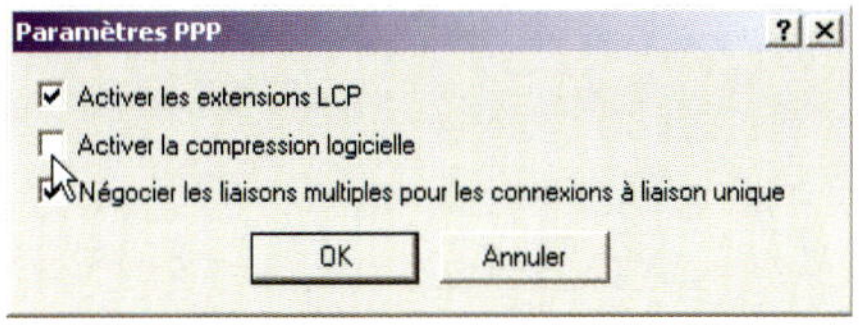

19 Si vous rencontrez des difficultés de connexion, par exemple si vous êtes déconnecté, utilisez le bouton **Paramètres** du panneau **Gestion de réseau** et décochez la case **Activer la compression logicielle**. Essayez les autres choix également.

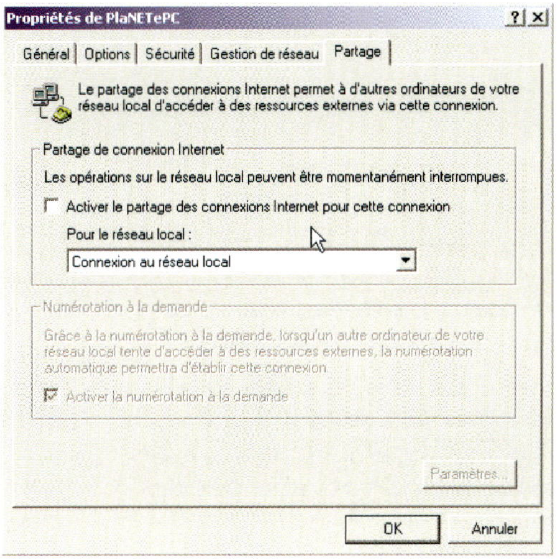

20 Enfin, dans le panneau **Partage**, vous pouvez activer la fonction de partage d'accès à Internet de votre PC. Nous vous conseillons vivement de lire la Partie 7 consacrée au partage d'accès à Internet avant de vous occuper de cette fonction.

Via un modem ADSL Ethernet en PPPTP sous Windows 98/Me

Le protocole PPPTP ne concerne que les abonnements en ADSL souscrits avant février 2001. Pour les abonnements récents avec des modems ADSL connectés en Ethernet, le protocole est PPPOE, tandis que pour des modems ADSL en USB, le protocole est PPPOx (ou PPPOa).

Note

Dans ce cas de configuration, vous utilisez une carte réseau pour vous connecter à votre modem ADSL Ethernet. Il vous faut donc installer une seconde carte réseau dans l'ordinateur pour qu'il puisse faire partie du réseau que vous constituez. Néanmoins, si vous utilisez cet ordinateur pour accéder à un PC partageur de connexion Internet (vous passez par exemple de plusieurs abonnements ADSL à un seul), la connexion ADSL de ce PC devient alors obsolète et, après avoir déconnectée la carte réseau du modem Ethernet, vous pouvez la raccorder au hub de votre réseau.

1 Pour réaliser un accès en PPPTP à Internet *via* un modem ADSL, installez la fonction VPN (*Virtual Private Network*) de Windows. Pour cela, accédez au **Poste de travail**, au **Panneau de configuration** et double-cliquez sur l'icône **Ajout/Suppression de programmes**.

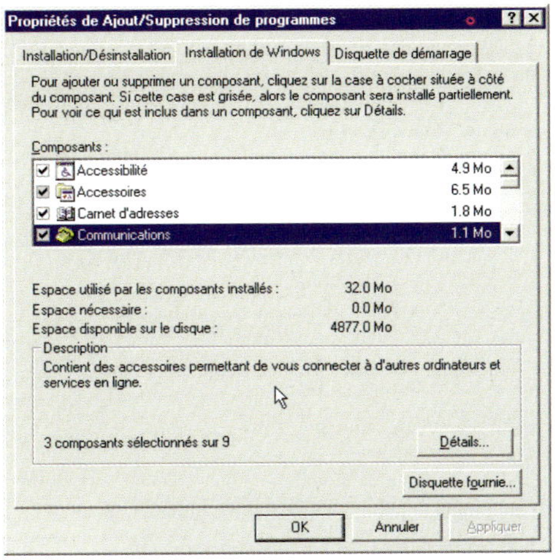

2 Dans le panneau **Installation de Windows**, double-cliquez sur **Communications**.

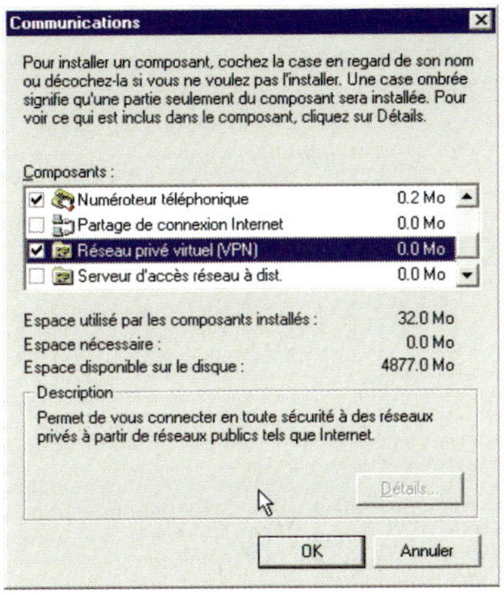

3 Dans la liste qui s'affiche, cochez **Réseau privé virtuel (VPN)**. Validez ensuite en cliquant sur OK.

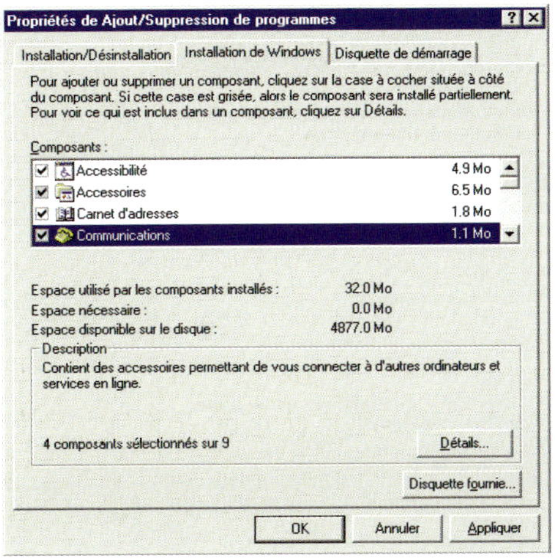

4 Utilisez le bouton **Appliquer**.

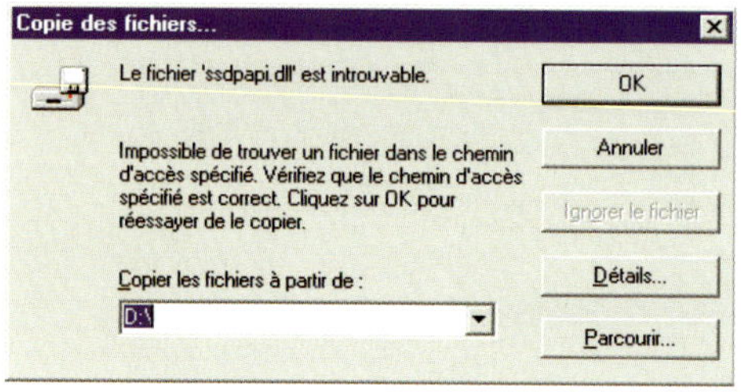

5 Les particularités de cet accès VPN sont recopiées depuis le répertoire d'installation de Windows ou le CD-ROM de Windows que l'on vous demande d'insérer. Si toutefois le système vous propose de conserver certains fichiers plus récents, acceptez.

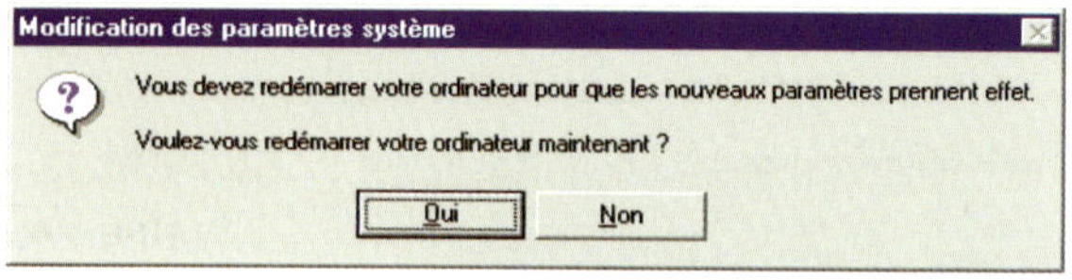

6 A la fin de cette opération d'installation du VPN, acceptez un redémarrage de l'ordinateur.

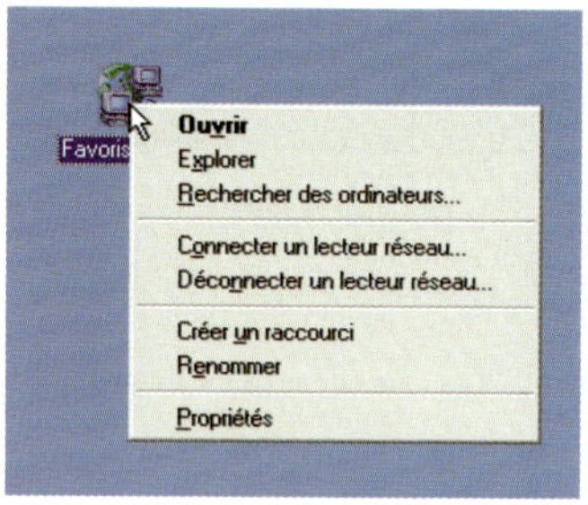

7 Après avoir redémarré l'ordinateur et avant de créer l'accès réseau à distance, vérifiez les paramètres de la carte réseau connectée à votre modem Ethernet ADSL. Faites un clic sur l'icône **Favoris réseau** ou **Voisinage réseau** et choisissez **Propriétés** dans le menu contextuel.

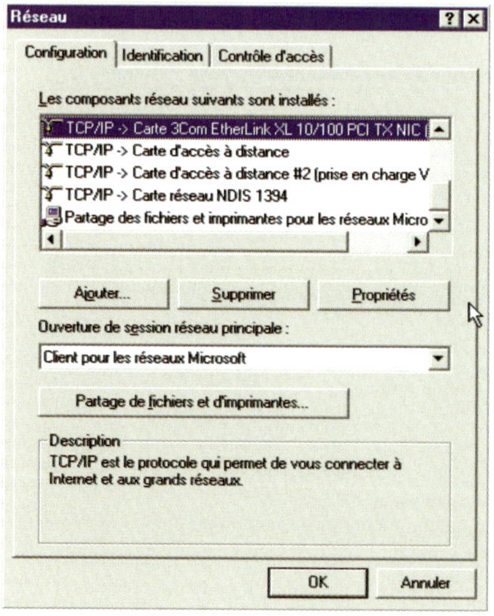

8 Dans la liste des cartes réseau et des protocoles, double-cliquez sur la ligne **TCP/IP pour carte XXX**, la carte XXX étant celle raccordée à votre modem Ethernet.

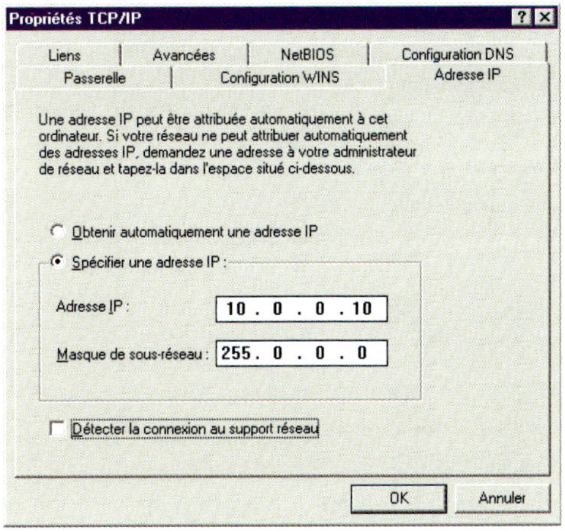

9 Dans le champ **Adresse IP**, l'adresse IP doit être **10.0.0.10** et le masque de sous-réseau **255.0.0.0**.

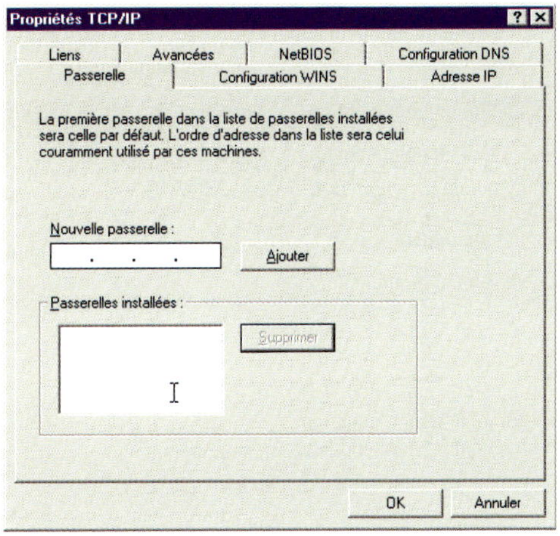

10 Dans le panneau **Passerelle**, rien ne doit être défini.

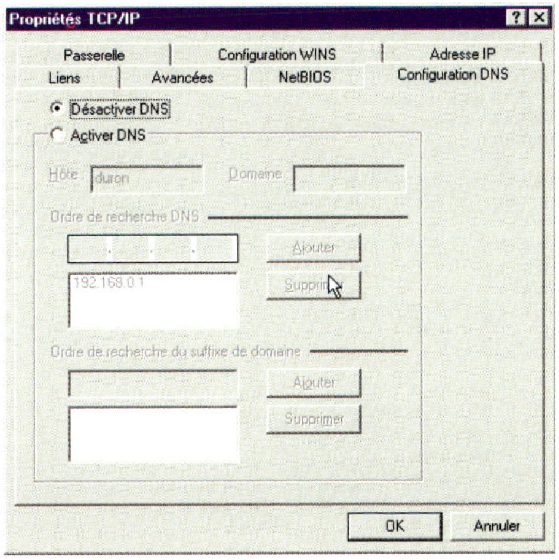

11 Dans le panneau **Configuration DNS**, la case **Désactiver DNS** doit être cochée.

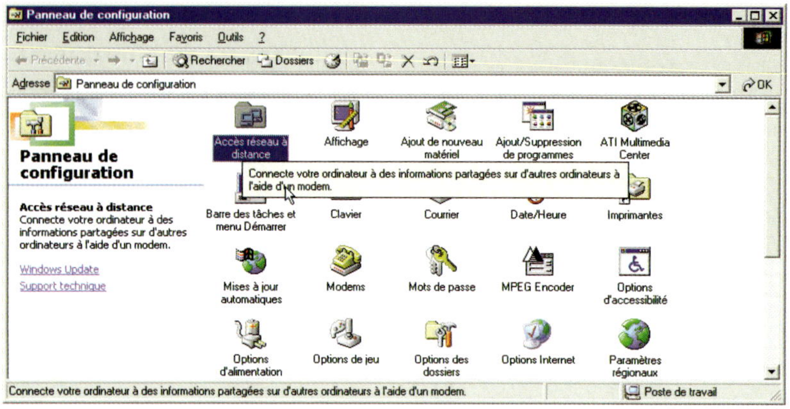

12 Si vos paramètres correspondent à cela, cliquez sur le bouton **Annuler** ; si vous avez modifié vos paramètres, redémarrez. Ensuite, affichez la fenêtre du **Poste de travail** et double-cliquez sur **Accès réseau à distance** (pour Windows 98SE), ou affichez la fenêtre du **Panneau de configuration** et double-cliquez sur **Accès réseau à distance** (dans Windows Me).

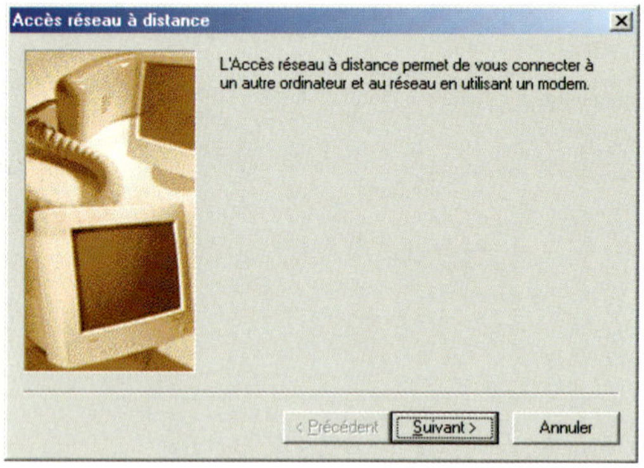

13 Soit l'assistant démarre automatiquement (si vous n'avez pas encore d'accès réseau à distance), soit vous devez double-cliquer sur l'icône **Nouvelle connexion**. Dans les deux cas, la même fenêtre s'affiche. Cliquez sur **Suivant.**

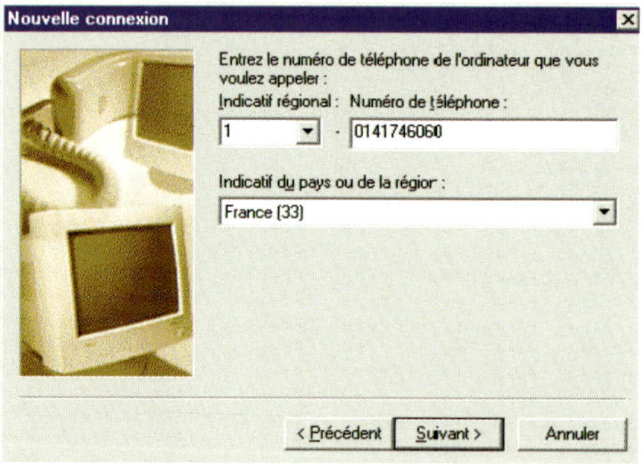

14 Indiquez **France** comme pays, **1** comme code régional (Paris) et éventuellement **0** pour accéder à une ligne extérieure. Cliquez sur le bouton **Fermer**.

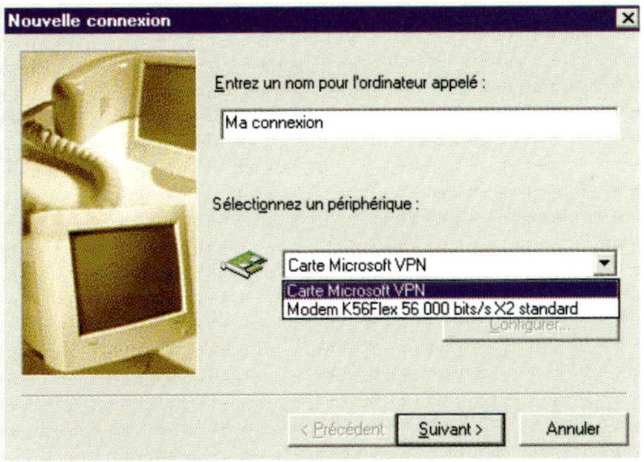

15 Entrez un nom de connexion et choisissez la carte réseau **Microsoft VPN Adapter**.

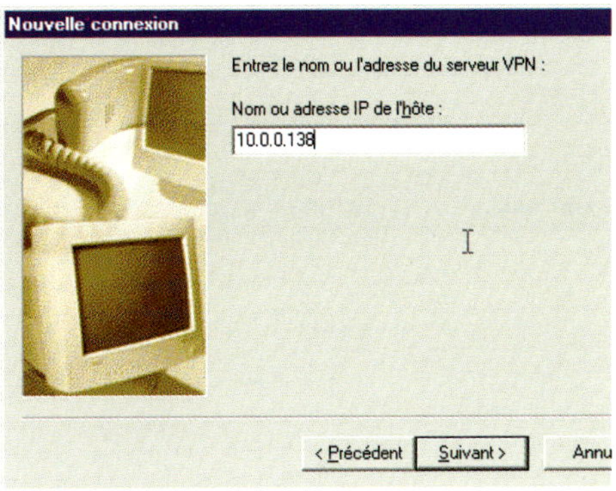

16 Comme nom ou adresse IP de l'hôte, entrez l'adresse **10.0.0.138** qui correspond en général à l'adresse d'un modem ADSL Ethernet (au besoin, lisez la documentation du modem pour apprendre à changer son adresse). Ce paramétrage fonctionne avec tous les modems Alcatel Ethernet et d'autres.

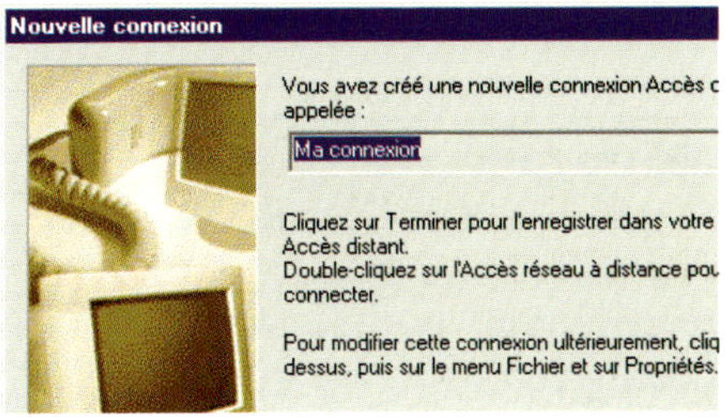

17 Cliquez sur **Suivant**, puis sur **Terminer** : votre connexion apparaît alors dans la fenêtre d'accès réseau à distance.

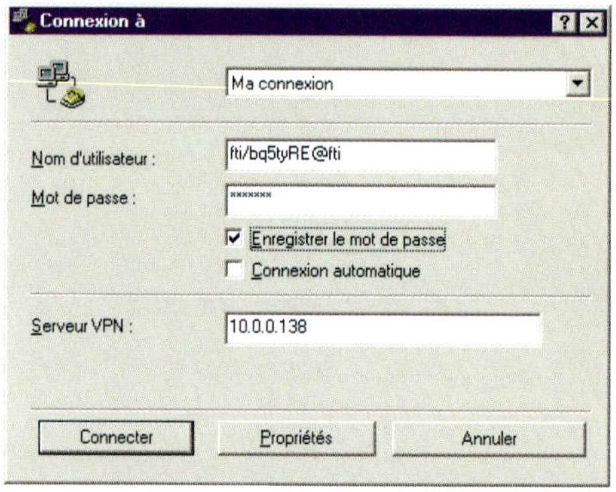

18 Double-cliquez sur la connexion, entrez le **Nom d'utilisateur** et le **Mot de passe de connexion** fournis par votre fournisseur d'accès à Internet.

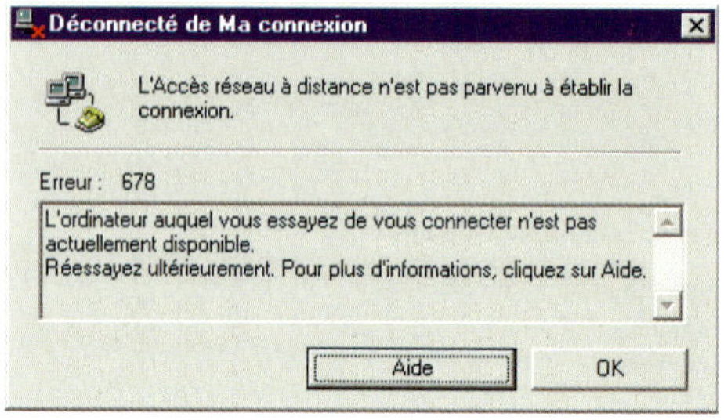

19 Si votre modem est bien relié et si votre carte réseau est bien configurée, vous pouvez accéder à Internet. En cas d'erreur d'accès au modem, le message d'erreur 678 s'affiche : recommencez la configuration de la carte réseau.

Note

Si vous accédez à Internet avec la configuration que vous venez de réaliser, votre PC est bientôt prêt à devenir le PC partageur d'accès à Internet pour le reste de votre réseau. Sous Windows 98SE et Windows Me, les paramètres précisés ici doivent suffire à vous connecter. Accédez aux **Propriétés** de l'accès réseau à distance (clic droit sur l'icône dudit accès) que vous venez de créer, ouvrez le panneau **Type de serveur :** trois cases seulement ont besoin d'être cochées : **Se connecter à un réseau, Activer la compression logicielle** et **TCP/IP**. Par ailleurs, cliquez sur le bouton **Paramètres TCP/IP** : aucune adresse IP ni aucune adresse de DNS ne doivent être indiquées, les deux cases de compression d'en-tête IP et d'utilisation de la passerelle devant être cochées.

Via un modem ADSL Ethernet en PPPTP sous Windows XP

Le protocole PPPTP ne concerne que les abonnements en ADSL souscrits avant février 2001. Pour les abonnements récents avec des modems ADSL connectés en Ethernet, le protocole est PPPOE tandis que pour des modems ADSL en USB, le protocole est PPPOx (ou PPPOa).

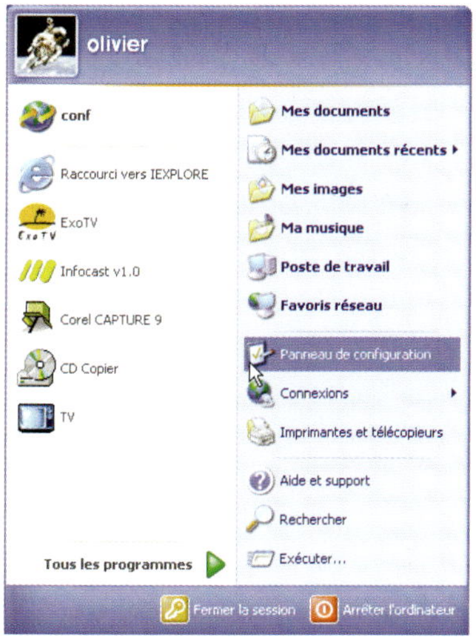

1 Windows XP, contrairement à Windows 98, ne nécessite pas l'installation d'un VPN ; c'est le choix de la configuration d'accès réseau à distance qui autorise ce genre d'accès. Avant tout, il faut vérifier la configuration de la carte réseau pour qu'elle puisse fonctionner avec le modem Ethernet ADSL. Pour cela, accédez au **Panneau de configuration** *via* le menu **Démarrer**.

Note

Dans ce cas de configuration, vous utilisez une carte réseau pour vous connecter à votre modem ADSL Ethernet. Il faut donc installer une seconde carte réseau dans l'ordinateur pour l'intégrer dans le réseau que vous constituez. Néanmoins, si vous utilisez cet ordinateur pour accéder à un PC partageur de connexion Internet (vous passez par exemple de plusieurs abonnements ADSL à un seul), la connexion ADSL de ce PC devient alors obsolète et, après avoir déconnectée la carte réseau du modem Ethernet, vous pouvez la raccorder au hub de votre réseau.

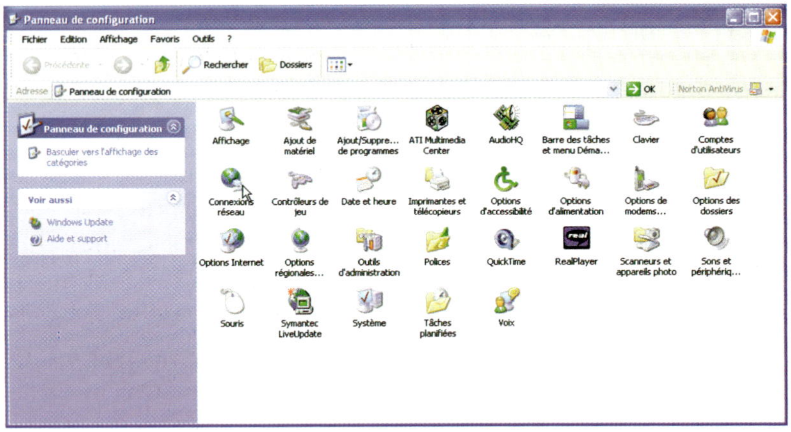

2 Double-cliquez sur l'icône **Connexions réseau**.

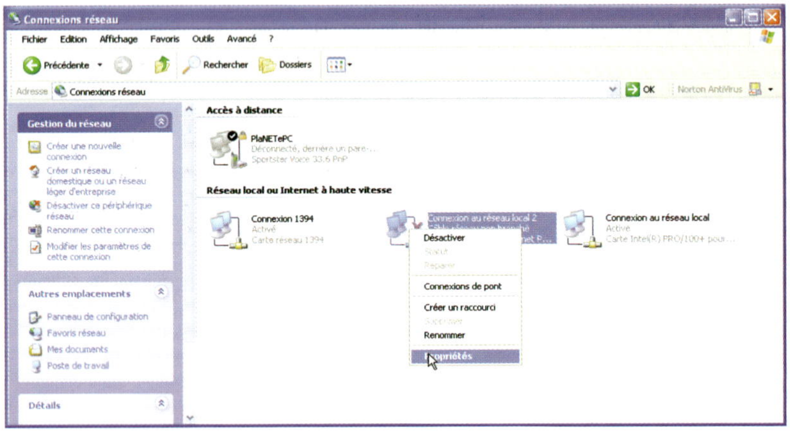

3 Choisissez la carte réseau dédiée au modem Ethernet ADSL ; elle est représentée par une icône **Connexion au réseau local avec un numéro**. Si vous avez déjà installé une seconde carte réseau pour votre réseau local, en plus de celle du modem Ethernet, deux icônes sont affichées. Choisissez la bonne et demandez les propriétés d'un clic droit sur l'icône en question.

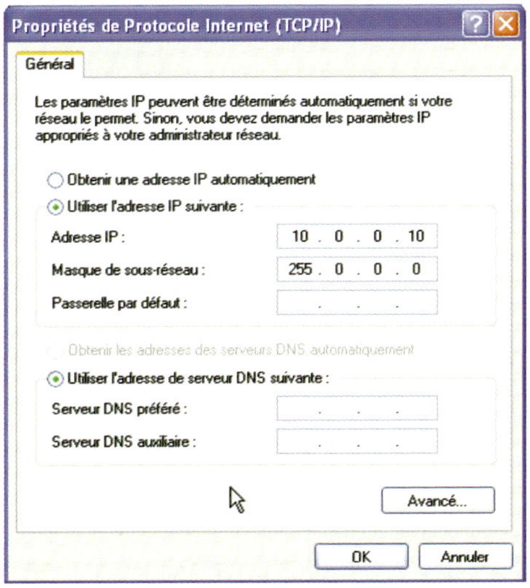

4 Double-cliquez sur la ligne **Protocole Internet (TCP/IP)** et vérifiez que l'adresse IP est **10.0.0.10**, le masque de sous-réseau **255.0.0.0** et qu'il n'existe ni passerelle par défaut ni serveur DNS préféré. Après les changements, validez en cliquant sur OK ou choisissez **Annuler** si vous n'avez rien changé. Cliquez de nouveau sur **OK** lorsque vous êtes revenu aux propriétés de la connexion au réseau local.

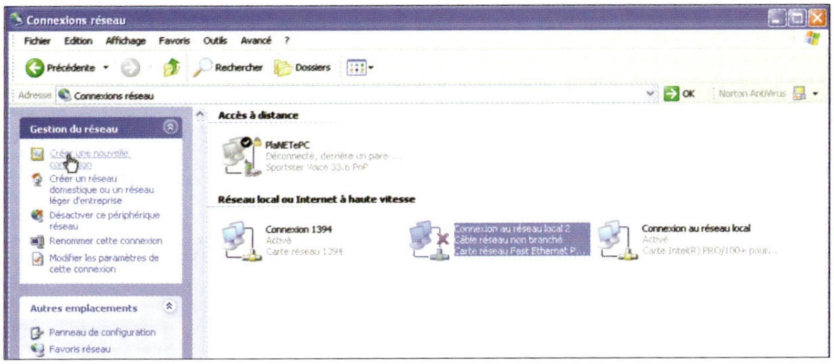

5 Dans la partie gauche de la fenêtre **Connexions réseau,** cliquez sur le lien **Créer une nouvelle connexion**.

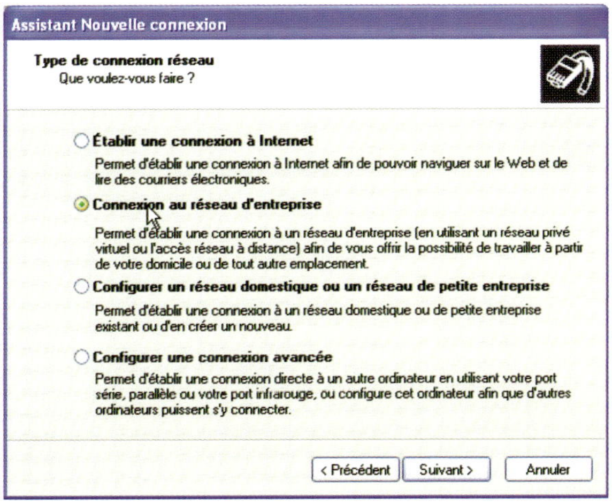

6 L'assistant **Nouvelle connexion** démarre. Cliquez sur **Suivant**. Dans la fenêtre qui s'affiche, choisissez **Connexion au réseau d'entreprise** et cliquez sur **Suivant**.

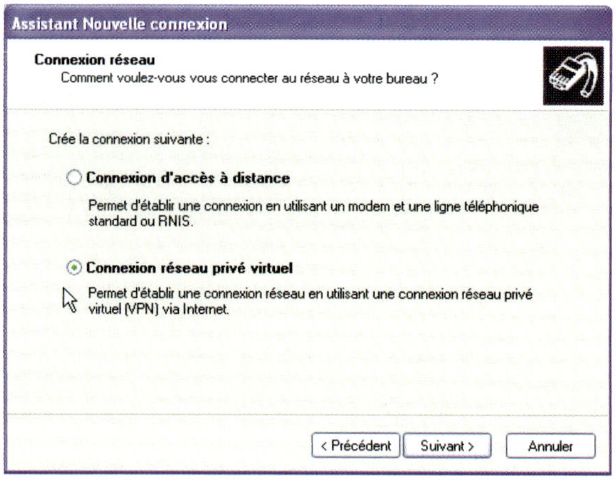

7 Sélectionnez **Connexion réseau privé virtuel** puis cliquez sur **Suivant**.

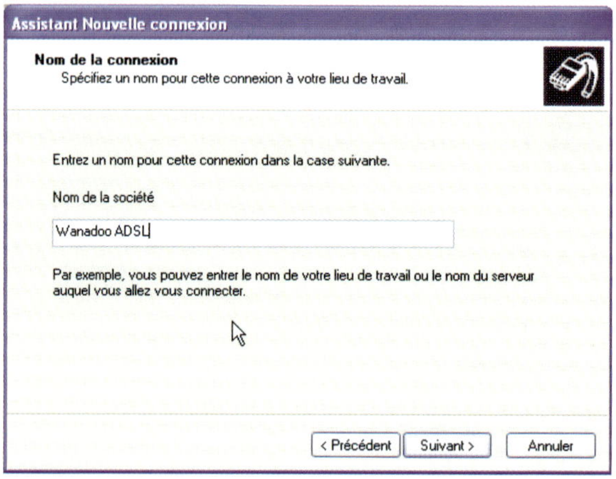

8 Entrez le nom de votre fournisseur d'accès et cliquez sur **Suivant**.

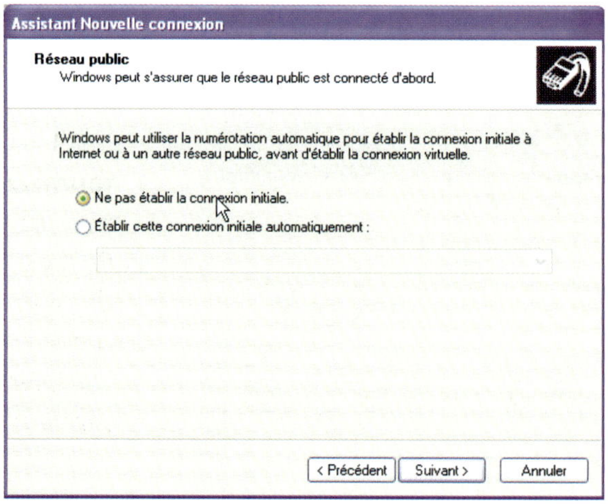

9 Choisissez **Ne pas établir la connexion initiale** (si une autre connexion a été créée auparavant) et cliquez sur **Suivant**.

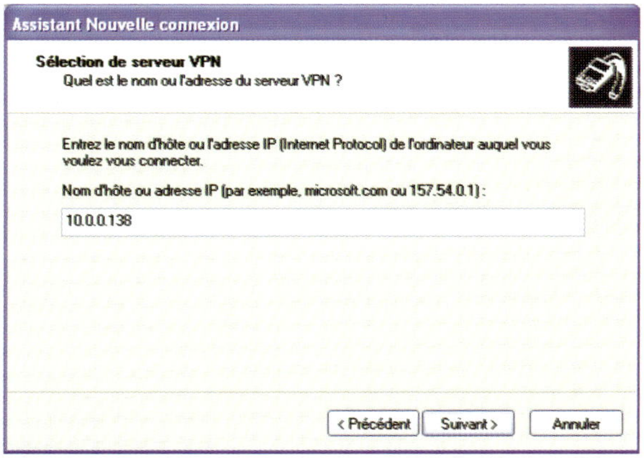

10 Entrez comme nom d'hôte ou adresse IP **10.0.0.138**, qui correspond à l'adresse IP du modem ADSL en Ethernet, puis cliquez sur **Suivant**.

11 Vous pouvez cocher **Ajouter un raccourci vers cette connexion sur mon Bureau** et cliquez sur **Terminer**.

12 L'assistant vous demande alors d'entrer votre nom d'utilisateur, qui correspond au login de connexion *via* ADSL indiqué par votre fournisseur d'accès à Internet, et le mot de passe. Cochez **Enregistrer ce nom d'utilisateur...** si vous êtes certain de ne pas vous tromper. Cliquez ensuite sur le bouton **Propriétés**.

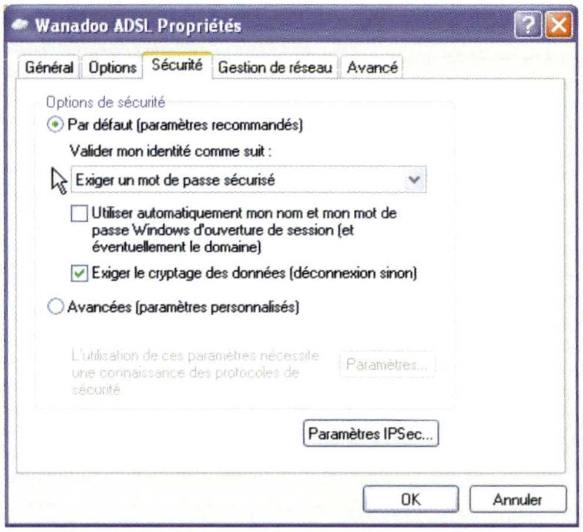

13 Accédez au panneau **Sécurité**.

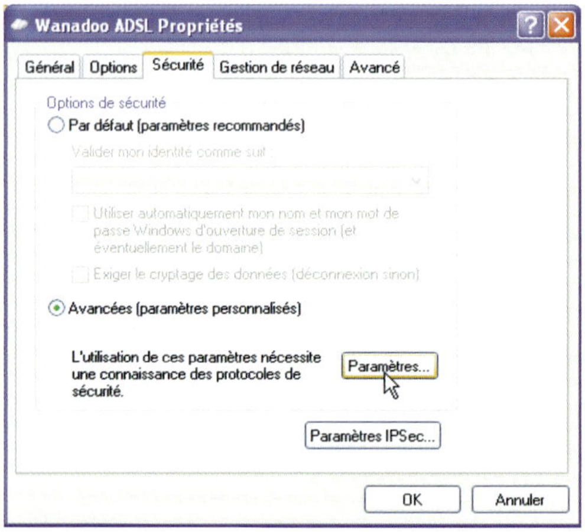

14 Cliquez sur **Avancées**, puis sur le bouton **Paramètres**.

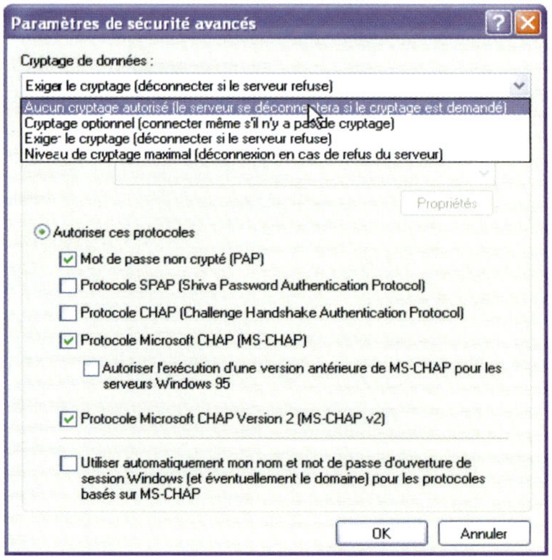

15 Dans la section **Cryptage de données**, choisissez l'option **Aucun cryptage autorisé**.

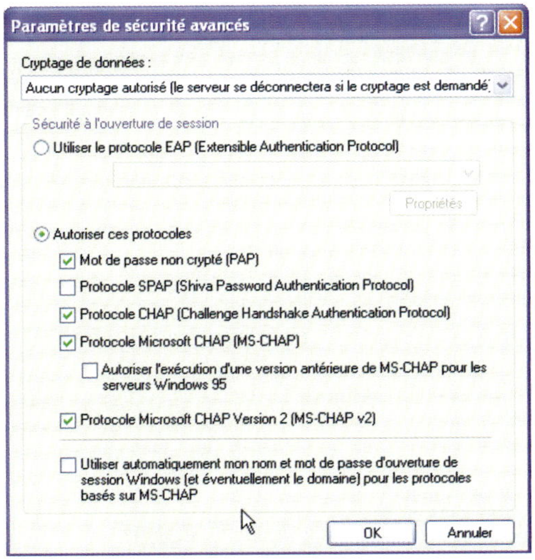

16 Sélectionnez **Autoriser ces protocoles**, cochez les cases **Mot de passe non crypté**, **Protocole CHAP**, **Protocole Microsoft CHAP** et **Microsoft CHAP version 2**. Deux fois de suite, validez en cliquant sur OK.

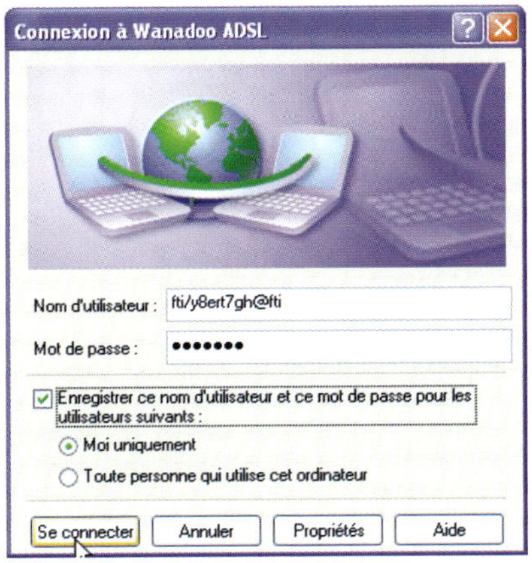

17 Vous revenez à la fenêtre de connexion de votre fournisseur d'accès. Cliquez sur **Se connecter**.

Note

Si vous accédez à Internet avec la configuration que vous venez de réaliser, votre PC est bientôt prêt à devenir le PC partageur d'accès à Internet pour le reste de votre réseau.

Via un modem ADSL Ethernet en PPPTP sous Windows 2000

Le protocole PPPTP ne concerne que les abonnements en ADSL souscrits avant février 2001. Pour les abonnements récents avec des modems ADSL connectés en Ethernet, le protocole est PPPOE tandis que pour des modems ADSL en USB, le protocole est PPPOx (ou PPPOa).

1 Dans le **Panneau de configuration,** double-cliquez sur **Connexions réseau et accès à distance**.

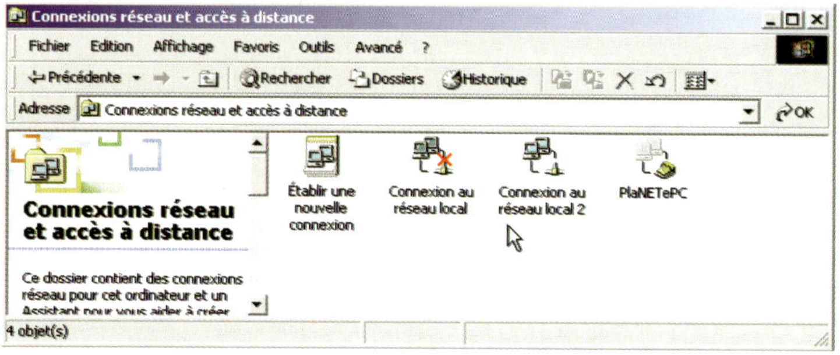

2 Dans cette section sont configurées toutes les connexions réseau de votre ordinateur. Si vous avez deux cartes réseau dans ce PC, vous obtenez une fenêtre comme celle-ci. Dans cet exemple, les deux cartes ne sont pas connectées à un réseau ou à un périphérique comme un modem ADSL ; les icônes sont donc marquées d'une croix rouge.

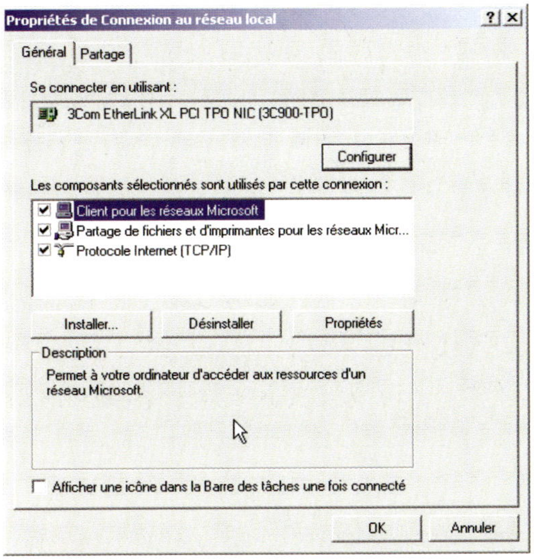

3 Double-cliquez sur l'une des icônes représentant une connexion à un réseau local pour obtenir les propriétés de la connexion. Vérifiez le nom de la carte réseau employée. Si c'est celle qui doit être connectée au modem ADSL, double-cliquez sur la section **Protocole Internet (TCP/IP)**.

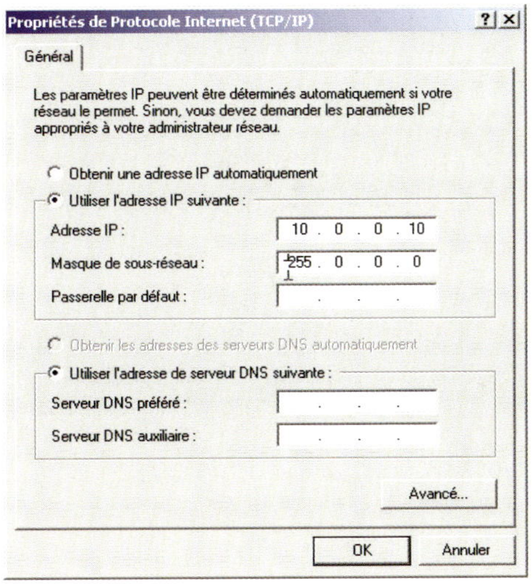

4 Entrez l'adresse IP (**10.0.0.10**) et le masque de sous-réseau (**255.0.0.0**).

Note

La création d'un accès réseau à distance pour accéder à Internet *via* ADSL étant plus complexe sous Windows 2000 que sous Windows 98/Me, nous décrivons ici toutes les étapes de la procédure. Nous partons d'une configuration standard de Windows 2000 Professionnel ou Server. Si vous connectez à la fois le modem Ethernet et le réseau que vous constituez, vous devez avoir deux cartes réseau dans le PC que vous configurez.

Attention

Il est en général préférable de configurer les propriétés de l'accès réseau à distance de Windows 2000 avant de se connecter. Dans bien des cas, une mauvaise configuration des propriétés peut définitivement endommager la connexion réseau à distance. Il faut alors créer un nouvel accès à distance en lui donnant un autre nom pour éviter que les faux paramètres ne soient repris en mémoire dans l'ancienne connexion réseau à distance.

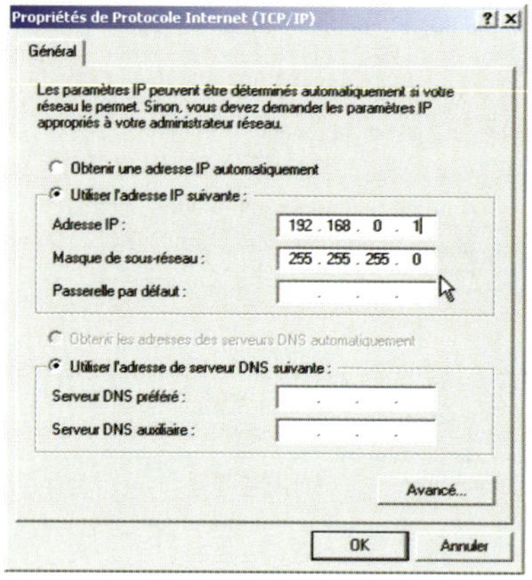

5 La seconde carte réseau sert donc à l'accès au reste du réseau ou au partage de l'accès à Internet. Dans ce dernier cas, c'est avec le même système que vous entrez **192.168.0.1** comme adresse IP et **255.255.255.0** comme masque de sous-réseau pour cette carte.

6 Lorsque la configuration de carte réseau est terminée, validez. Vous devez maintenant créer un accès réseau à distance utilisant le VPN. Pour exploiter le protocole PPPTP, il faut recourir au service VPN (*Virtual Private Network*) de Windows 2000. Dans la rubrique **Connexions réseau et accès à distance**, double-cliquez sur l'icône **Etablir une nouvelle connexion**. L'assistant de connexion réseau démarre. Cliquez sur le bouton **Suivant**.

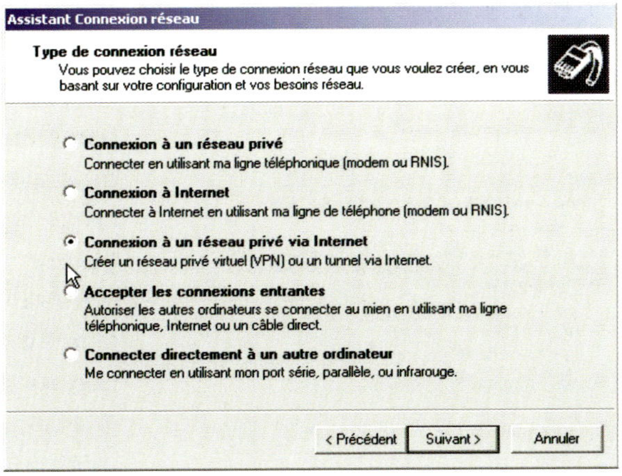

7 Sélectionnez l'option **Connexion à un réseau privé *via* Internet** puis cliquez sur **Suivant**.

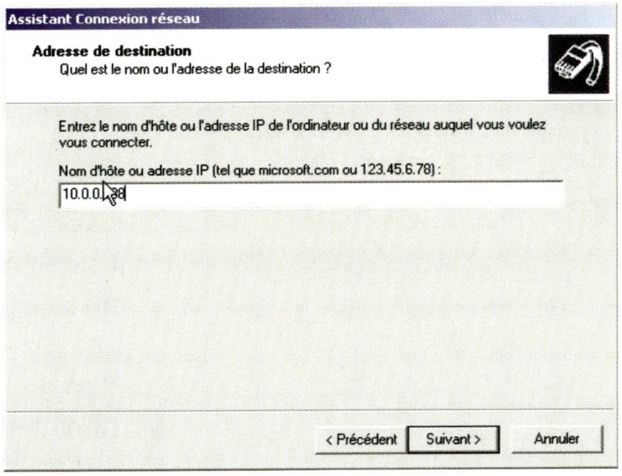

8 Entrez l'adresse IP qui permettra d'accéder à Internet (en général, l'adresse est **10.0.0.138**).

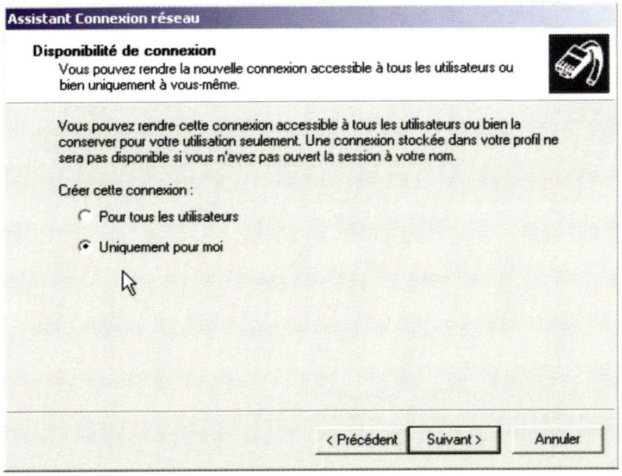

9 Dans cette fenêtre, indiquez si la connexion à Internet est « uniquement pour vous » ou « pour tous les utilisateurs ». Sélectionnez l'option **Uniquement pour moi** car cela donne plus de choix pour la suite. Cliquez sur **Suivant**.

10 Saisissez le nom de votre connexion à Internet *via* ADSL en PPPTP (par exemple, Wanadoo ADSL). Cliquez sur **Terminer**. L'assistant vous demande d'entrer le nom d'utilisateur, le mot de passe, etc. Faites-le, mais ne cliquez PAS sur Connecter. Cliquez sur **Propriétés** car il y a encore quelques paramètres à ajuster !

Attention

Il est en général préférable de configurer les propriétés de l'accès réseau à distance de Windows 2000 avant de se connecter. Dans bien des cas, une mauvaise configuration des propriétés peut définitivement endommager la connexion réseau à distance. Il faut alors créer un nouvel accès à distance en lui donnant un autre nom pour éviter que les faux paramètres ne soient repris en mémoire dans l'ancienne connexion réseau à distance.

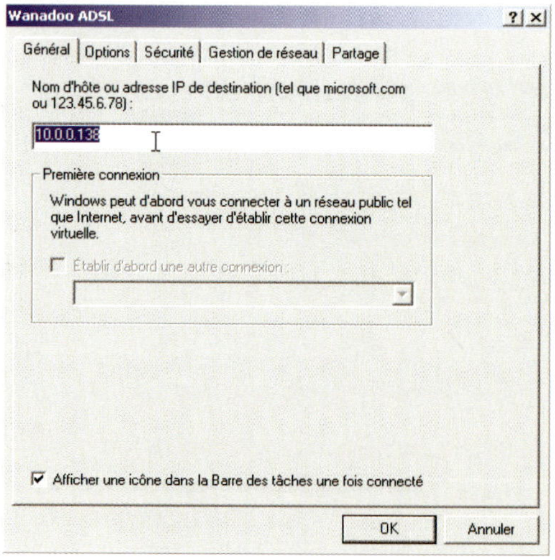

11 Dans le panneau **Général** des propriétés de votre accès réseau à distance, seule l'adresse IP de votre modem ADSL est mentionnée.

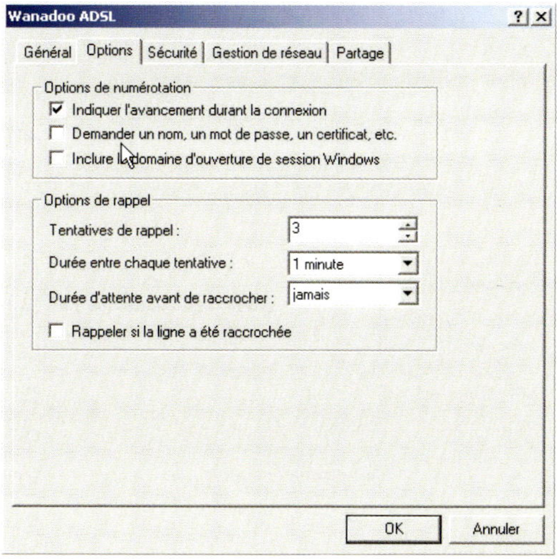

12 Dans le panneau **Options,** vous pouvez laisser cochée la case **Indiquer l'avancement durant la connexion**. En revanche, ni la case **Demander un nom…**, ni la case **Inclure le domaine d'ouverture de session Windows** ne doivent être cochées. Vous pouvez éventuellement activer la case **Rappeler si la ligne a été raccrochée,** mais cette fonction n'a un réel intérêt que si vous utilisez votre PC en monoposte ou si vous en partagez l'accès Internet avec le reste du réseau *via* les fonctions de partage d'accès à Internet intégrées à Windows 2000 (voir Partie 7).

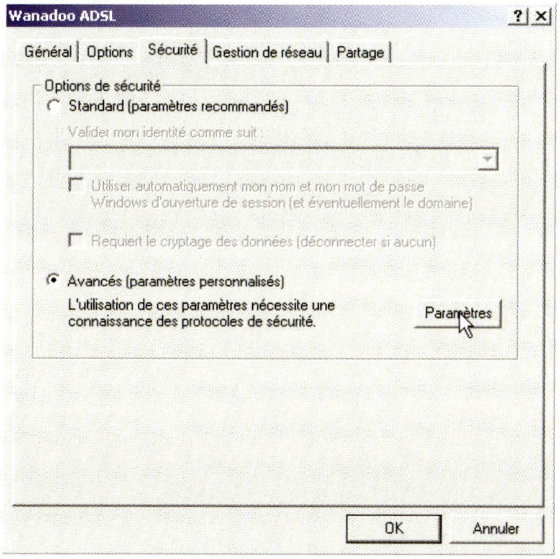

13 Les paramètres par défaut du panneau **Sécurité** ne conviennent absolument pas. En premier lieu, cochez la case **Avancés** (ce qui désactive les paramètres du panneau) et cliquez sur **Paramètres**.

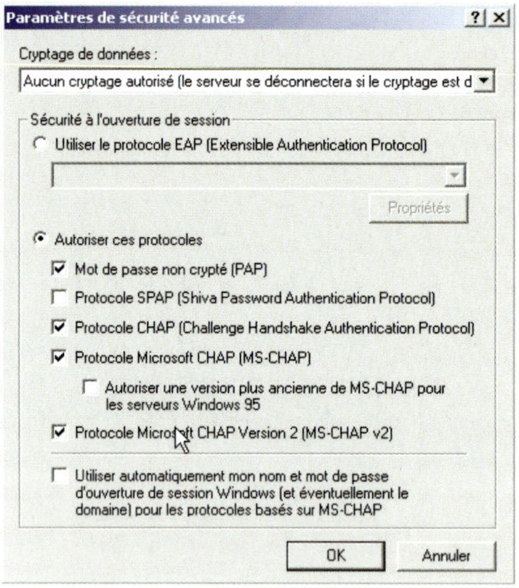

14 Dans les **Paramètres de sécurité avancés**, désélectionnez l'option **Cryptage de données** (l'Etat français n'aime pas trop le cryptage de données) au profit de **Aucun cryptage autorisé**. Normalement, si vous cochez la case **Mot de passe non crypté** et le reste des options par défaut, vous pouvez accéder à Internet *via* ADSL.

15 En principe, les panneaux **Gestion de réseau** et **Partage** ne doivent pas être modifiés. Tentez la connexion à Internet. Ne vous trompez pas de login ni de mot de passe, sinon vous devrez créer un nouvel accès réseau à distance. Ne cochez pas la case **Enregistrer le nom d'utilisateur…** tant que vous n'avez pas testé si celui que vous avez entré fonctionne.

Via un modem ADSL Ethernet en PPPOE sous Windows 98/Me

L'accès en ADSL avec le protocole PPPOE concerne tous les utilisateurs d'un modem ADSL connecté en Ethernet ayant pris leur abonnement depuis fin 2000 ou début 2001 en France. Sous Windows 98/Me, il est impératif d'installer le protocole PPPOE, et de préférence celui de Robert Schlabbach, qui est très pratique.

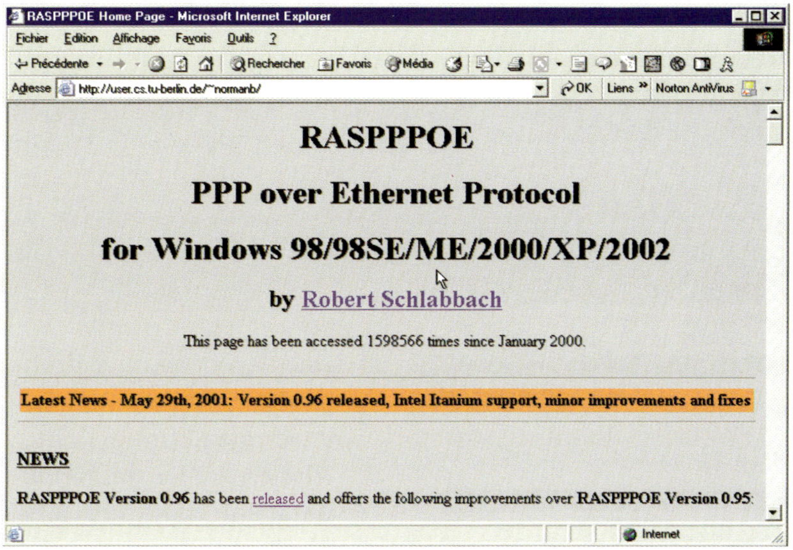

1 Heureusement, en attendant que Microsoft intègre éventuellement PPPOE dans les options de Windows, Robert Schlabbach a développé ce protocole et l'offre en téléchargement sur son site à l'adresse **http://user.cs.tu-berlin.de/~normanb**.

Note

Robert Schlabbach indique qu'à l'heure actuelle son protocole ne prend en charge ni Windows 95, ni Windows NT4. Il invite vivement les utilisateurs à passer à une version ultérieure de Windows (ce que nous conseillons aussi).

Attention

La configuration du protocole PPPOE est plus « légère » que celle du protocole PPPTP en ce sens qu'il ne faut pas installer la fonction VPN (en l'état actuel des choses) pour pouvoir utiliser le protocole PPPOE.

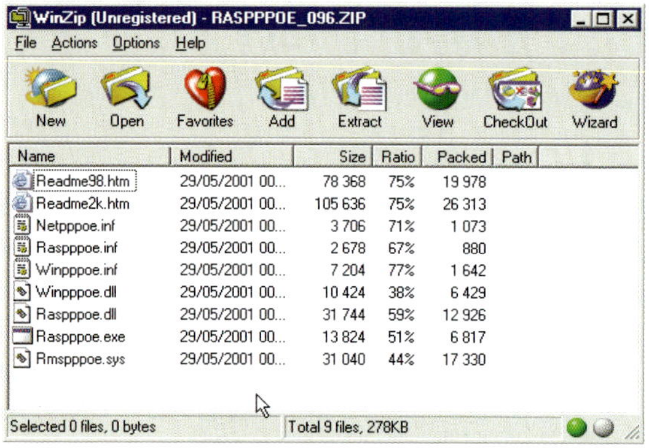

2 Chargez le fichier Zip proposé, décompressez-le avec Winzip (**www.winzip.com**) dans le répertoire C:\PPPOE et réalisez les manipulations suivantes. Voici le contenu du fichier Zip de Robert Schlabbach.

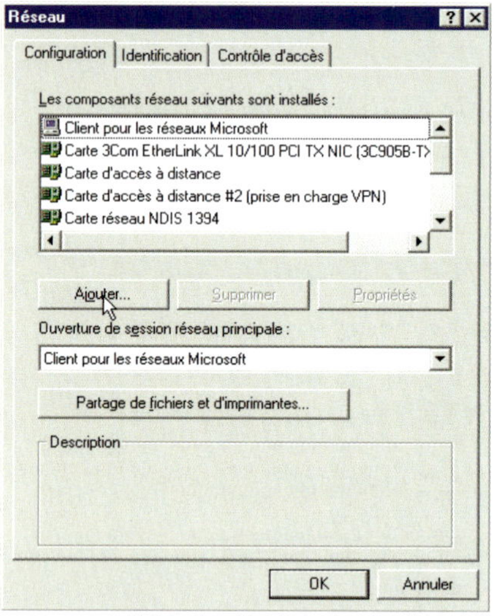

3 Accédez au **Poste de travail**, puis au **Panneau de configuration** et cliquez sur l'icône **Réseau**. Dans la fenêtre affichée, cliquez sur le bouton **Ajouter**.

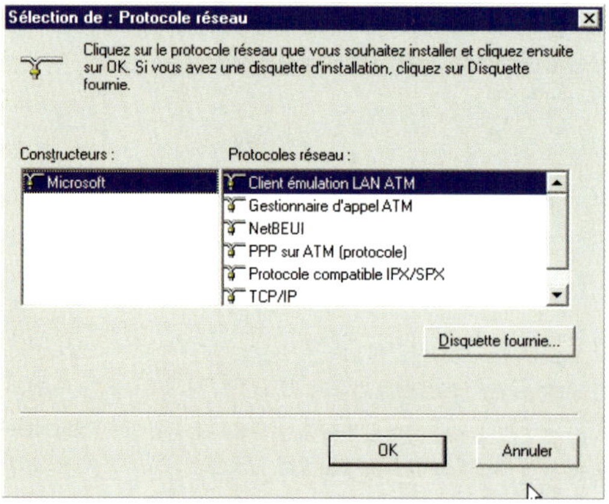

4 Dans la fenêtre qui s'affiche, choisissez l'option **Protocole** et cliquez sur le bouton **Ajouter**. Dans la fenêtre **Sélection de : Protocole réseau**, cliquez sur le bouton **Disquette fournie**.

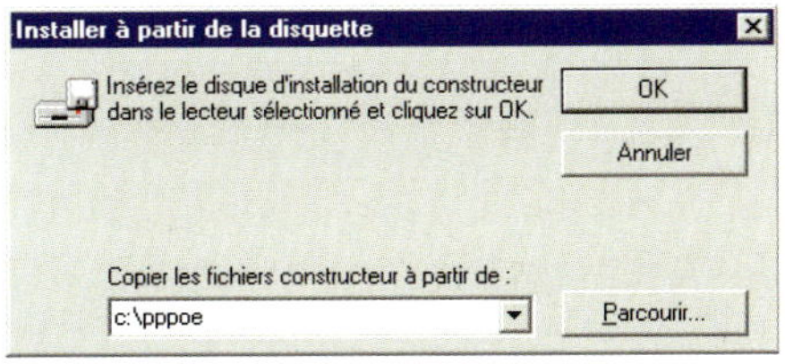

5 A la place de la mention **A:**, entrez **C:\PPPOE** puis validez. Cliquez sur le premier fichier de la liste et validez en cliquant sur OK.

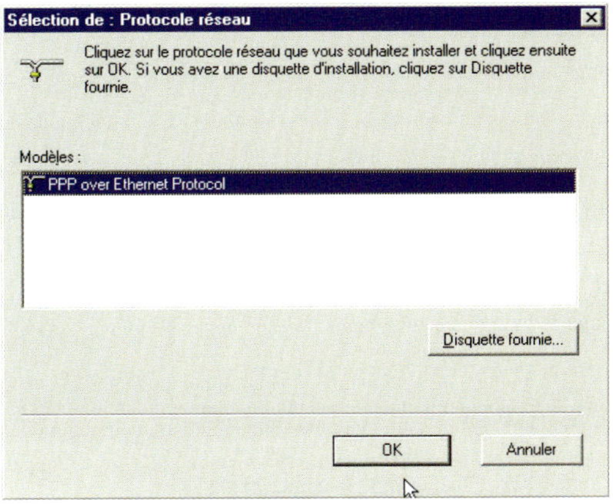

6 Si le décompactage de l'archive Zip de Robert Schlabbach est réussi, la fenêtre Installer à partir de la disquette s'affiche.

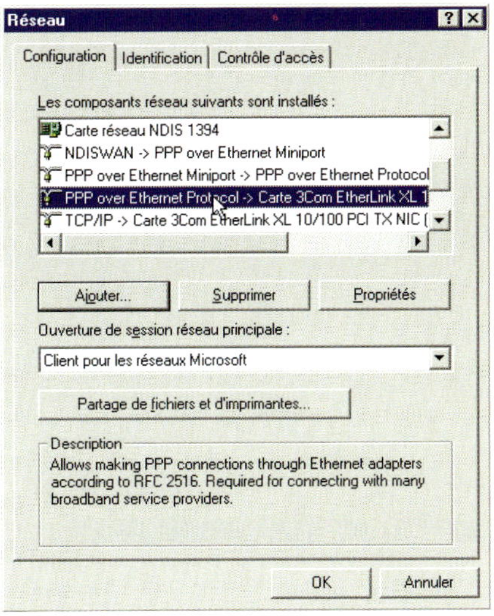

7 L'installation du protocole démarre. Le CD-ROM de Windows 98/98SE ou Me est éventuellement demandé. La fenêtre prend une nouvelle forme. Le protocole **PPP Over Ethernet** est installé pour toutes les cartes réseau et tous les protocoles.

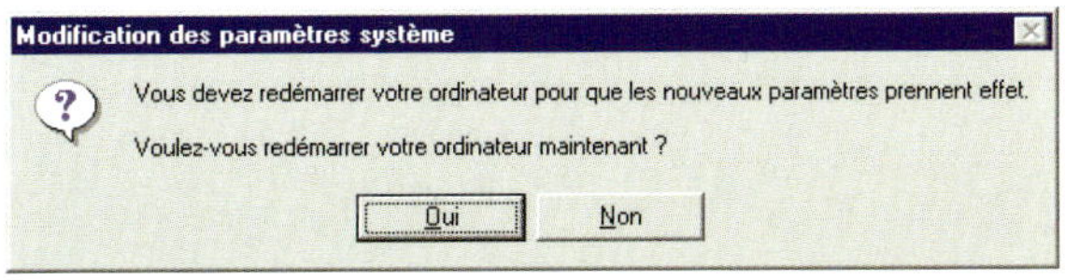

8 Validez en cliquant sur OK. Windows se met à jour, ajoute des raccourcis, puis vous demande de redémarrer l'ordinateur.

Attention

La carte réseau utilisée pour la connexion au modem ADSL doit avoir 10.0.0.10 comme adresse IP fixe et 255.0.0.0 comme masque de sous-réseau (voir rubrique « *Via* un modem ADSL Ethernet en PPPTP sous Windows 98/Me »).

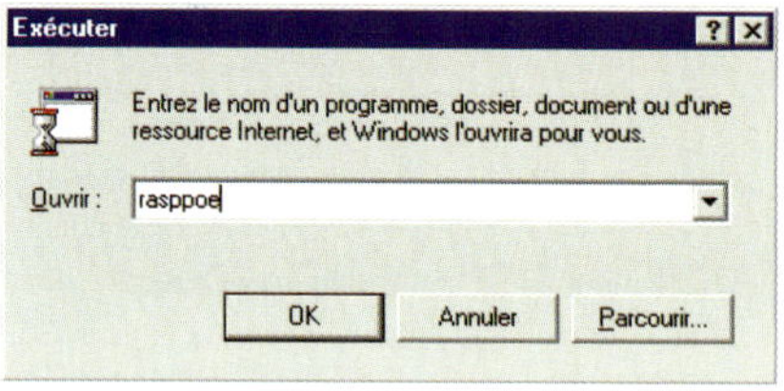

9 Pour créer un accès réseau à distance *via* une carte réseau avec le protocole de Robert Schlabbach, choisissez **Exécuter** dans le menu **Démarrer** et entrez **RASPPPOE**. Validez.

10 Dans la fenêtre qui s'affiche, sélectionnez la carte réseau connectée au modem ADSL et cliquez sur **Query Available Services**.

11 Si vous avez choisi la bonne carte réseau et si votre ligne ADSL est fonctionnelle en PPPOE, des informations s'affichent. Sélectionnez l'une d'entre elles.

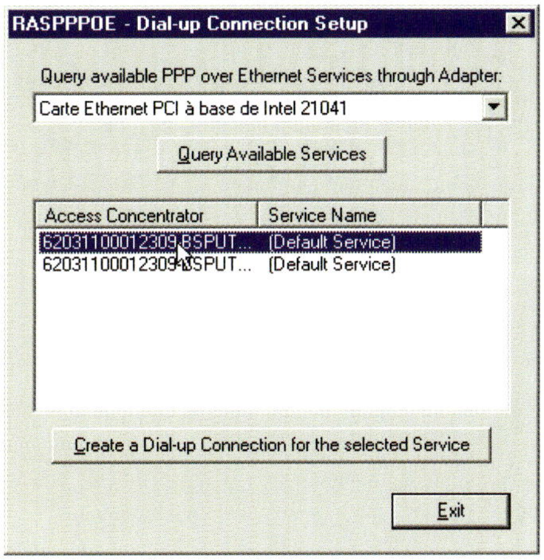

Note

Les séries de chiffres étranges correspondent à des numéros techniques relatifs aux lignes de votre opérateur télécom. Certains opérateurs changent les numéros techniques sans prévenir, au bout de quelques mois. Créez alors une nouvelle connexion en appliquant cette procédure.

12 Cliquez sur **Create a Dial-up Connection for the selected Adapter** : une icône d'accès réseau à distance s'affiche sur votre Bureau.

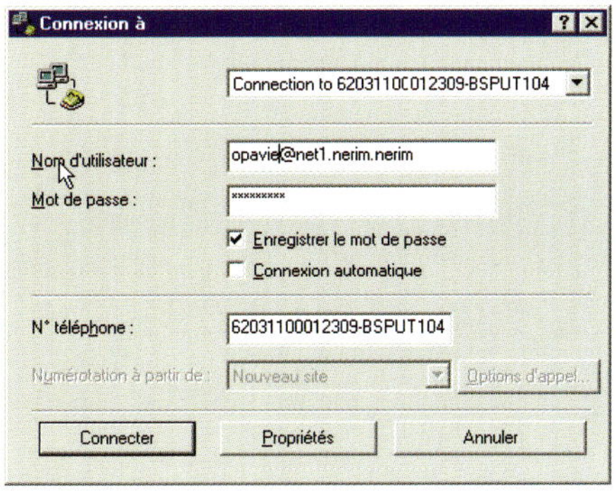

13 Cliquez sur le bouton **Exit** et double-cliquez sur le raccourci créé sur votre Bureau. Entrez votre identifiant de connexion et votre mot de passe puis cliquez sur le bouton **Connecter**.

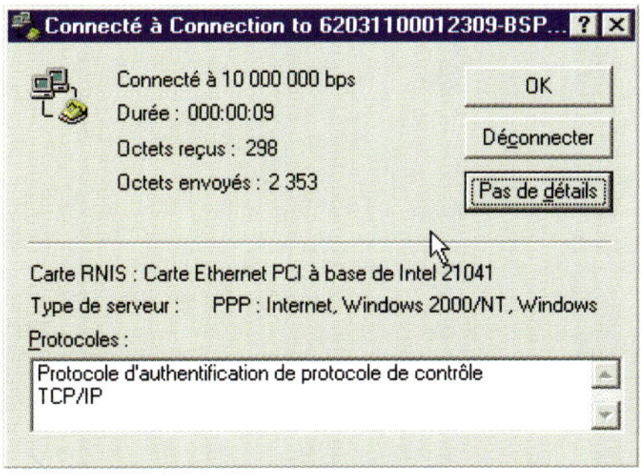

14 Vous êtes connecté !

Via un modem ADSL Ethernet en PPPOE sous Windows XP

Merci à Microsoft d'avoir intégré en standard le protocole PPPOE dans Windows XP : cela simplifie grandement les paramétrages !

Note

Si vous connectez à la fois le modem Ethernet et le réseau que vous constituez, vous devez installer deux cartes réseau dans le PC que vous paramétrez.

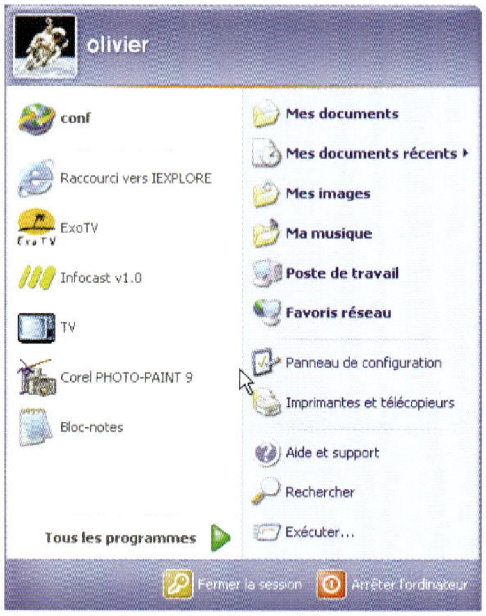

1 Pour créer un accès réseau à distance utilisant le modem Ethernet ADSL en PPPOE avec Windows XP, accédez au **Panneau de configuration** *via* le bouton **Démarrer**.

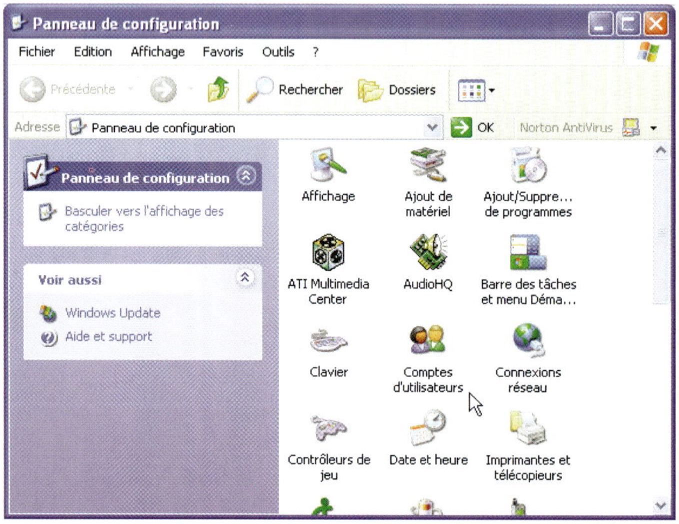

2 Double-cliquez sur l'icône **Connexions réseau**.

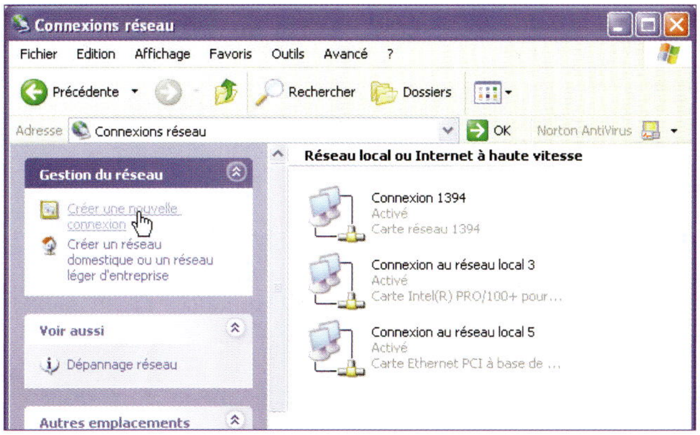

3 Utilisez le lien **Créer une nouvelle connexion** situé dans la partie gauche de la fenêtre **Connexions réseau**.

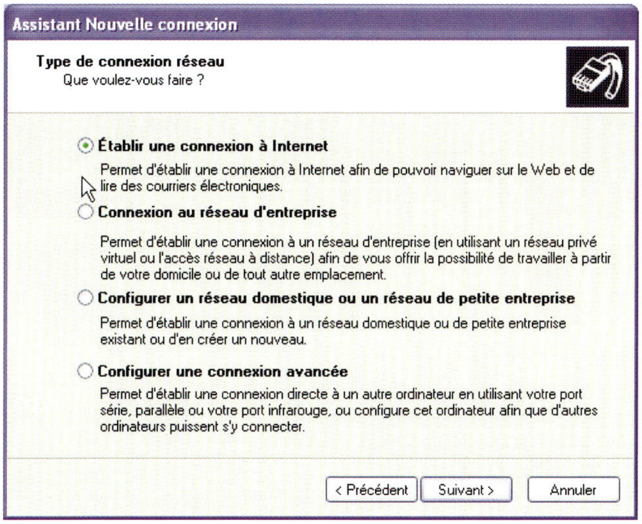

4 L'assistant de connexion démarre. Cliquez sur le bouton **Suivant** et sélectionnez **Etablir une connexion à Internet**.

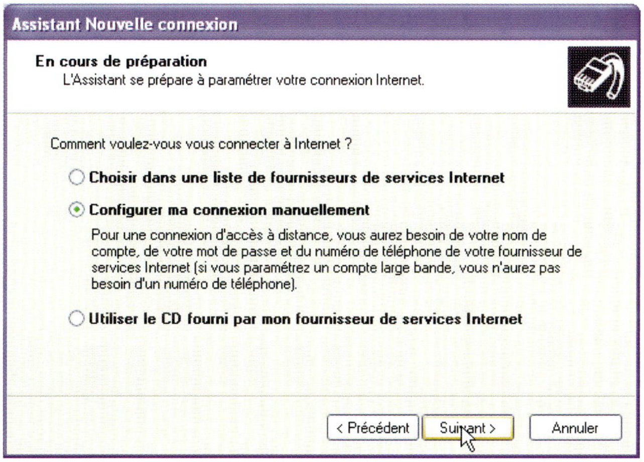

5 Cliquez sur **Suivant** et choisissez **Configurer ma connexion manuellement**.

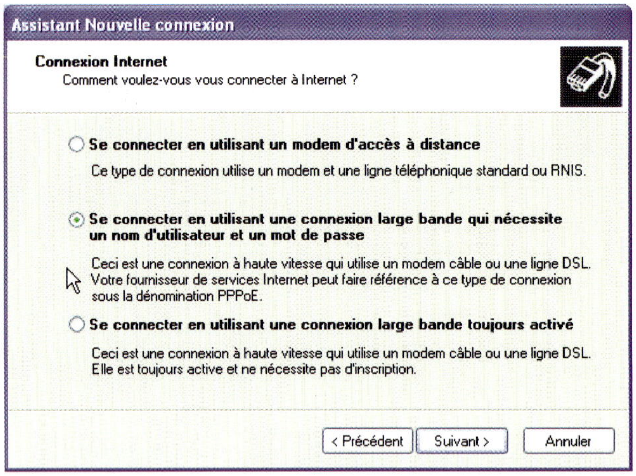

6 Choisissez **Se connecter en utilisant une connexion large bande...** Cliquez ensuite sur **Suivant**.

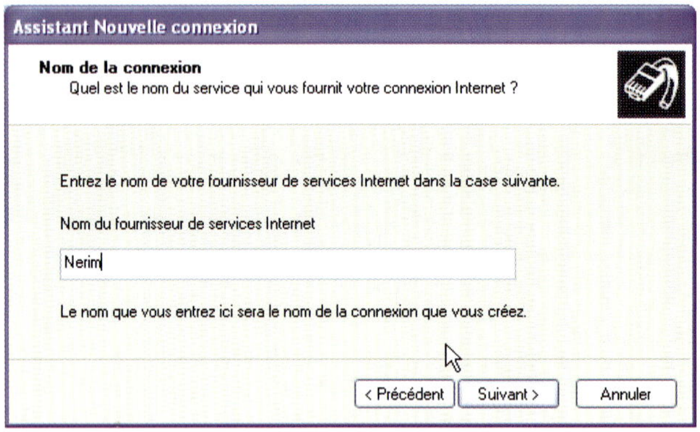

7 Entrez le nom de votre fournisseur d'accès (ici, Nerim).

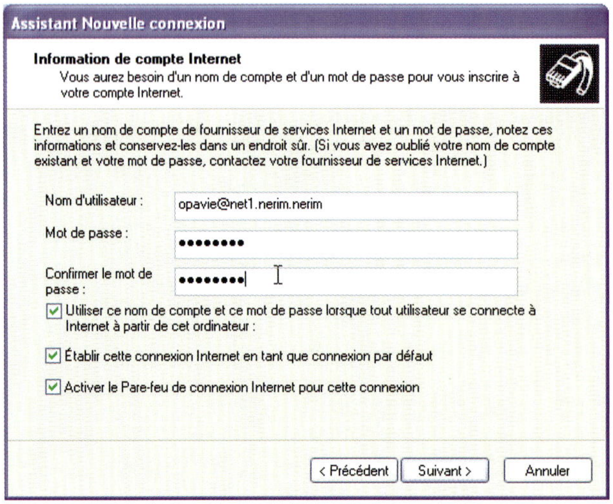

8 Cliquez sur **Suivant**, puis indiquez votre nom d'utilisateur (**Identifiant de connexion**) et votre mot de passe.

9 Cliquez sur **Suivant**, cochez **Ajouter un raccourci vers cette connexion sur mon Bureau** et cliquez sur **Terminer**.

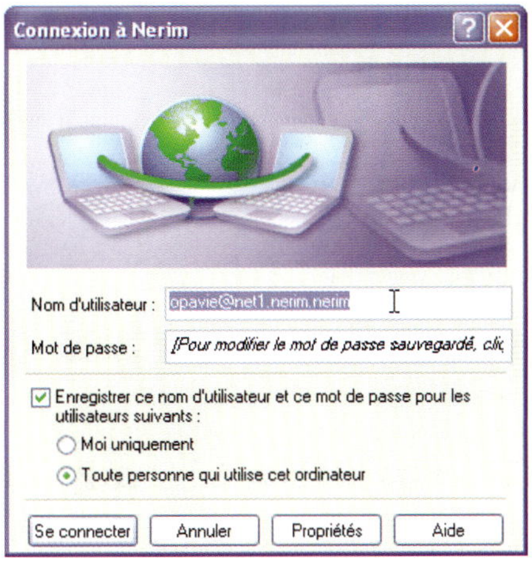

10 La fenêtre de connexion s'affiche, cliquez sur **Se connecter**.

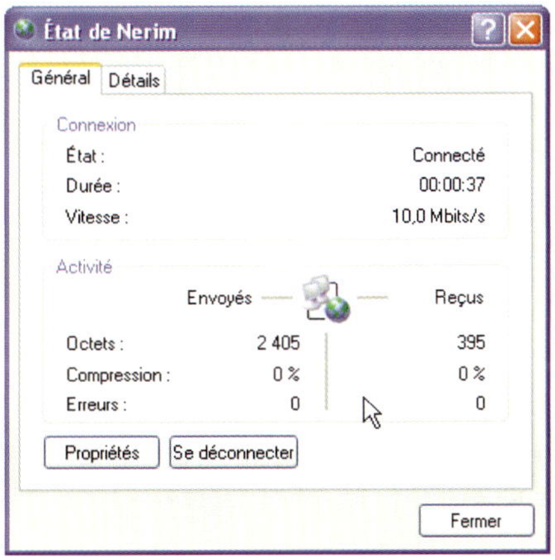

11 Vous êtes connecté !

Via un modem ADSL Ethernet en PPPOE sous Windows 2000

Windows 2000 n'intègre pas, comme Windows 98 ou Me, le protocole PPPOE. Pour accéder à Internet par ADSL via *le protocole PPPOE, il faut créer un accès réseau à distance selon la procédure suivante :*

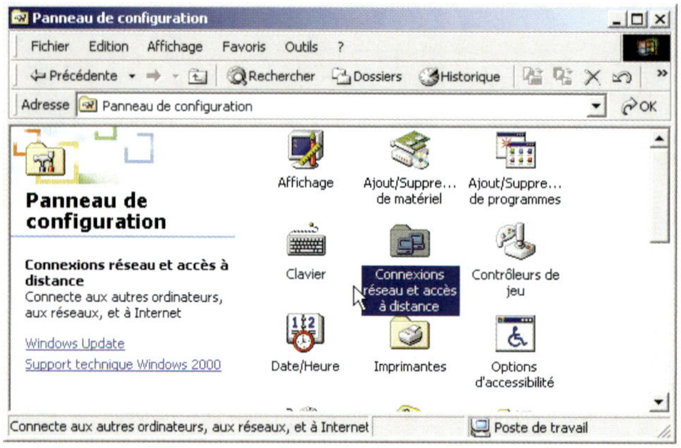

1 Pour configurer la carte réseau connectée au modem ADSL, accédez au **Panneau de configuration** puis à la section **Connexions réseau et accès à distance**.

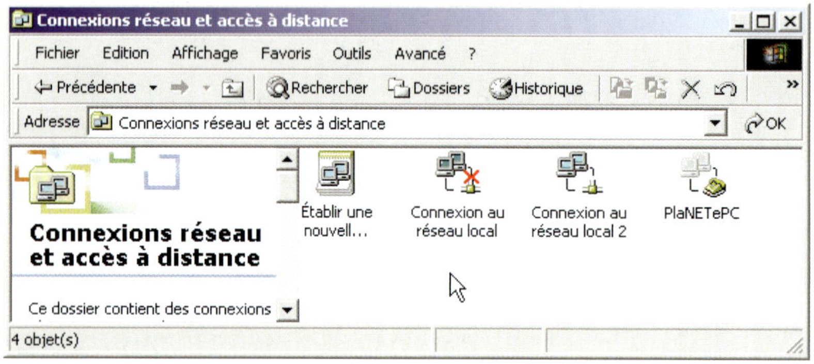

2 Dans cette section sont configurées toutes les connexions réseau de votre ordinateur. Si deux cartes réseau sont dans le PC, vous obtenez une fenêtre comme celle-ci. Dans cet exemple, l'une des cartes n'est pas connectée à un réseau ou à un périphérique comme un modem ADSL ; c'est pourquoi l'icône est marquée d'une croix rouge.

Note

Pour accéder au réseau et partager le modem ADSL Ethernet, il faut installer deux cartes réseau dans l'ordinateur que vous paramétrez.

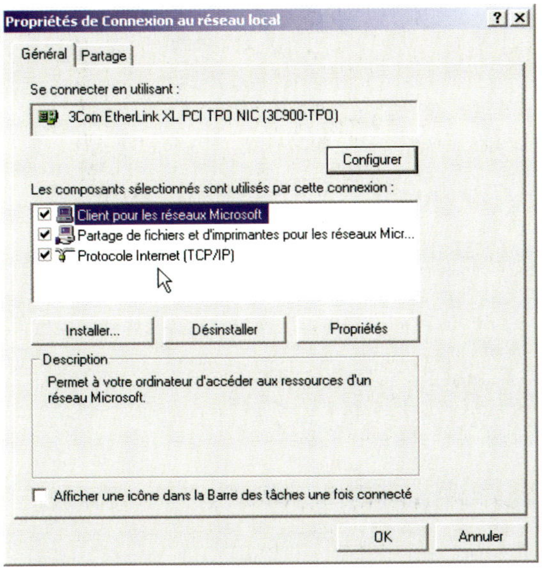

3 En double-cliquant sur l'une des icônes représentant une connexion à un réseau local, vous obtenez les propriétés de la connexion.

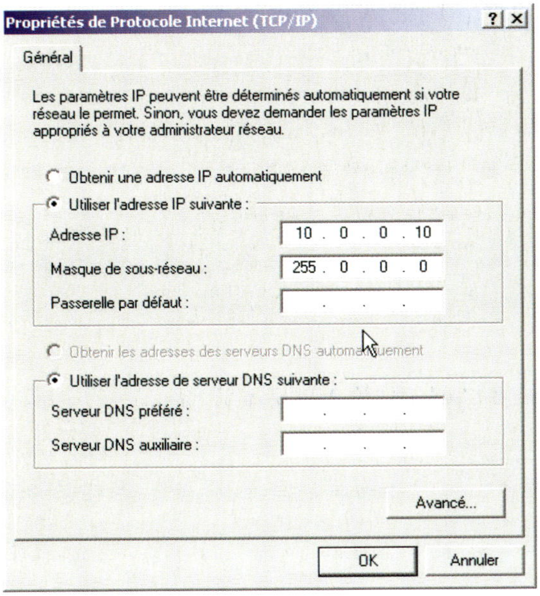

4 Vérifiez le nom de la carte réseau employée. Si c'est celle qui doit être connectée au modem ADSL, double-cliquez sur la ligne **Protocole Internet (TCP/IP)** et entrez l'adresse IP (**10.0.0.10**) et le masque de sous-réseau (**255.0.0.0**).

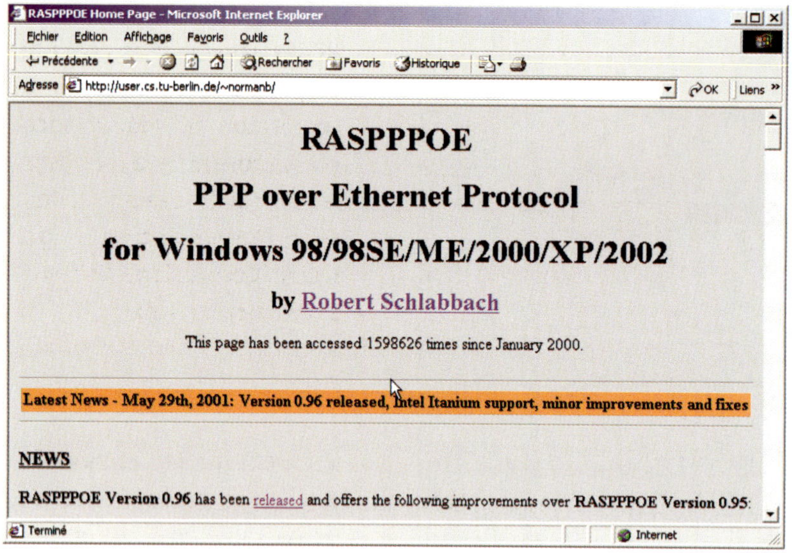

5 Téléchargez le protocole PPPOE sur le site de Robert Schlabbach à l'adresse **http://user.cs.tu-berlin.de/~normanb** ou à l'adresse **www.accis.de**.

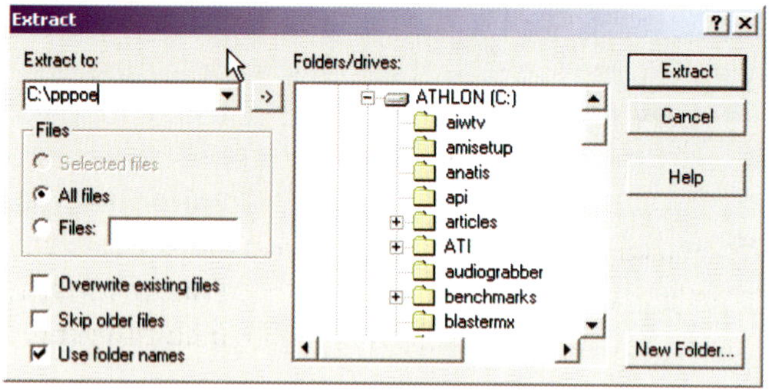

6 Le protocole PPPOE se présente sous la forme d'un fichier Zip. Décompressez-le, par exemple dans le répertoire C:\PPPOE.

Note

Pour décompacter le fichier Zip fourni, recourez à l'utilitaire Winzip. Vous pouvez en télécharger une version d'évaluation sur le site **www.winzip.com**. Une fois l'archive Zip ouverte, utilisez le bouton **Extraire** (ou **Extract**). Pour qu'il soit plus simple de suivre les instructions mentionnées ci-après, indiquez le répertoire **c:\pppoe** lorsque le répertoire de décompactage vous est demandé.

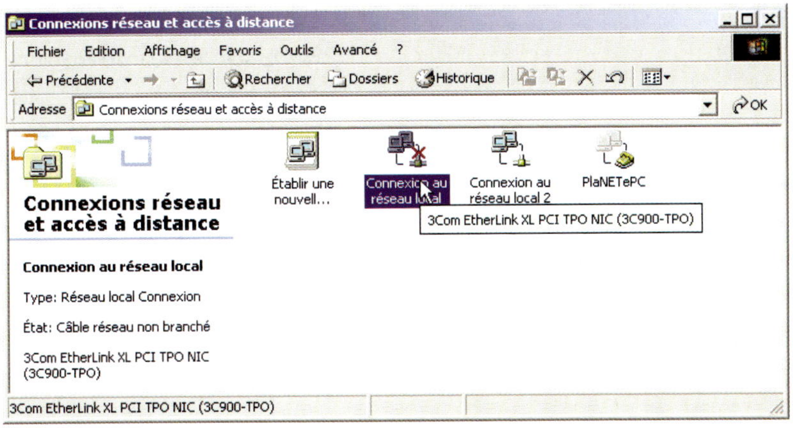

7 Pour ajouter le protocole PPPOE sous Windows 2000, cliquez sur l'icône de la connexion au réseau local correspondant à la carte réseau raccordée au modem ADSL (**Panneau de configuration, Connexions réseau et accès à distance**).

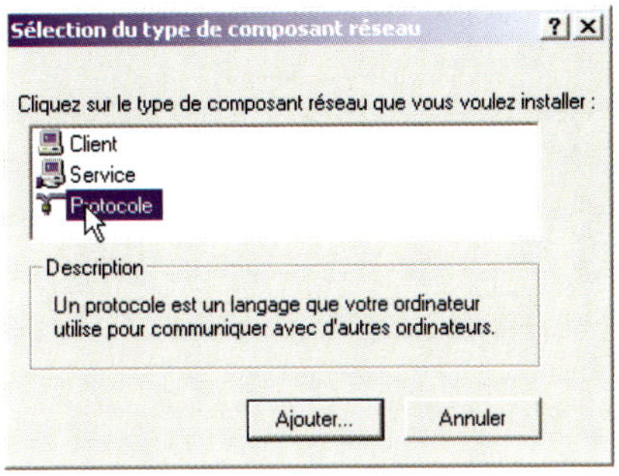

8 Cliquez sur le bouton **Installer**, choisissez **Protocole** et cliquez sur **Ajouter**.

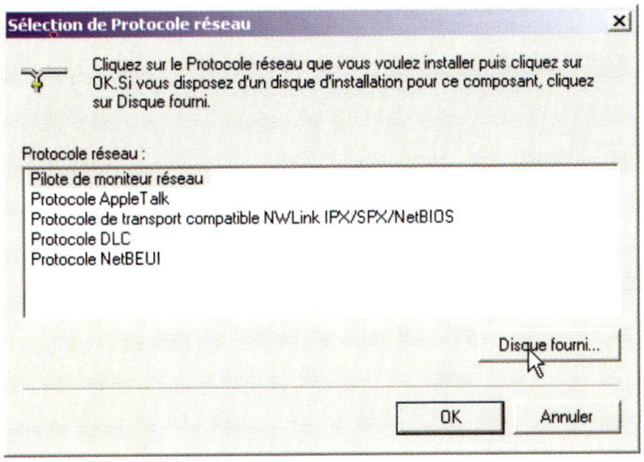

9 Dans la fenêtre **Sélection de Protocole réseau**, cliquez sur **Disque fourni...**

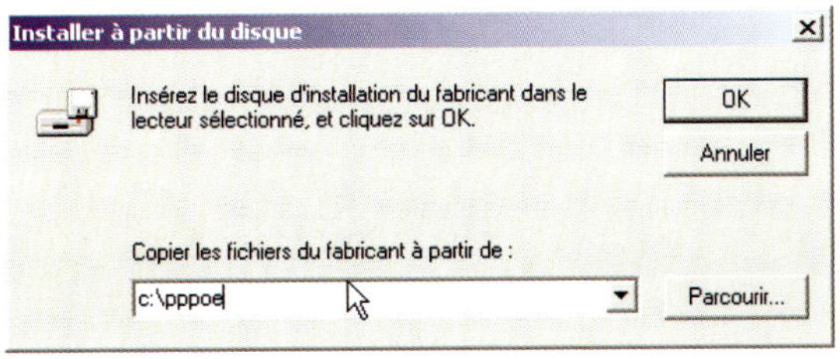

10 Indiquez le chemin **c:\pppoe** correspondant à l'emplacement où vous avez décompacté les éléments du protocole PPPOE fournis par Robert Schlabbach.

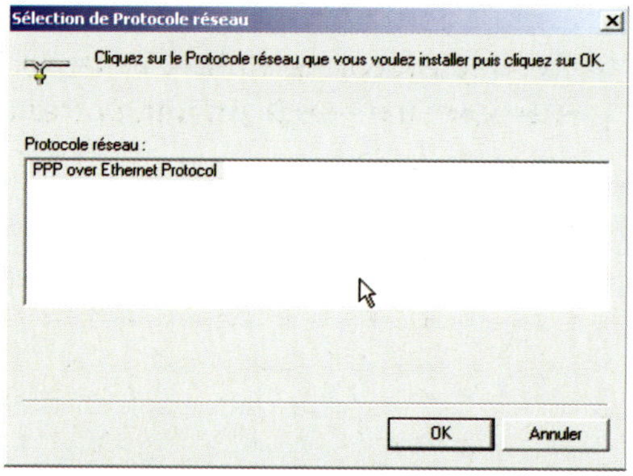

11 Si votre protocole a été chargé et décompacté, la fenêtre Installer à partir du disque s'affiche.

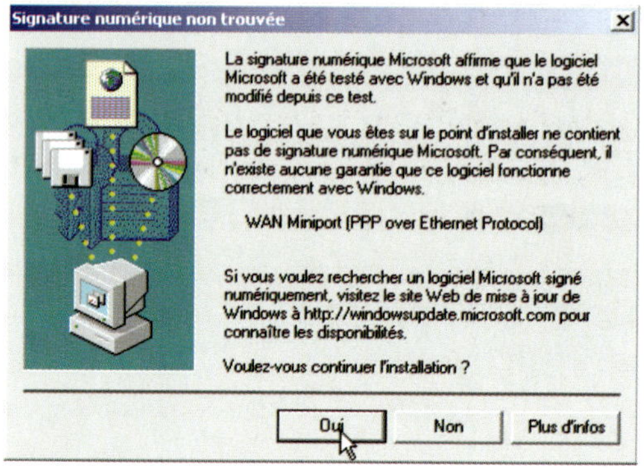

12 Validez : le protocole s'installe automatiquement. Si un message du genre de celui-ci s'affiche, acceptez l'installation en répondant **Oui** à chaque fois qu'on vous le propose.

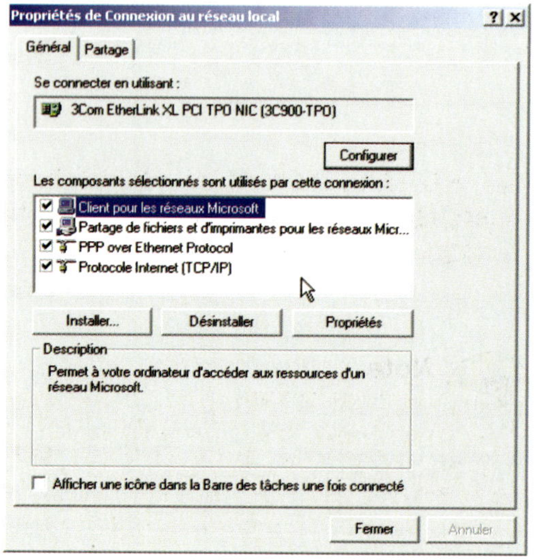

13 Au final, une fenêtre comme celle-ci récapitule les propriétés de la connexion au réseau local.

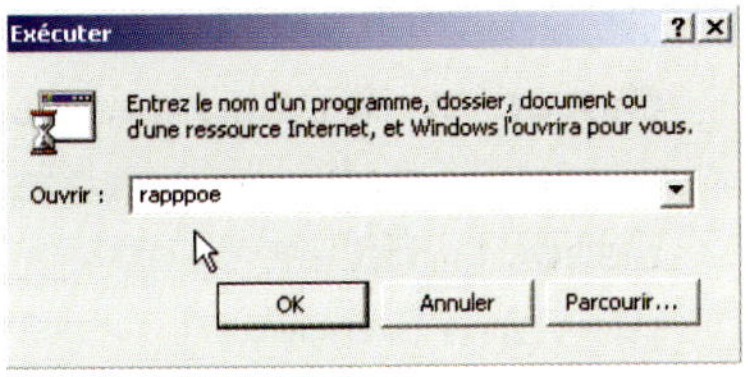

14 Pour créer un accès réseau à distance *via* une carte réseau avec le protocole de Robert Schlabbach, activez la commande **Exécuter** du menu **Démarrer**. Entrez **RASPPPOE** et validez en cliquant sur OK.

Attention

Seule la procédure qui suit fonctionne. La méthode est basée sur l'installation d'un accès réseau à distance PPPOE à partir du protocole fourni par Robert Schlabbach. Si vous utilisez un protocole PPPOE provenant d'une autre source, la démarche ne sera vraisemblablement pas la même.

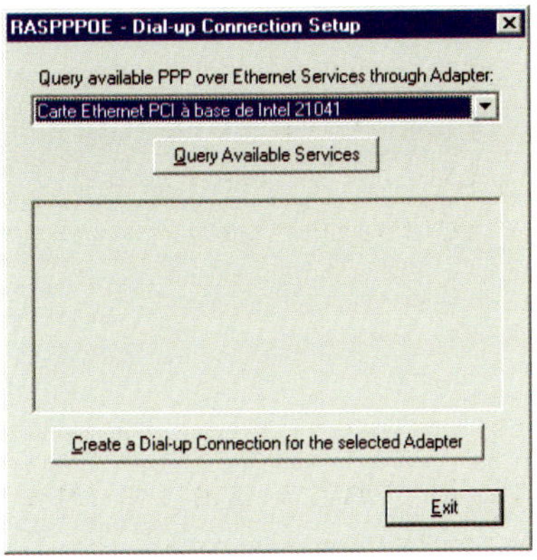

15 Dans la fenêtre qui s'affiche, sélectionnez la carte réseau connectée au modem ADSL et cliquez sur **Query Available Services**.

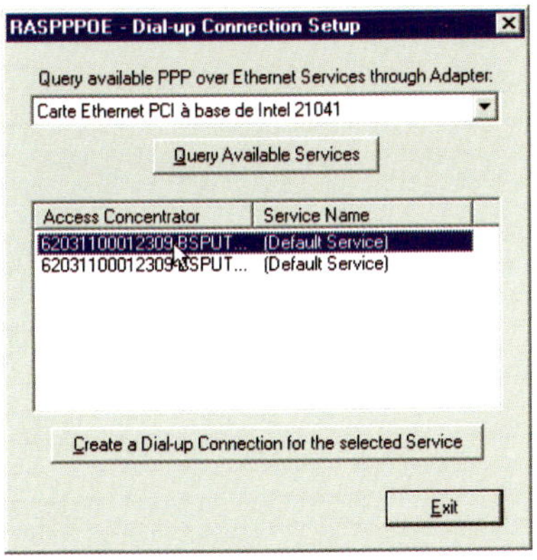

16 Si vous avez choisi la bonne carte réseau et si votre ligne ADSL est fonctionnelle en PPPOE, des informations s'affichent. Sélectionnez l'une d'entre elles.

Note

Les séries de chiffres étranges correspondent à des numéros techniques relatifs aux lignes de votre opérateur télécom. Certains opérateurs changent les numéros techniques sans prévenir, au bout de quelques mois. Dans ce cas, créez une nouvelle connexion en appliquant la procédure décrite ici.

17 Cliquez sur **Create a Dial-up Connection for the selected Adapter** : une icône d'accès réseau à distance s'affiche sur votre Bureau.

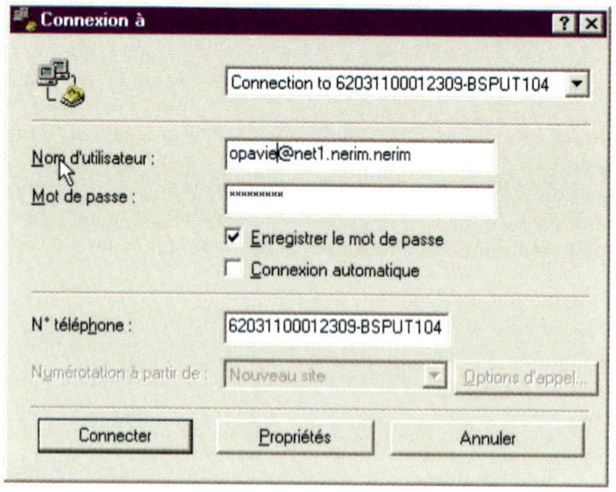

18 Cliquez sur le bouton **Exit** puis double-cliquez sur le raccourci créé sur votre Bureau. Entrez votre identifiant de connexion et votre mot de passe puis cliquez sur le bouton **Connecter**.

Note

En cas de plantage du PC après l'installation du protocole PPPOE, redémarrez Windows 2000 en mode sans échec avec prise en charge réseau. En ce sens, appuyez sur la touche F8 au moment du démarrage de Windows 2000. Désinstallez et réinstallez le protocole PPPOE sous le mode sans échec. Ce problème peut survenir avec une installation du protocole PPPOE sous Windows 2000 Server, mais pas spécialement sous Windows 2000 Professionnel. Si toutefois vous avez installé un accès réseau à distance en VPN avec le protocole PPPTP, supprimez-le avant même d'installer le protocole PPPOE.

Via un modem ADSL USB (protocole PPPOx) sous Windows 98/Me

Le bon fonctionnement de l'accès réseau à distance via *un modem ADSL en USB dépend du pilote de modem USB. Le pilote intègre la gestion du protocole. Vous avez généralement peu de paramètres à régler pour que cela marche.*

Note

Vous disposez d'un modem USB ADSL EICON DIVA et d'un port Ethernet ? Sachez qu'une fois configuré selon les indications données par le fournisseur d'accès, votre modem ne requiert pas plus de configuration qu'un modem câble et se comporte un peu comme lui. Vous n'avez pas de carte réseau à configurer (sauf si vous utilisez votre modem avec la connexion Ethernet et non USB). C'est vraiment la solution la plus simple et la plus performante pour accéder à Internet en ADSL ! Ce modem est notamment fourni dans les kits de LibertySurf.

Note

Dès que vous connectez un modem USB, Windows 98 et Me recherchent les pilotes partout où ils se trouvent. Insérez le CD-ROM livré avec le kit ADSL et indiquez de préférence à Windows où chercher les pilotes. A la fin de l'installation, redémarrez le PC comme il est demandé.

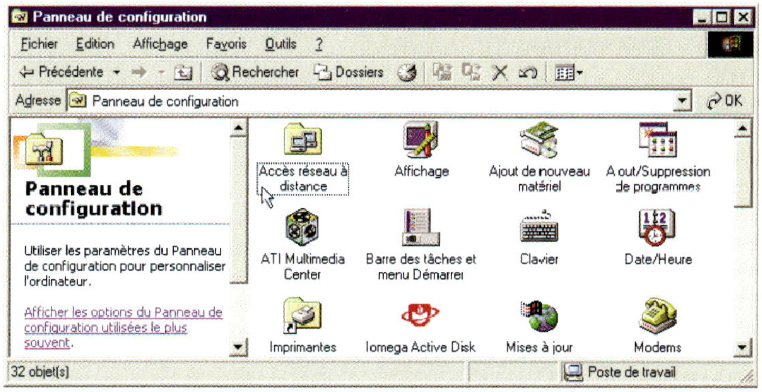

1 Pour créer un accès réseau à distance utilisant un modem USB, affichez la fenêtre du **Poste de travail** et double-cliquez sur **Accès réseau à distance** (Windows 98), ou ouvrez le **Panneau de configuration** et cliquez sur l'icône **Accès réseau à distance** (Windows Me).

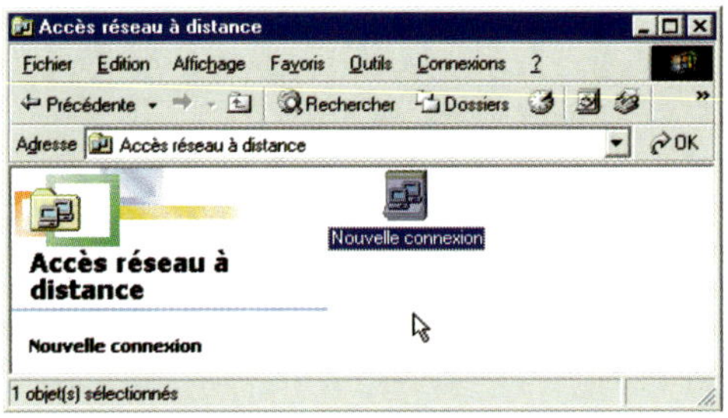

2 Double-cliquez sur l'icône **Nouvelle connexion**.

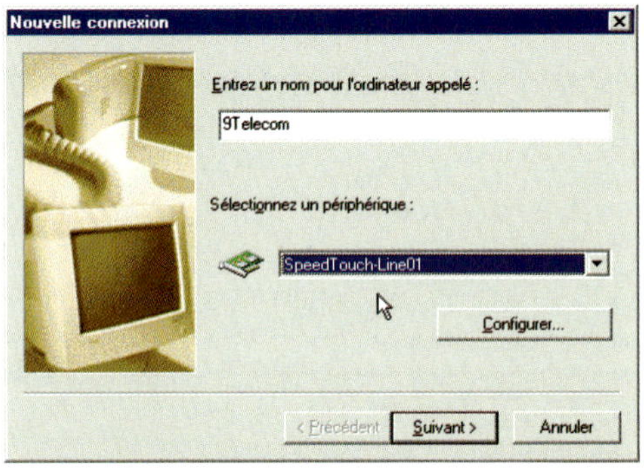

3 Entrez le nom de la connexion, en l'occurrence **9Telecom**, et choisissez le modem Alcatel USB SpeedTouchLine01.

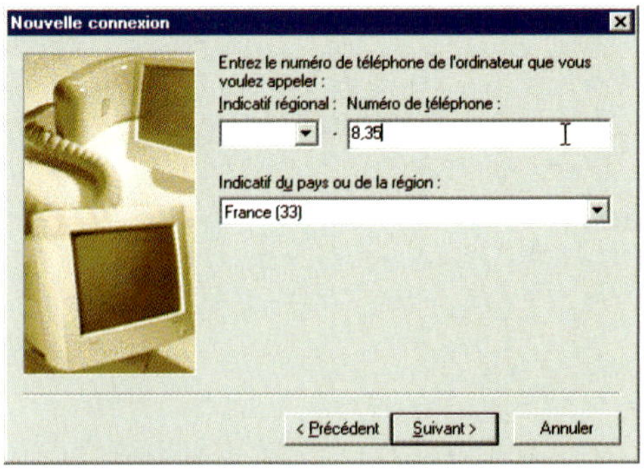

4 Entrez le numéro de téléphone **8,35** dans le champ correspondant. Cliquez sur **Suivant**.

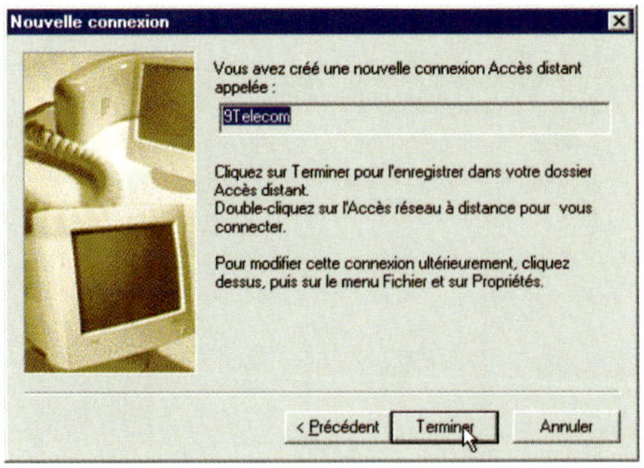

5 Cliquez sur **Terminer**.

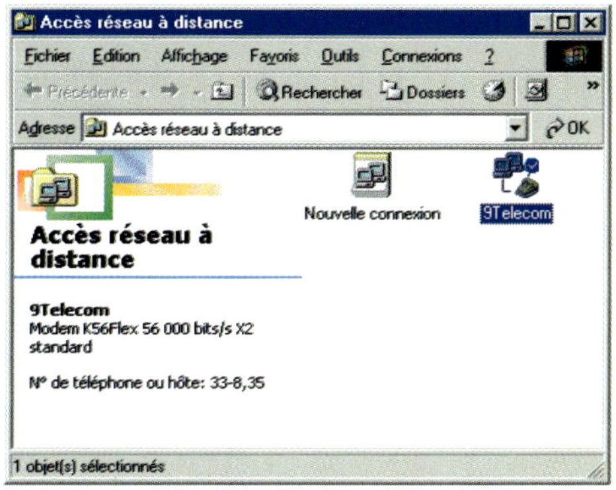

6 Votre connexion apparaît dans la fenêtre d'accès réseau à distance.

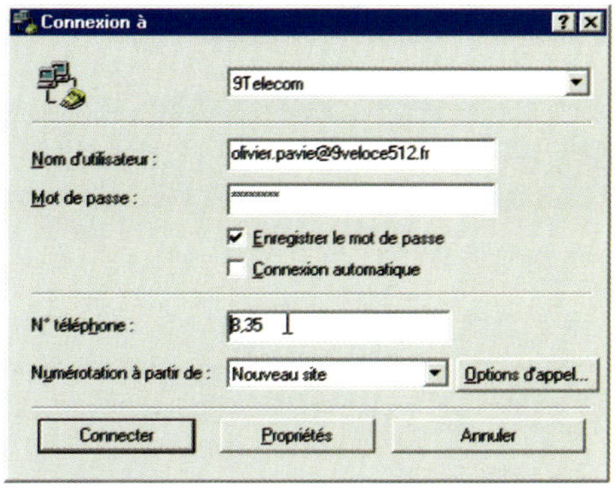

7 Double-cliquez dessus et entrez votre nom d'utilisateur (login) et votre mot de passe. Pour l'instant, éliminez le 0 devant le numéro de téléphone et cliquez sur **Connecter**.

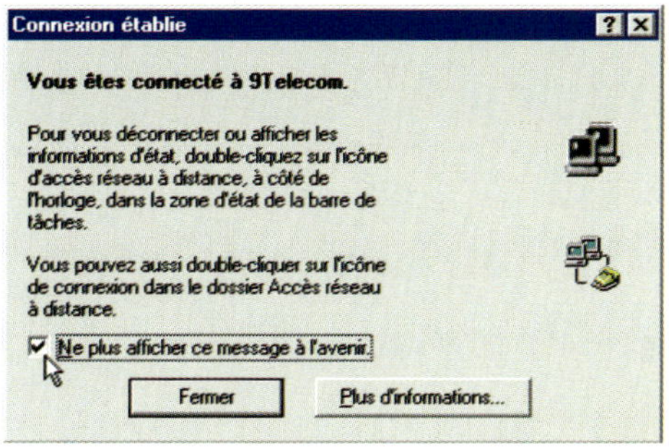

8 Si tout s'est bien passé, la fenêtre Connexion établie s'affiche. Vous pouvez empêcher son affichage systématique en cochant **Ne plus afficher ce message à l'avenir**.

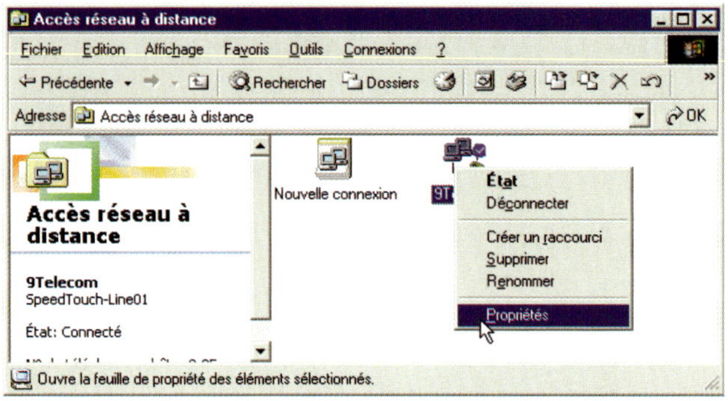

9 Pour éviter le problème du 0 devant le numéro de téléphone **8,35**, affichez les propriétés de votre connexion : faites un clic droit sur son icône et choisissez **Propriétés** dans le menu contextuel.

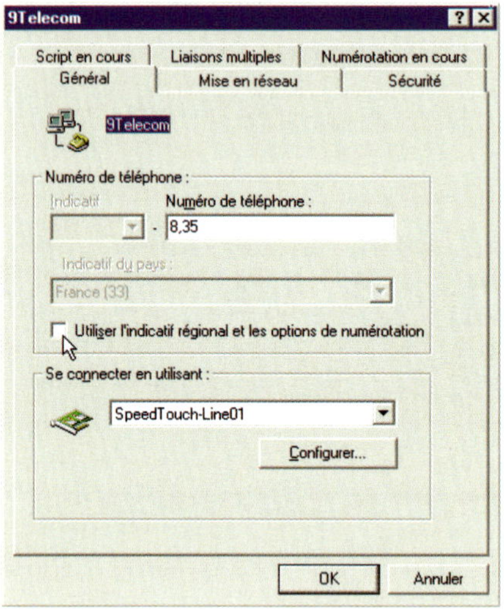

10 Dans le panneau **Général**, décochez la case **Utiliser l'indicatif régional** puis validez en cliquant sur OK.

Via un modem ADSL USB (protocole PPPOx) sous Windows XP

Le bon fonctionnement de l'accès réseau à distance via *un modem ADSL en USB dépend du pilote de modem USB. Le pilote intègre la gestion du protocole. Vous avez généralement peu de paramètres à régler pour que cela marche. Voyons comment créer un accès à Internet à l'aide du modem SpeedTouch USB d'Alcatel.*

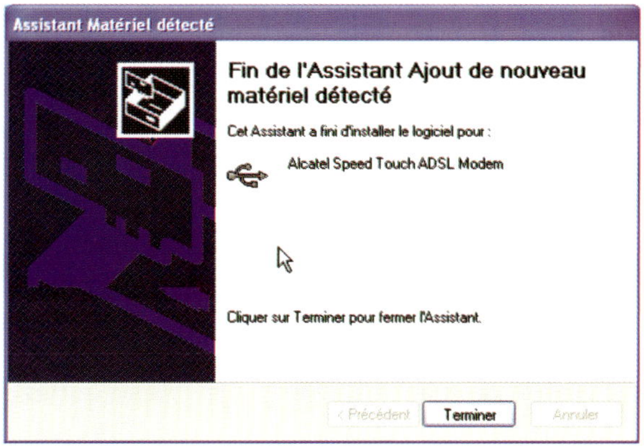

1 Dès que vous connectez le modem USB, Windows XP recherche les pilotes partout où ils se trouvent. Insérez le CD-ROM livré avec le kit ADSL : le pilote est automatiquement installé. Acceptez par défaut tous les choix proposés. Si le programme vous indique que des certificats n'ont pas été signés, cliquez sur **Continuer**.

Note

Vous disposez d'un modem USB ADSL EICON DIVA et d'un port Ethernet ? Sachez qu'une fois configuré selon les indications données par le fournisseur d'accès, votre modem ne requiert pas plus de configuration qu'un modem câble et se comporte un peu comme lui. Vous n'avez pas de carte réseau à configurer (sauf si vous utilisez votre modem avec la connexion Ethernet et non USB). C'est vraiment la solution la plus simple et la plus performante pour accéder à Internet en ADSL ! Ce modem est notamment fourni dans les kits de LibertySurf.

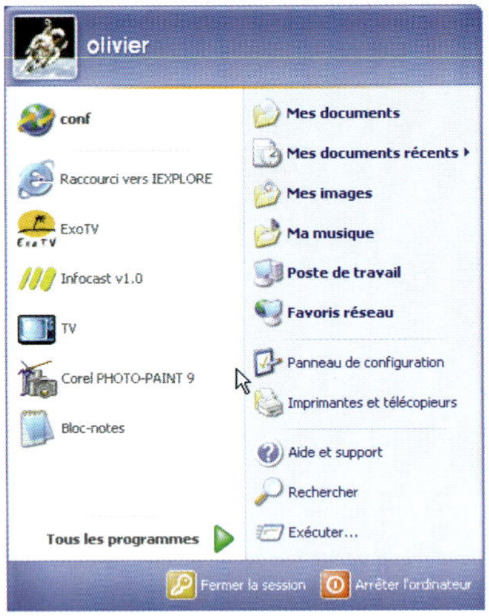

2 Pour créer un accès réseau à distance utilisant un modem USB ADSL, affichez le **Panneau de configuration** *via* le bouton **Démarrer**.

3 Double-cliquez sur l'icône **Connexions réseau**.

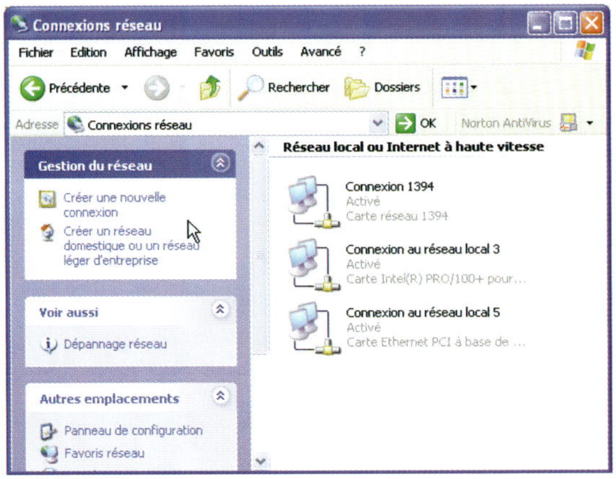

4 Cliquez sur le lien **Créer une nouvelle connexion** dans la partie gauche de la fenêtre.

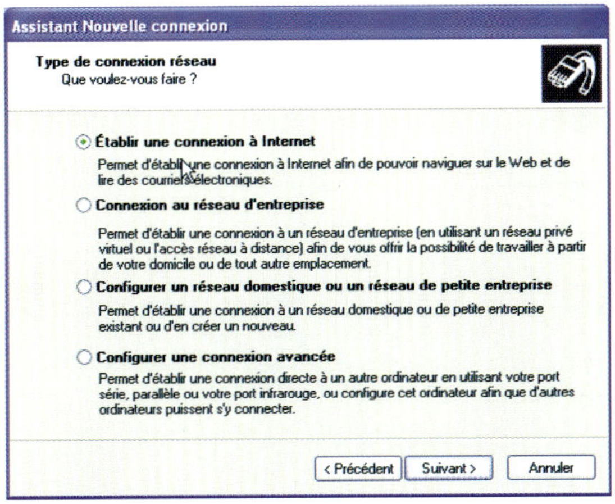

5 L'assistant **Nouvelle connexion** démarre. Cliquez sur **Suivant** et sélectionnez **Etablir une connexion à Internet**.

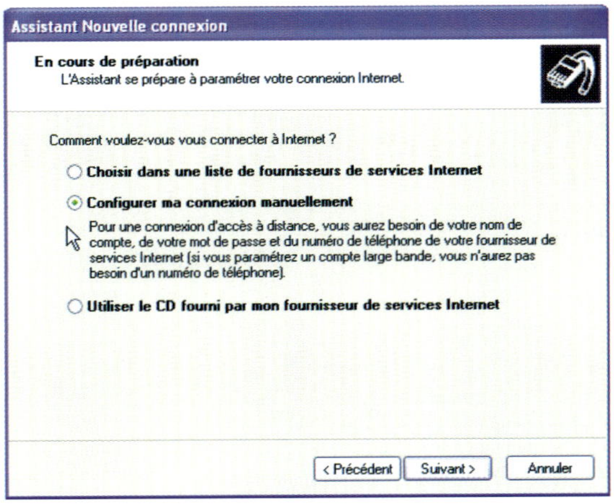

6 Choisissez **Configurer ma connexion manuellement**.

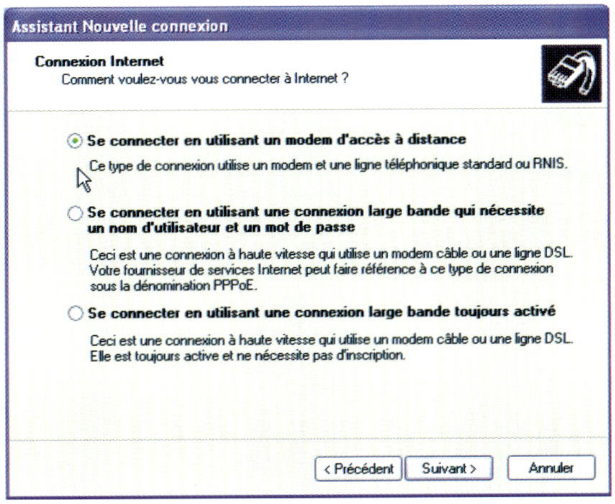

7 Choisissez **Se connecter en utilisant un modem d'accès à distance**.

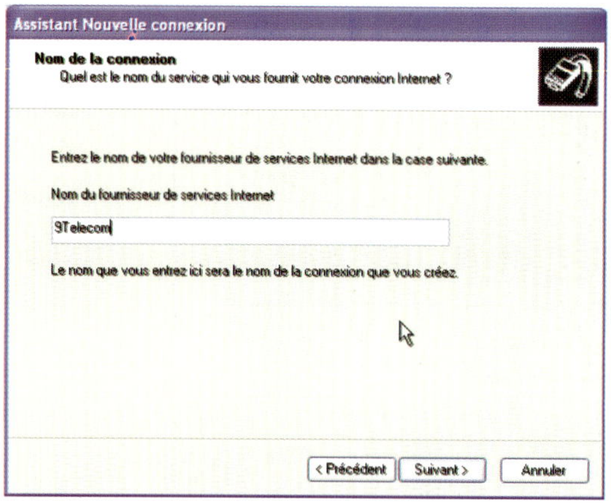

8 Indiquez le nom du fournisseur d'accès à Internet, en l'occurrence **9Telecom**.

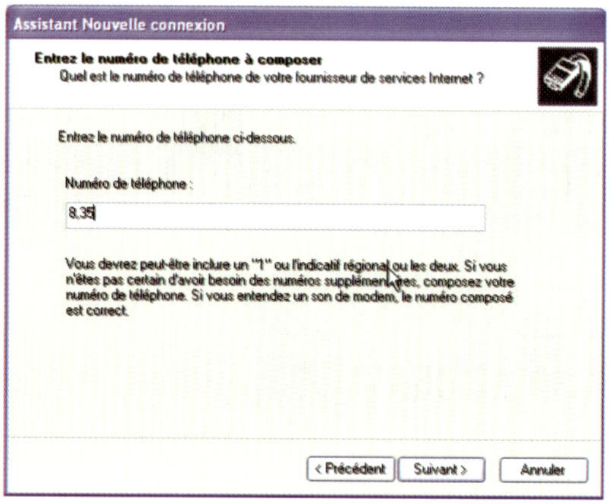

9 Comme numéro de téléphone, indiquez **8,35**.

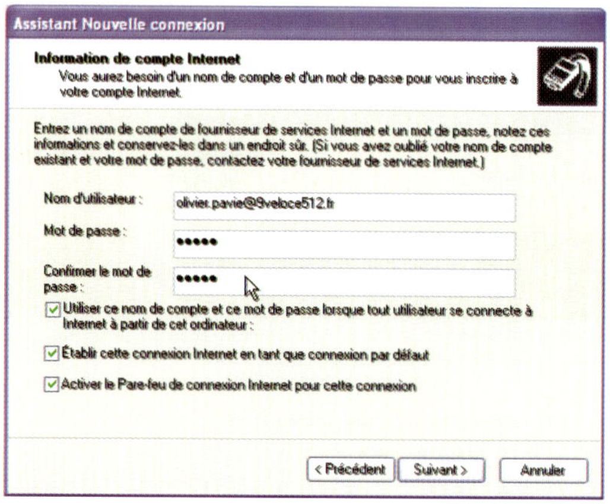

10 Saisissez votre nom d'utilisateur et votre mot de passe et laissez cochées toutes les cases si vous le souhaitez.

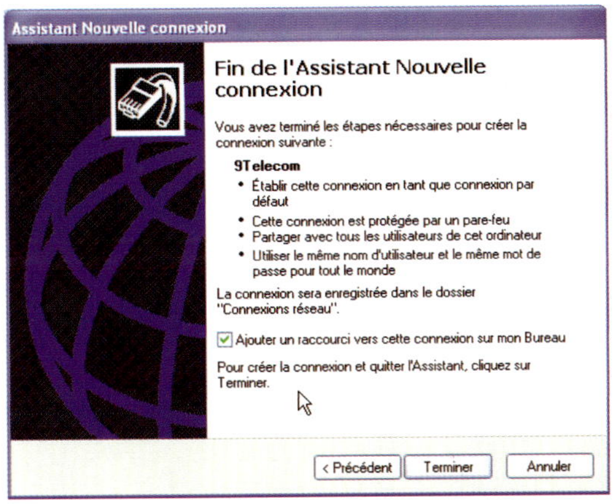

11 Cochez la case **Ajouter un raccourci vers cette connexion sur mon Bureau** et cliquez sur le bouton **Terminer**.

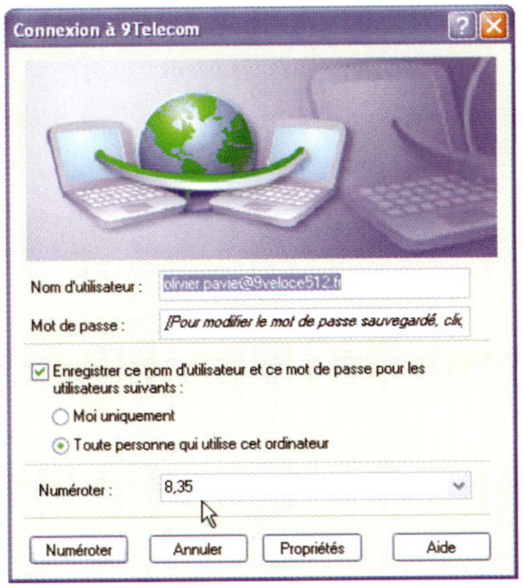

12 La fenêtre de connexion s'ouvre. Vous pouvez tout de suite tester la connexion en cliquant sur le bouton **Numéroter**.

Attention

Il est difficile de réaliser correctement les étapes décrites dans cette rubrique quand les pilotes et le firmware du modem ADSL USB sont obsolètes. Voyez sur le site du constructeur du modem s'il n'y a pas de nouveaux éléments à télécharger.

Note

En cas d'erreur 734, vérifiez votre nom d'utilisateur complet et votre mot de passe, qui sont peut-être incomplets.

Via un modem câble sous Windows 98/Me

Avec un modem câble, l'accès à Internet est aisé, du moment que la carte réseau est bien configurée !

Note

Pour utiliser à la fois votre modem câble et un accès au réseau que vous élaborez, vous devez disposer de deux cartes réseau dans le même PC : l'une reliée au modem câble et l'autre au hub.

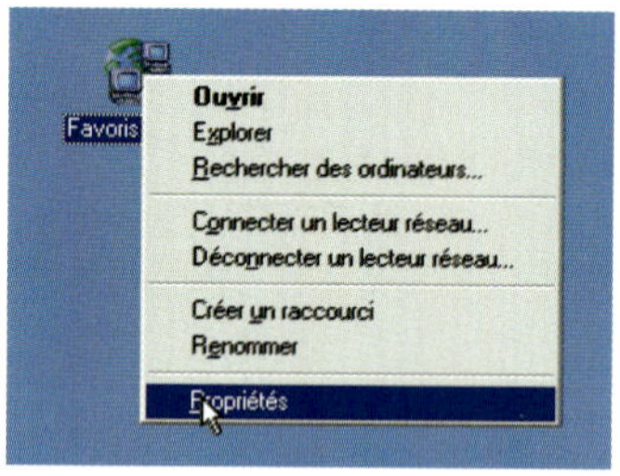

1 Vérifiez que la carte réseau connectée à votre modem Ethernet ADSL peut être utilisée correctement. Faites un clic droit sur l'icône **Favoris réseau** (ou **Voisinage réseau)** du Bureau et choisissez **Propriétés** dans le menu contextuel.

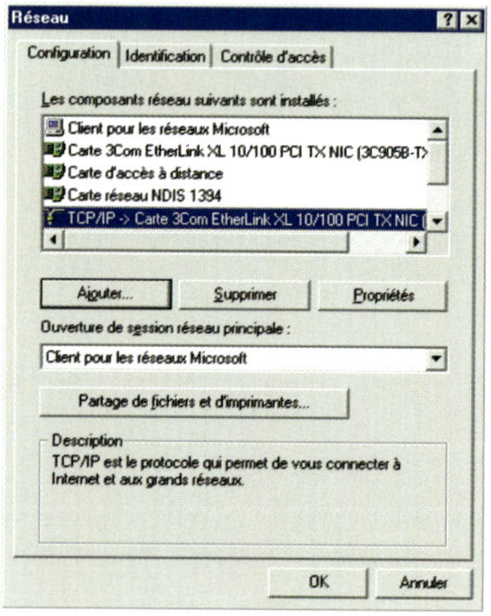

2 Dans la liste des cartes réseau et des protocoles, double-cliquez sur la ligne **TCP/IP pour carte XXX**, la carte XXX étant celle raccordée à votre modem Ethernet.

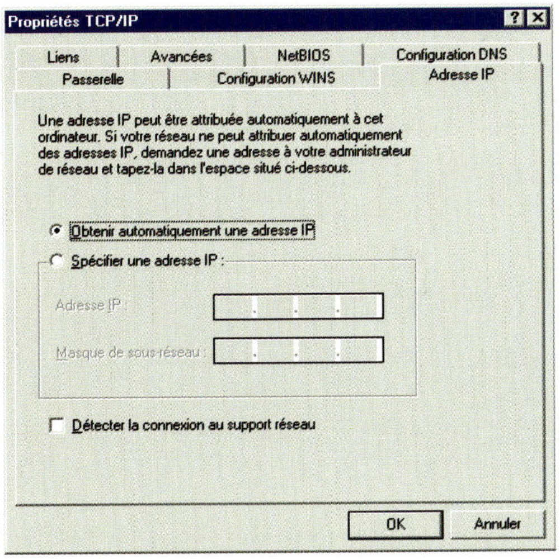

3 Dans le panneau **Adresse IP**, la case **Obtenir automatiquement une adresse IP** doit être cochée.

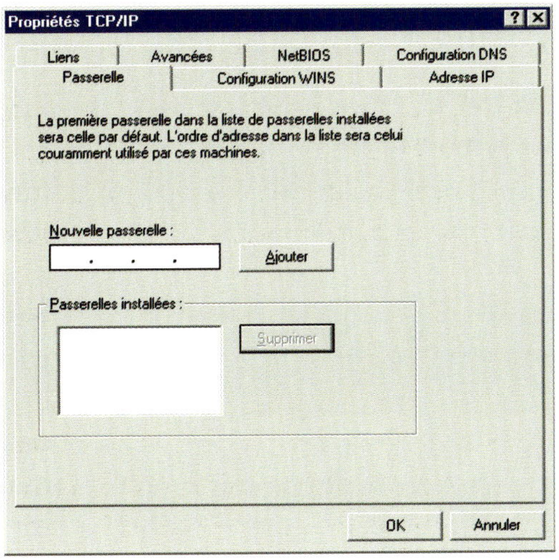

4 Dans le panneau **Passerelle**, rien ne doit être défini.

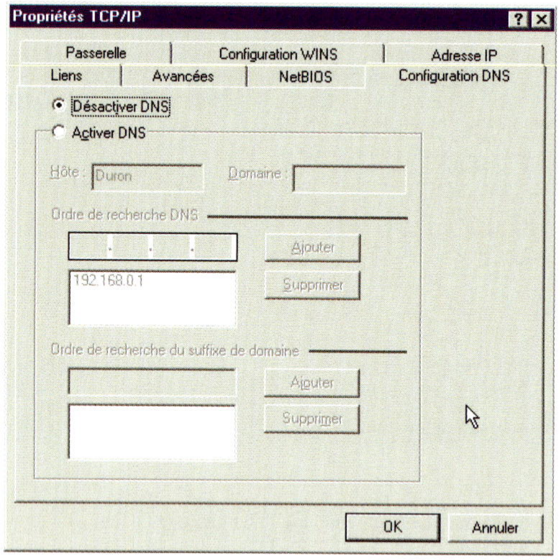

5 Dans le panneau **Configuration DNS**, la case **Désactiver DNS** doit être cochée.

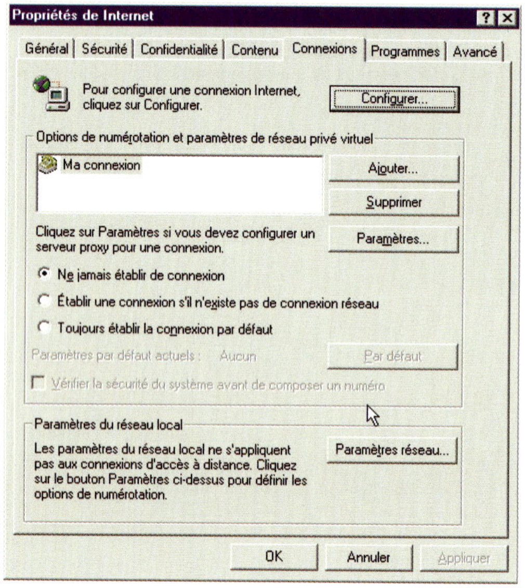

6 Refermez la fenêtre **Propriétés TCP/IP** en cliquant sur **Annuler**. Le fonctionnement de l'accès Internet est assuré dès lors que le modem est sous tension lorsque le PC démarre. Accédez aux **Options Internet** *via* le **Panneau de configuration** et vérifiez dans le panneau **Connexions** que la case **Ne jamais établir de connexion** est cochée.

Via un modem câble sous Windows XP

La procédure est simple à réaliser.

Note

Pour utiliser à la fois votre modem câble et un accès au réseau que vous élaborez, vous devez disposer de deux cartes réseau dans le même PC : l'une reliée au modem câble et l'autre au hub.

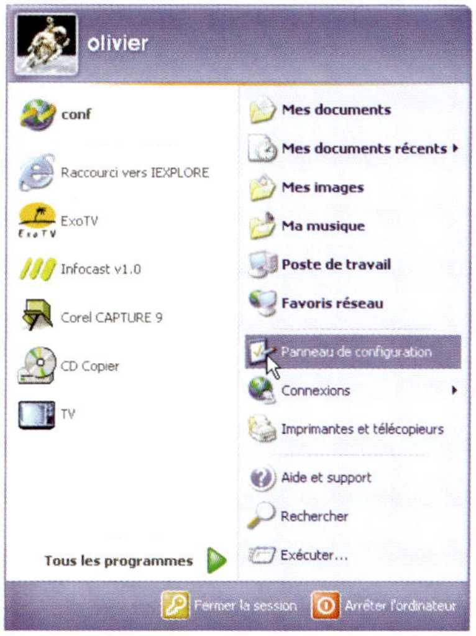

1 Pour vérifier la bonne configuration de votre carte réseau connectée au modem câble, accédez au **Panneau de configuration** *via* le menu **Démarrer**.

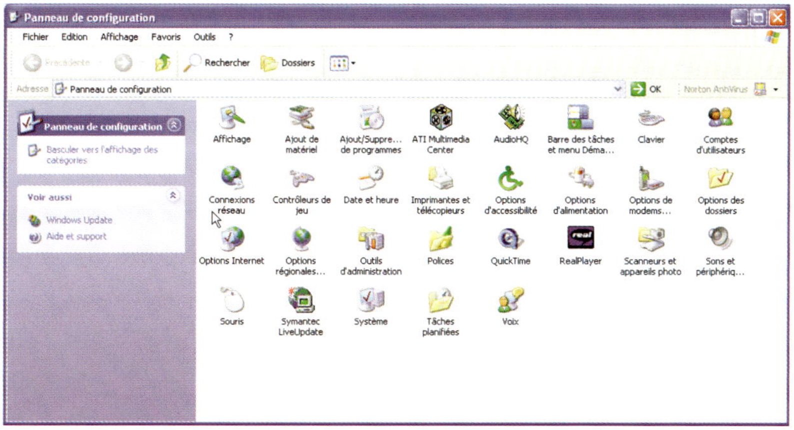

2 Double-cliquez sur l'icône **Connexions réseau**.

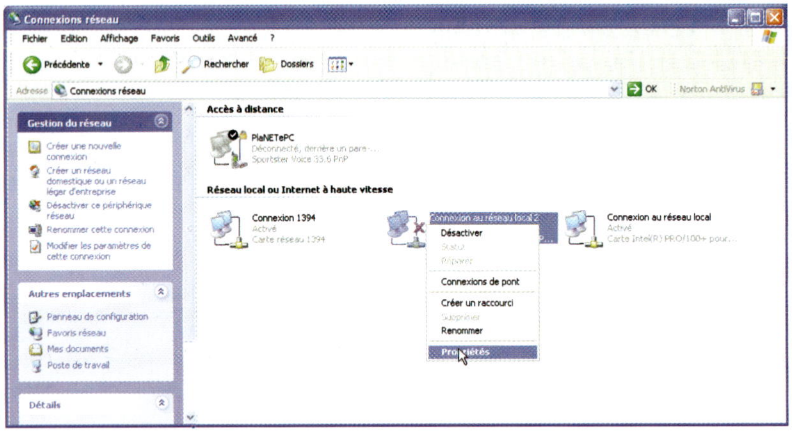

3 Choisissez la carte réseau dédiée au modem câble relié en Ethernet et représentée par une icône **Connexion au réseau local** avec un numéro. Si vous avez déjà installé une seconde carte réseau pour votre réseau local, en plus de celle du modem Ethernet, deux icônes sont affichées. Choisissez la bonne et demandez les propriétés d'un clic droit sur l'icône en question.

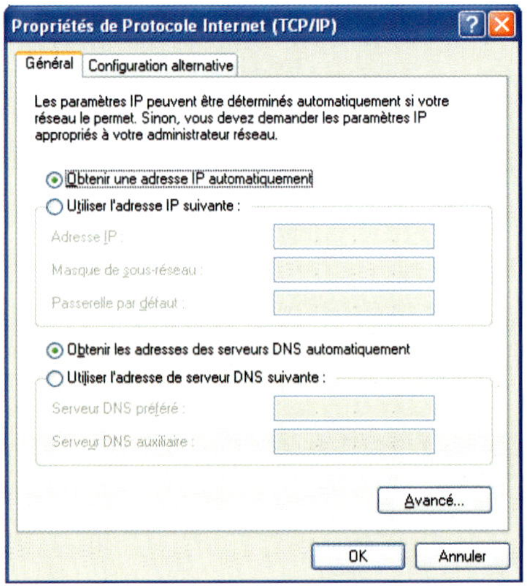

4 Double-cliquez sur la ligne **Protocole Internet TCP/IP** et vérifiez que, dans le panneau **Général**, les cases **Obtenir une adresse IP automatiquement** et **Obtenir les adresses des serveurs DNS automatiquement** sont cochées.

5 Après les changements, validez en cliquant sur OK ou cliquez sur **Annuler** si vous n'avez rien changé. Cliquez de nouveau sur **OK** lorsque vous êtes revenu aux propriétés de la connexion au réseau local. Eteignez et rallumez le modem câble puis redémarrez votre PC.

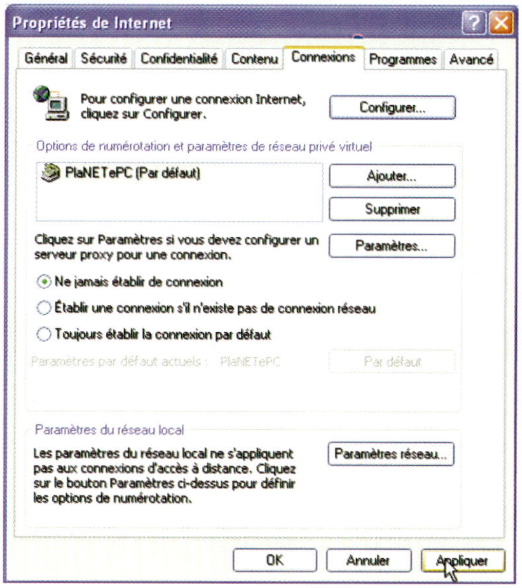

6 A partir du **Panneau de configuration**, accédez aux **Options Internet** et vérifiez que la case **Ne jamais établir de connexion** dans le panneau **Connexions** est cochée.

Via un modem câble sous Windows 2000

Sous Windows 2000, comme sous Windows 98, Me ou XP, il s'agit surtout de vérifier que la carte réseau connectée au modem câble est correctement configurée.

Note

Pour utiliser à la fois votre modem câble et un accès au réseau que vous élaborez, vous devez disposer de deux cartes réseau dans le même PC : l'une reliée au modem câble et l'autre au hub.

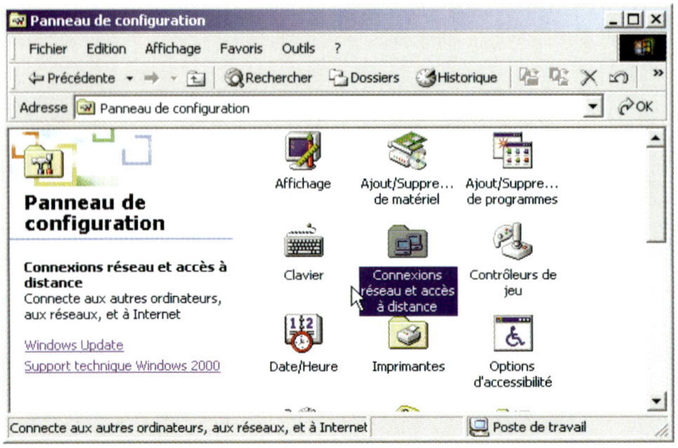

1 Affichez le **Panneau de configuration** et double-cliquez sur **Connexions réseau et accès à distance**.

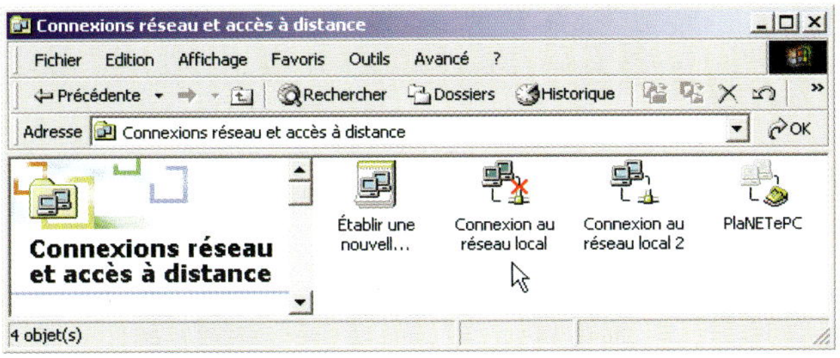

2 Dans cette fenêtre sont affichées toutes les connexions réseau de votre ordinateur. Si vous avez deux cartes réseau dans votre PC, vous obtenez une fenêtre comme celle-ci. Dans cet exemple, l'une des cartes n'est pas connectée à un réseau ou à un périphérique comme un modem ADSL ; c'est pourquoi son icône est marquée d'une croix rouge.

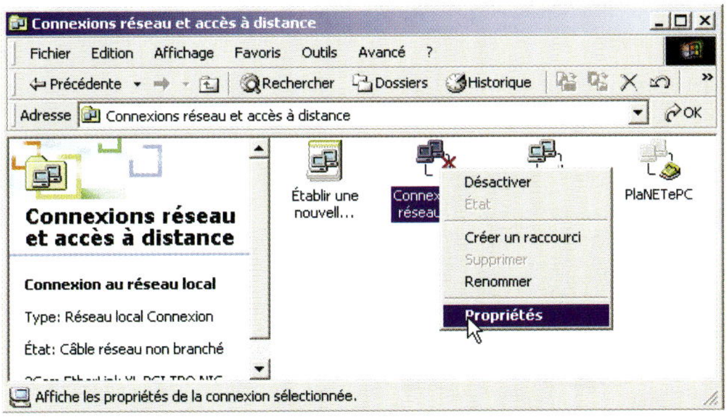

3 Faites un clic droit sur l'une des icônes représentant une connexion à un réseau local. Vous obtenez les propriétés de la connexion.

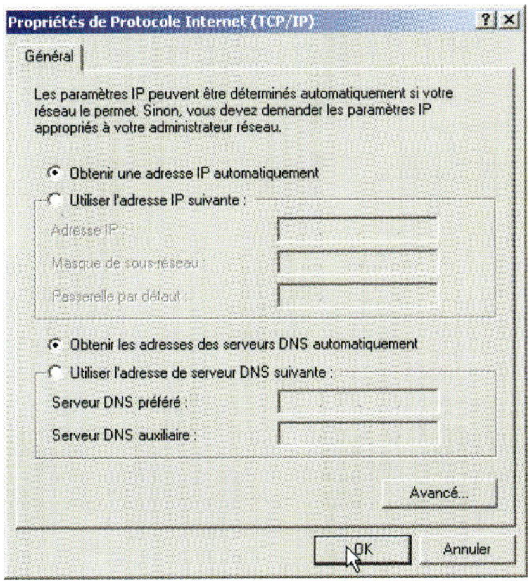

4 Vérifiez le nom de la carte réseau employée. Si c'est celle qui doit être connectée au modem câble, double-cliquez sur la ligne **Protocole Internet (TCP/IP)** et cochez la case **Obtenir automatiquement une adresse IP**. Faites de même pour les serveurs DNS.

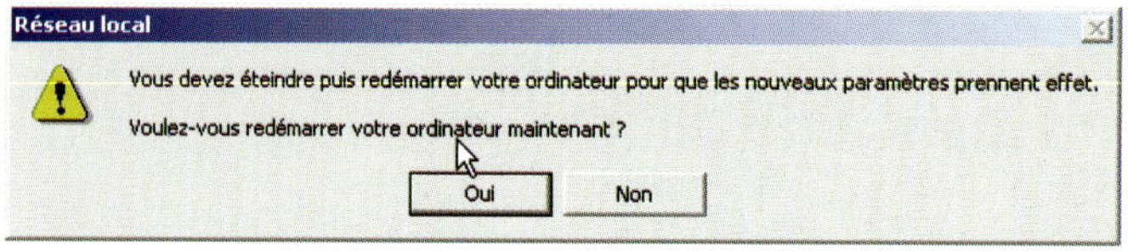

5 Après les changements, validez en cliquant sur OK ou cliquez sur **Annuler** si vous n'avez rien changé. Cliquez de nouveau sur OK lorsque vous êtes revenu aux propriétés de la connexion au réseau local. Eteignez et rallumez le modem câble puis redémarrez votre PC.

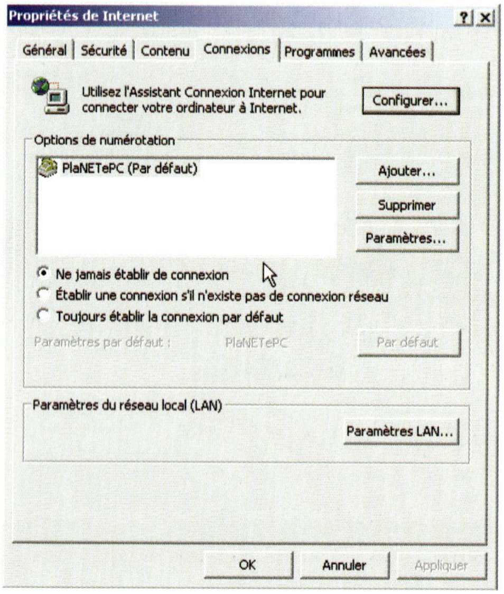

6 A partir du **Panneau de configuration**, accédez aux **Options Internet** et vérifiez que la case **Ne jamais établir de connexion** dans le panneau **Connexions** est cochée.

VOIR AUSSI

Avant de commencer la Partie 7, vérifiez bien que votre accès à Internet depuis le PC qui deviendra le PC partageur d'accès à Internet est opérationnel selon les recommandations de cette Partie.

Dans la Partie 7, nous décrivons le partage d'accès à Internet à partir d'un PC sous Windows 98SE/Me/2000/XP. Si vous avez configuré un PC sous Windows 95/98 en vue d'en partager l'accès à Internet, utilisez un logiciel de partage particulier comme Winroute (http://www.winroute.com) ; mais attention, cet ouvrage n'en décrit pas la mise en œuvre.

PARTIE 7

Partage d'accès Internet

Si vous disposez de Windows 98SE (Seconde Edition), Me, 2000 ou XP (édition professionnelle ou familiale) sur le PC que vous destinez au partage de connexion Internet, vous êtes à même de réaliser le partage en quelques clics à l'aide du logiciel de partage de connexion Internet inclus dans chacune de ces versions de Windows (appelé ICS). Si vous disposez d'une version de Windows 98 première édition, de Windows 95 ou de Windows NT 4.0, il vous faut disposer d'un logiciel de partage d'accès à Internet complémentaire que vous pouvez éventuellement trouver gratuitement sur Internet : nous vous décrivons dans cette partie un petit logiciel gratuit très pratique pour réaliser cette opération. Vous pouvez également acheter un matériel de type routeur (voir Partie 1), à configurer d'après sa documentation.

Le PC partageur doit posséder une connexion à Internet (voir Partie 6) configurée en fonction de l'équipement de connexion : modem classique, Numéris, câble ou ADSL. Ne définissez pas le partage de connexion tant que vous n'avez pas réussi à vous connecter ! Les particularités de la ligne et du modem ADSL déterminent le fonctionnement du partage.

- Sous Windows 98SE/Me
- Sous Windows XP
- Sous Windows 2000
- Sous Windows 95/98/NT (avec un PC)

Sous Windows 98SE/Me

L'installation du logiciel de partage d'accès Internet sous Windows 98SE/Me ne fonctionne pas toujours du premier coup. Si vous avez bien préparé les éléments, cela devrait bien se passer.

Attention

Avant d'installer le logiciel de partage d'accès Internet, vérifiez que votre ordinateur est capable de se connecter à Internet par l'intermédiaire de votre équipement : modem analogique, Numéris ou USB ADSL. En d'autres termes, lancez votre navigateur ou votre logiciel de courrier électronique et assurez-vous que vous pouvez vous connecter à Internet depuis le PC en question *via* votre modem analogique ou Numéris directement connecté à l'ordinateur, ou votre modem USB ADSL.

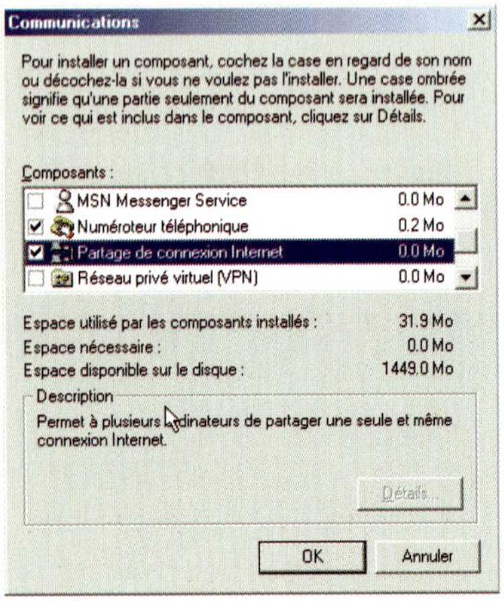

1 Pour installer le logiciel de partage d'accès à Internet, allez dans le **Panneau de configuration** et choisissez **Ajout/Suppression de programmes**, onglet **Installation de Windows, Outils Internet**. Cochez la case **Partage de connexion Internet**.

2 La procédure automatique d'installation du partage de Windows 98SE/Me démarre et vous propose l'Assistant **Gestion de réseau domestique** (ou l'Assistant **Partage de connexion Internet** si vous n'avez pas encore la version 6.0 d'Internet Explorer).

Attention

La procédure décrite ici est valable pour tous les PC sous Windows 9X sur lesquels sont installées les différentes mises à jour disponibles sur **http://windowsupdate.microsoft.com,** notamment les mises à jour d'Internet Explorer 6.0 (avec tous les composants).

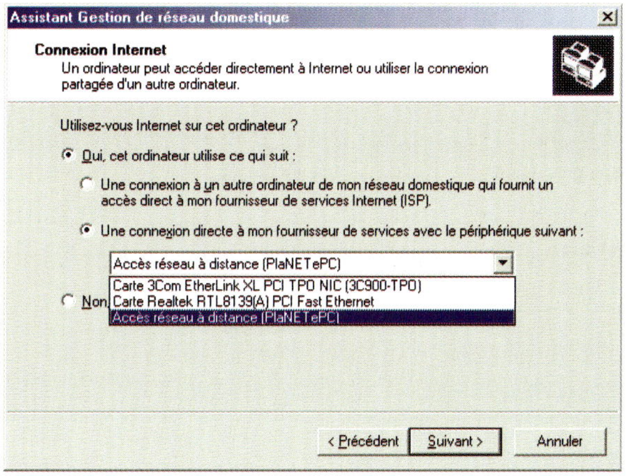

3 Cliquez sur **Suivant**. Laissez cochée l'option **Une connexion directe à mon fournisseur de services avec le périphérique suivant** et sélectionnez le périphérique en question :

Si l'accès est réalisé par modem classique ou Numéris, choisissez l'**Accès réseau à distance**.

Si l'accès est réalisé *via* une carte réseau pour le câble ou l'ADSL, sélectionnez la carte réseau à utiliser.

Note

Dans le cas d'une liaison ADSL *via* un modem USB, vous pouvez utiliser la « carte réseau » indiquant le modem USB ou, si ce genre de mention n'existe pas, l'accès réseau à distance.

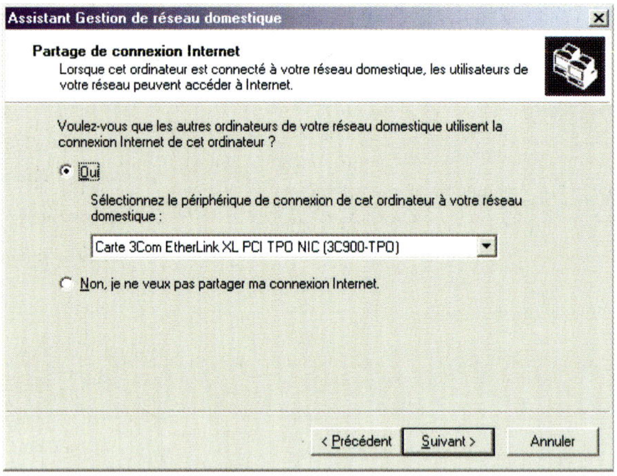

4 Dans la fenêtre suivante, répondez **Oui** à la question « Voulez-vous que les autres ordinateurs… » et désignez la carte utilisée pour le réseau interne (celui que vous êtes en train de monter).

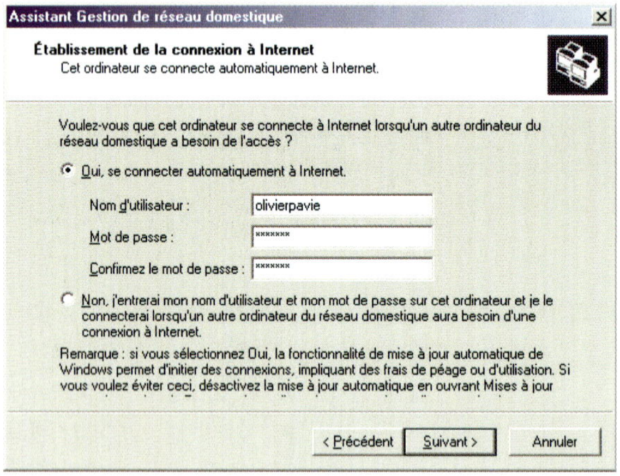

5 Cliquez sur **Suivant**. Entrez le nom d'utilisateur et le mot de passe de la connexion à Internet utilisée. Si vous êtes en connexion par le câble, cette fenêtre ne s'affiche pas ; si toutefois elle s'affiche, n'entrez rien.

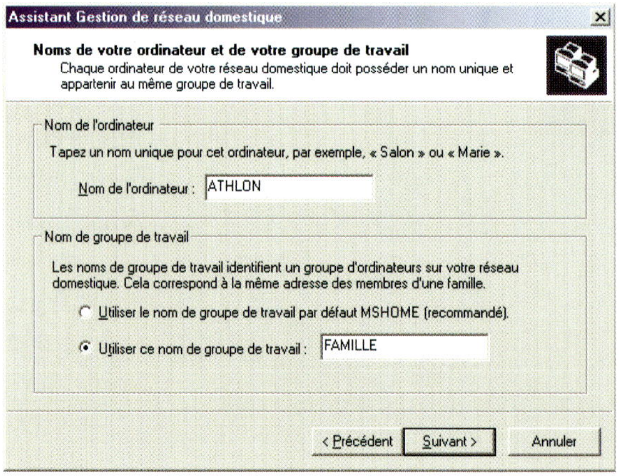

6 Dans la fenêtre suivante, utilisez le nom du groupe de travail que vous avez défini et non celui proposé par défaut.

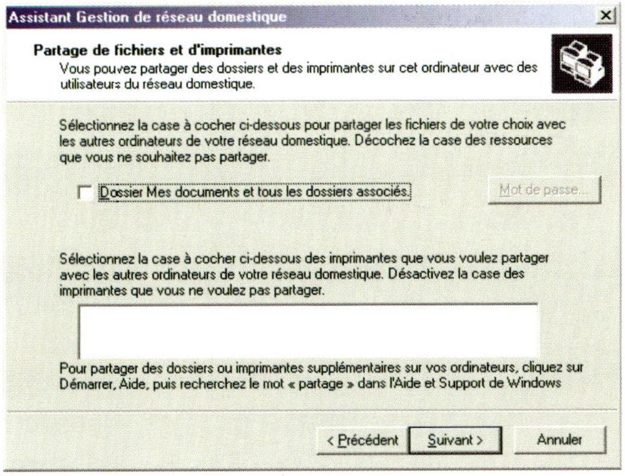

7 Dans la fenêtre suivante, vous pouvez définir le partage des documents et dossiers depuis le PC partageur. Pour des raisons de sécurité, évitez de le faire. Conservez les paramètres par défaut.

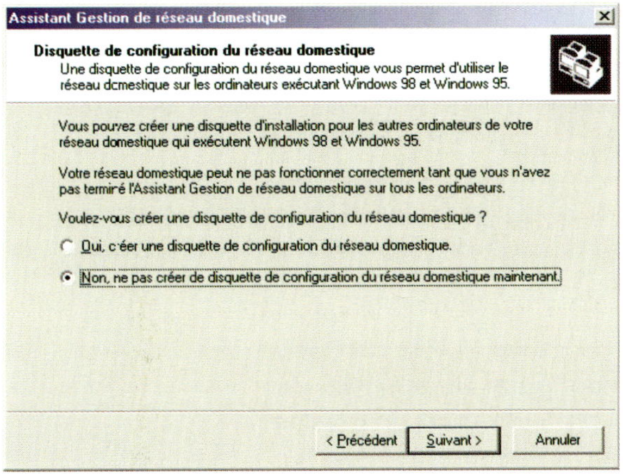

8 Dans la fenêtre suivante, l'assistant vous propose de créer une disquette de configuration du réseau domestique. Un conseil : sélectionnez **Non**.

9 Cliquez sur **Suivant**, puis sur **Terminer**.

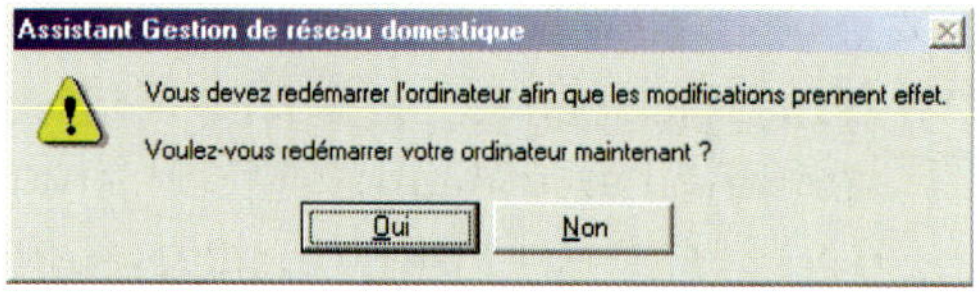

10 Acceptez de redémarrer.

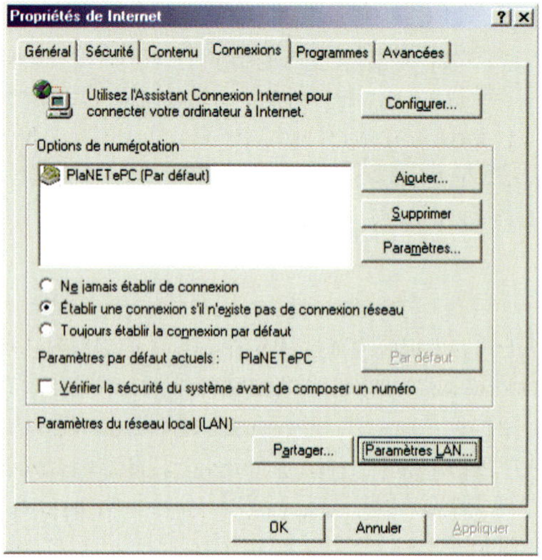

11 Quelle que soit l'option de configuration choisie, l'ordinateur ne propose rien de précis au redémarrage. Pour tester le partage, allez dans le **Panneau de configuration**, choisissez **Options Internet**, onglet **Connexions**, puis cliquez sur le bouton **Partager**.

Note

Si vous avez déjà tenté de configurer un autre PC de votre réseau pour le partage d'accès à Internet, un message indique que l'adresse IP 192.168.0.1 est déjà utilisée sur le réseau. Reconfigurez la carte du PC en conflit : allez dans le **Panneau de configuration**, choisissez **Réseau, TCP/IP pour carte XXXXX** et indiquez une adresse IP différente (par exemple, 192.168.0.10). SEUL LE PC PARTAGEUR DOIT POSSEDER UNE CARTE RESEAU AVEC L'ADRESSE IP **192.168.0.1** ET LE MASQUE DE SOUS-RESEAU **255.255.255.0**. PAS DE DNS NI DE PASSERELLE !

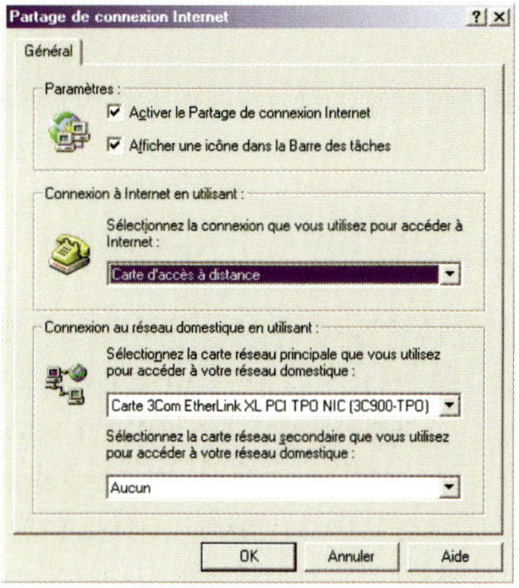

12 Si vous utilisez un modem (éventuellement un modem USB pour l'ADSL) pour accéder à Internet, la rubrique **Connexion à Internet en utilisant** doit contenir la carte d'accès à distance. Si vous utilisez plusieurs modems sur votre PC, c'est celui auquel est affecté votre accès réseau à distance configuré pour Internet qui doit être mentionné. Dans la rubrique **Connexion au réseau domestique en utilisant**, c'est la carte réseau qui doit être mentionnée. Dans notre exemple de connexion à Internet par modem analogique ou Numéris, la carte d'accès à distance sert à accéder à Internet, alors que la carte 3Com sert au réseau intranet.

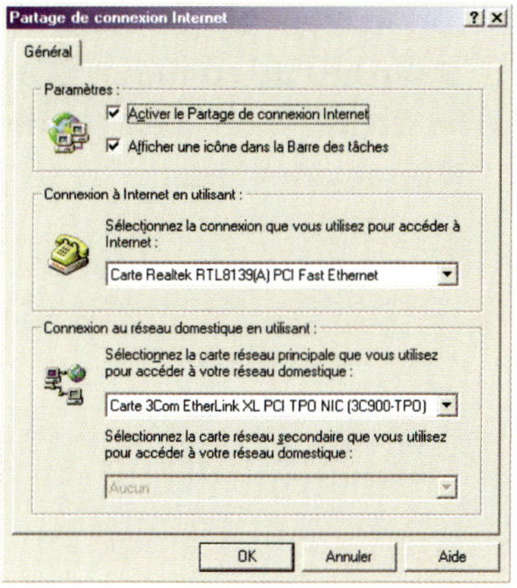

13 Si vous utilisez un modem câble ou ADSL pour accéder à Internet, la section **Connexion à Internet en utilisant** doit contenir la carte réseau connectée au modem câble ou ADSL et chargée de la connexion à Internet (quelquefois, le modem USB ADSL propose une connexion du même genre qu'une carte réseau). Dans la section **Connexion au réseau domestique en utilisant** doit figurer votre seconde carte réseau (celle que vous venez d'ajouter). Dans notre exemple de connexion à Internet par modem câble, la carte Realtek est connectée au modem câble (les installateurs utilisent souvent des cartes Realtek ou Accton avec puce Realtek), alors que la carte 3Com sert au réseau intranet.

Attention

Si vous vous êtes trompé de carte réseau lorsque vous avez répondu aux questions de l'assistant de **Partage de connexion Internet**, les paramètres de vos cartes réseau sont faux et risquent d'empêcher le partage de connexion. En outre, il est possible que votre accès à Internet ne fonctionne plus alors qu'il fonctionnait jusqu'alors. Il faut non seulement modifier les paramètres du partage d'accès Internet, mais également vérifier, dans le cas de l'utilisation de deux cartes réseau, que la configuration de la seconde carte n'est pas totalement perdue.

Sous Windows XP

Windows XP a grandement facilité la configuration d'un partage d'accès à Internet. Ce n'est vraiment pas compliqué, surtout si vous avez déjà configuré l'accès à Internet (voir Partie 6) et installé la carte réseau servant à vous connecter à votre propre réseau.

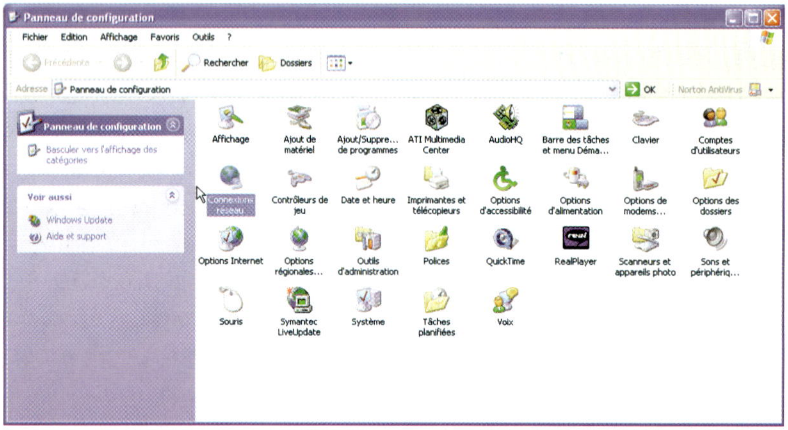

1 Cliquez sur le bouton **Démarrer**, allez dans le **Panneau de configuration** et double-cliquez sur l'icône **Connexions réseau**.

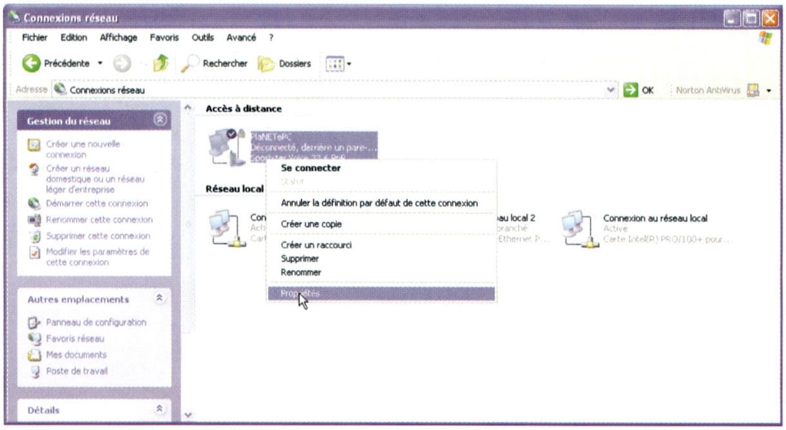

2 Sélectionnez la connexion que vous avez créée pour vous connecter à Internet *via* un modem classique, Numéris ou ADSL, et cliquez du bouton droit pour demander les propriétés.

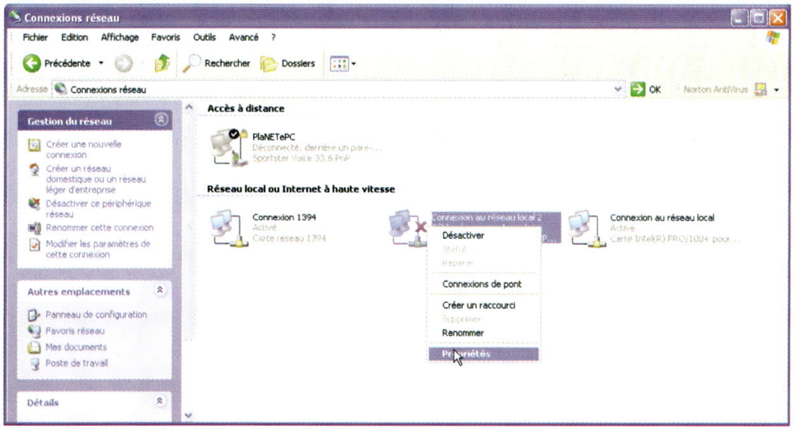

3 Pour une connexion partagée *via* un modem câble, cliquez du bouton droit sur l'icône de la connexion au réseau local par modem câble pour en demander les propriétés.

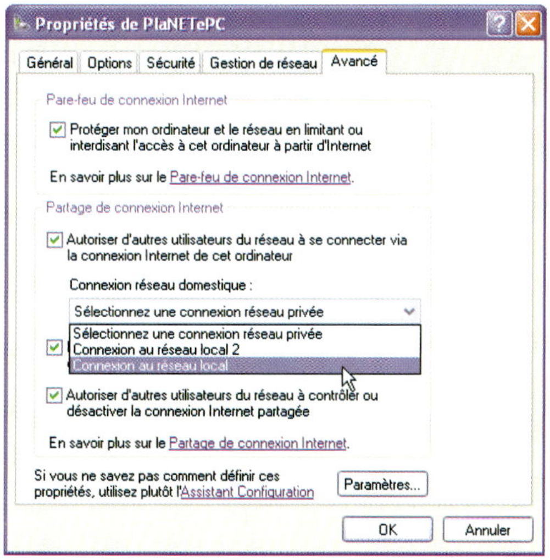

4 Accédez au panneau **Paramètres avancés** ou **Avancé**. Dans le cas d'un accès réseau à distance *via* un modem classique, Numéris ou ADSL quelconque, la fenêtre Propriétés de PlaNETePC s'affiche : cochez la case **Autoriser d'autres utilisateurs du réseau à se connecter via la connexion Internet de cet ordinateur** et sélectionnez la connexion au réseau local qui sert à vous connecter à votre réseau (il ne s'agit pas de la carte qui sert au modem).

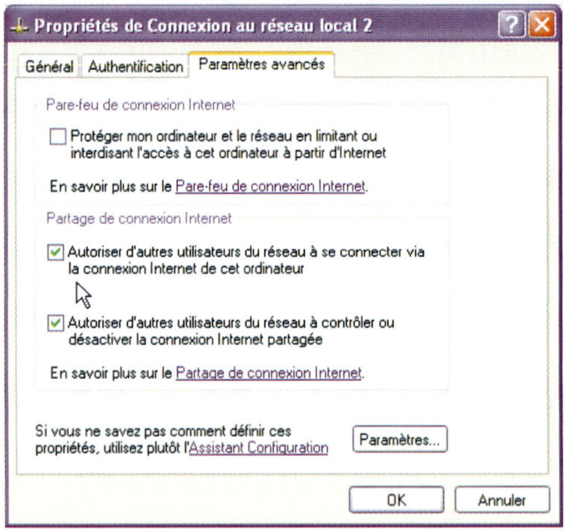

5 Dans le cas d'un accès par modem câble, vous n'avez pas besoin de sélectionner la connexion au réseau local puisque vous avez déjà choisi la carte qui sert au modem et qu'il n'en reste forcément qu'une. Cochez la case **Autoriser d'autres utilisateurs du réseau à se connecter via la connexion Internet de cet ordinateur**.

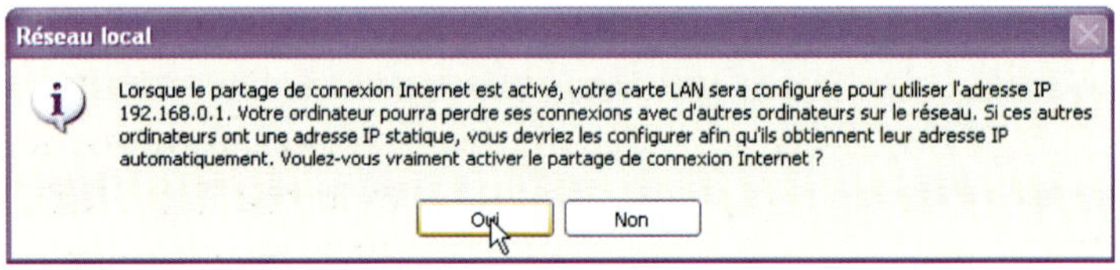

6 Sauf erreur de votre part lors de la configuration, la carte de connexion à votre réseau personnel possède l'adresse IP **192.168.0.1** et le masque de sous-réseau doit être **255.255.255.0**. Pas de passerelle, ni de DNS.

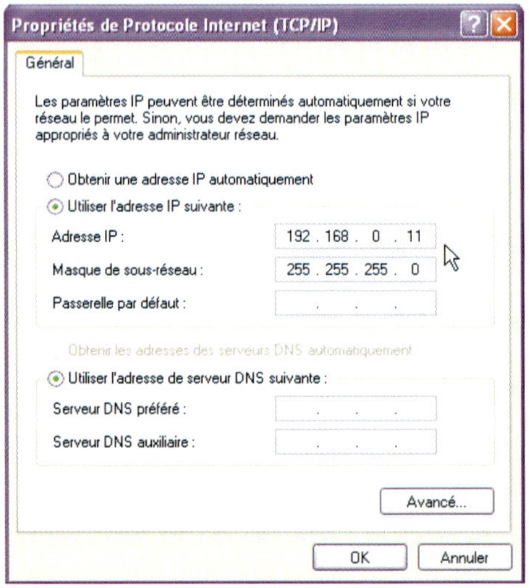

7 Tous les autres PC de votre réseau qui doivent accéder à Internet *via* le PC partageur possèdent une adresse IP de la forme **192.168.0.X**, X étant différent de 1, et le masque de sous-réseau **255.255.255.0**.

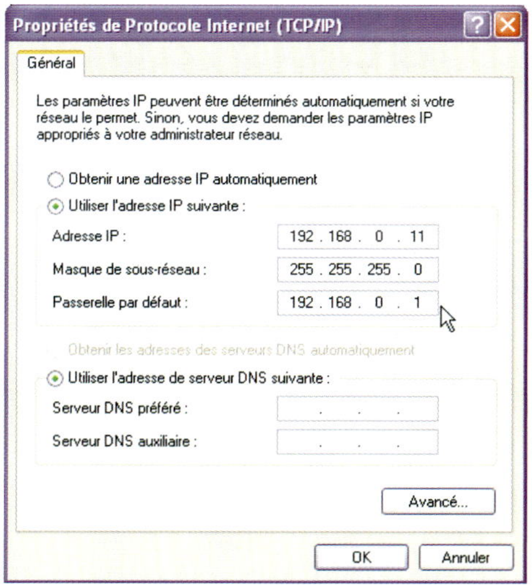

8 Tous ces PC doivent avoir **192.168.0.1** comme adresse IP de passerelle.

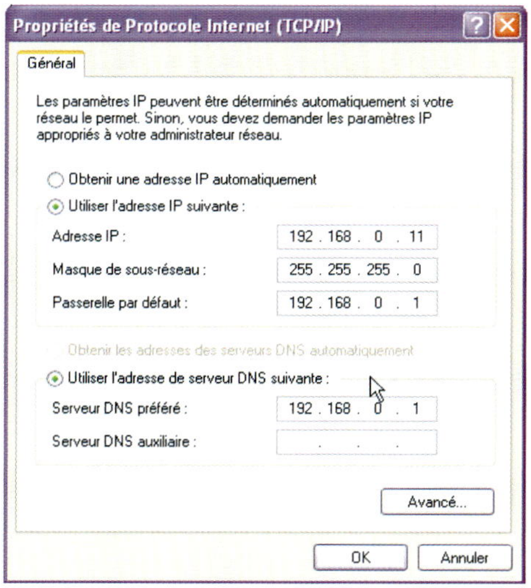

9 Tous ces PC doivent avoir **192.168.0.1** comme adresse de DNS. Ajoutez éventuellement d'autres adresses de DNS si vous rencontrez des problèmes.

Sous Windows 2000

La configuration d'un accès partagé à Internet sous Windows 2000 est comparable à la procédure sous Windows XP.

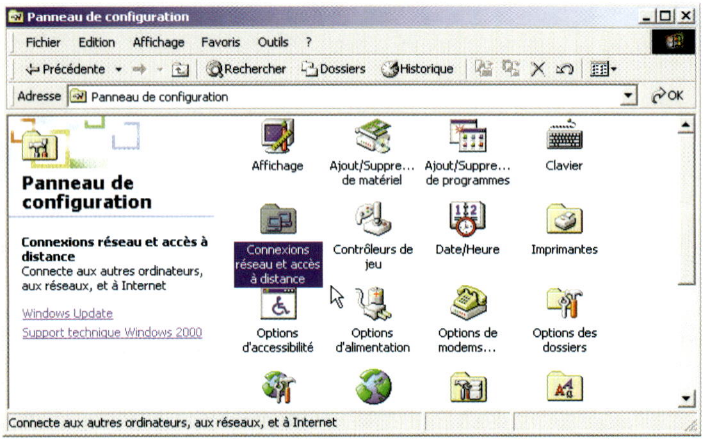

1 Cliquez sur le bouton **Démarrer**, ouvrez le **Panneau de Configuration** et double-cliquez sur l'icône **Connexions réseau et accès à distance**.

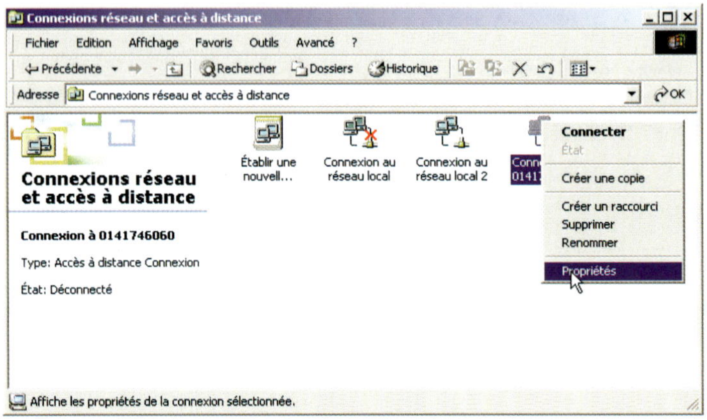

2 Sélectionnez la connexion que vous avez créée pour vous connecter à Internet *via* un modem classique, Numéris ou ADSL, et cliquez du bouton droit pour demander les propriétés.

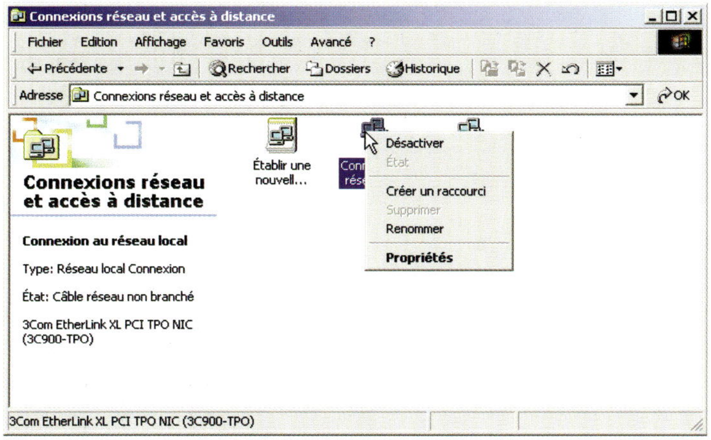

3 Pour une connexion partagée *via* un modem câble, cliquez du bouton droit sur l'icône de la connexion au réseau local par modem câble pour en demander les propriétés.

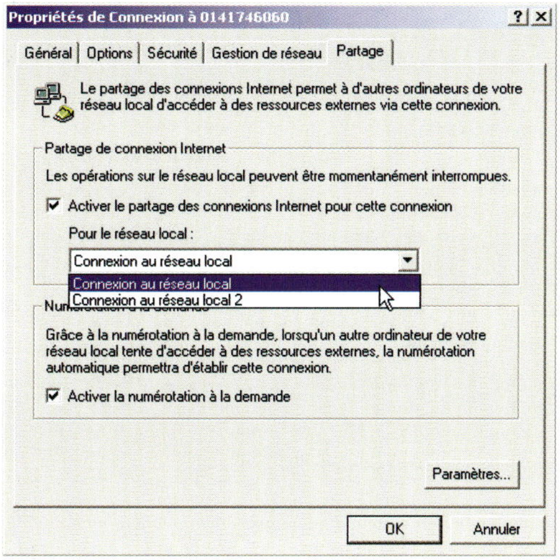

4 Accédez au panneau **Partage**. Dans le cas d'un accès réseau à distance *via* un modem classique, Numéris, ou ADSL quelconque, la fenêtre Propriétés de Connexion à 0141746060 s'affiche : cochez la case **Activer le partage des connexions Internet pour cet ordinateur** et sélectionnez la connexion au réseau local qui sert à vous connecter à votre réseau (il ne s'agit pas de la carte qui sert au modem).

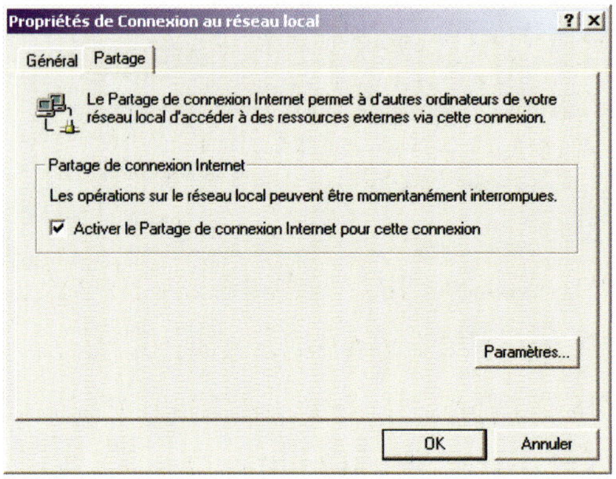

5 Dans le cas d'un accès par modem câble, vous n'avez pas besoin de sélectionner la connexion au réseau local puisque vous avez déjà choisi la carte qui sert au modem et qu'il n'en reste forcément qu'une. Cochez la case **Activer le partage de connexion Internet pour cette connexion**.

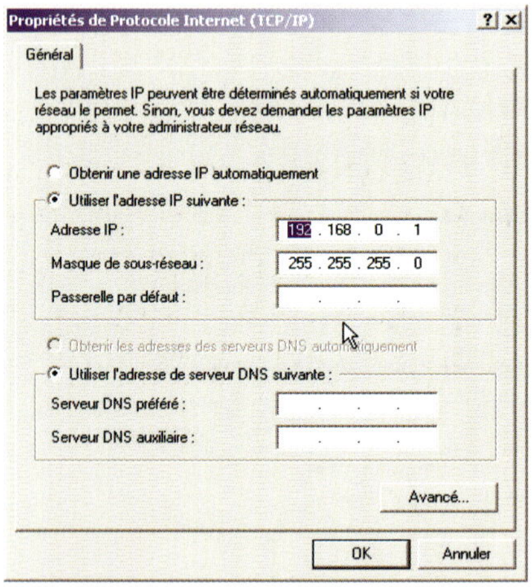

6 Sauf erreur de votre part lors de la configuration, la carte de connexion à votre réseau personnel possède forcément comme adresse IP **192.168.0.1** et comme masque de sous-réseau **255.255.255.0**. Pas de passerelle, ni de DNS.

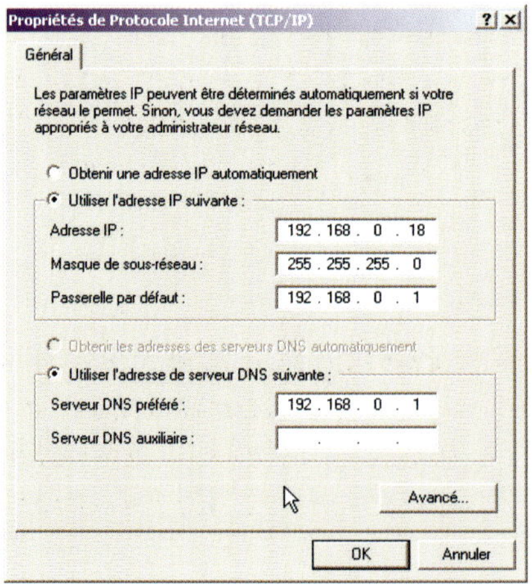

7 Tous les autres PC de votre réseau qui doivent accéder à Internet *via* le PC partageur possèdent une adresse IP de la forme **192.168.0.X**, X étant différent de 1, et le masque de sous-réseau **255.255.255.0**.

Avec un logiciel sous Windows 95/98/NT

De façon à ne pas délaisser les utilisateurs de Windows 95, 98 ou NT qui voudraient profiter de l'utilisation d'un vieux PC pour en faire un petit routeur, nous proposons dans cette rubrique l'installation, fort simple du reste, d'un logiciel en freeware offrant la possibilité de partager un accès à Internet via *ce que l'on appelle un serveur proxy.*

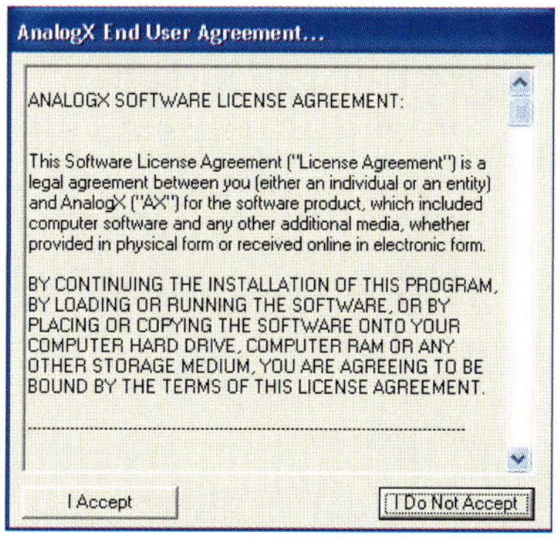

1 L'installation du logiciel AnalogX Proxy doit être réalisée sur le PC dont l'adresse IP est 192.168.0.1 comme décrit dans les Parties 6 et 7. C'est sur ce PC qu'est installée la connexion à Internet qui doit être partagée. L'installation du logiciel n'est pas compliquée : lancez le programme téléchargé, puis cliquez sur le bouton « I Accept ».

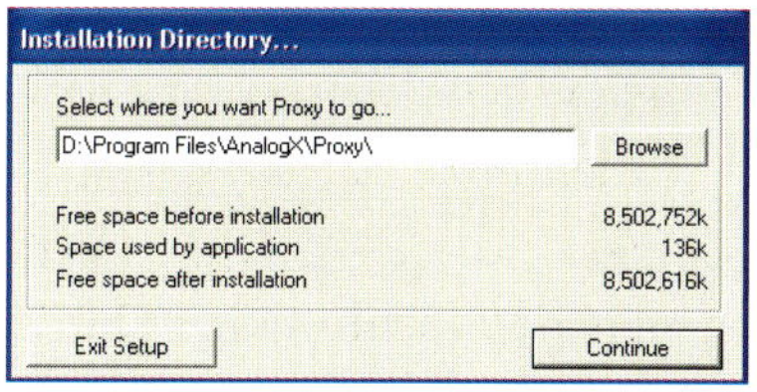

2 Dans la boîte de dialogue qui s'affiche, cliquez sur le bouton Continue. Vous pouvez éventuellement choisir un nouvel emplacement pour l'installation du programme, mais cela n'est guère nécessaire vu sa modeste taille.

3 Lorsqu'on vous demande si vous voulez enregistrer le programme, vous n'êtes pas obligé de le faire, même si c'est gratuit. Une fois la procédure achevée, le programme vous indique tout simplement que la procédure est terminée.

Note

Le logiciel AnalogX Proxy Server a besoin d'être lancé à chaque redémarrage du PC partageur. Si vous souhaitez automatiser la procédure de lancement, il vous suffit d'ajouter un raccourci vers ce programme dans le menu Démarrage que vous trouvez à partir du bouton Démarrer.

4 Le plus intéressant, c'est de noter ou d'imprimer les quelques pages affichées automatiquement dans le bloc-note à la fin de la procédure d'installation. Tous les éléments sont indiqués pour savoir quoi faire ; vous pouvez désormais paramétrer les autres PC du réseau afin qu'ils accèdent à Internet *via* le PC sur lequel vous venez d'installer AnalogX Proxy. Lisez la rubrique « Paramétrage d'un poste Windows pour accéder à Internet *via* un serveur Proxy », Partie 8.

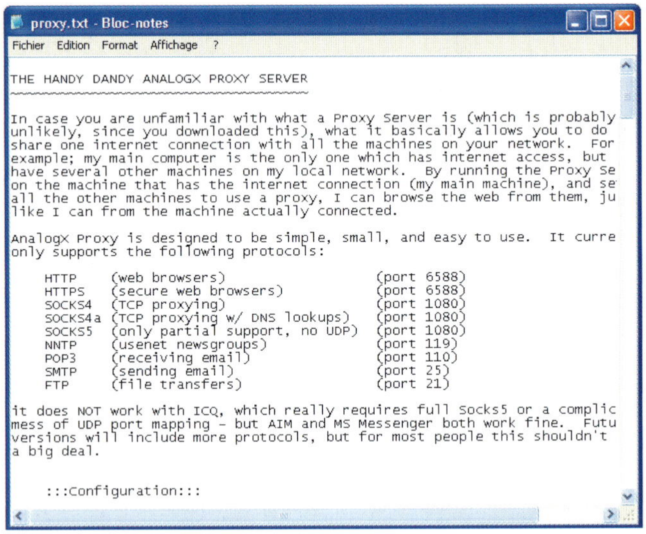

proxy.txt - Bloc-notes

Fichier Edition Format Affichage ?

```
THE HANDY DANDY ANALOGX PROXY SERVER
~~~~~~~~~~~~~~~~~~~~~~~~~~~~~~~~~~~~

In case you are unfamiliar with what a Proxy Server is (which is probably
unlikely, since you downloaded this), what it basically allows you to do
share one internet connection with all the machines on your network.  For
example; my main computer is the only one which has internet access, but
have several other machines on my local network.  By running the Proxy Se
on the machine that has the internet connection (my main machine), and se
all the other machines to use a proxy, I can browse the web from them, ju
like I can from the machine actually connected.

AnalogX Proxy is designed to be simple, small, and easy to use.  It curre
only supports the following protocols:

    HTTP     (web browsers)                    (port 6588)
    HTTPS    (secure web browsers)             (port 6588)
    SOCKS4   (TCP proxying)                    (port 1080)
    SOCKS4a  (TCP proxying w/ DNS lookups)     (port 1080)
    SOCKS5   (only partial support, no UDP)    (port 1080)
    NNTP     (usenet newsgroups)               (port 119)
    POP3     (receiving email)                 (port 110)
    SMTP     (sending email)                   (port 25)
    FTP      (file transfers)                  (port 21)

It does NOT work with ICQ, which really requires full Socks5 or a complic
mess of UDP port mapping - but AIM and MS Messenger both work fine.  Futu
versions will include more protocols, but for most people this shouldn't
a big deal.

    :::Configuration:::
```

Note

Le freeware AnalogX Proxy utilisé dans cette rubrique peut être téléchargé gratuitement à partir de l'adresse **http://www.download.com**. Pour ce qui concerne les clients du réseau, il est compatible avec toutes les versions de Windows, y compris XP. Pour ce qui est de l'installation du programme, nous ne conseillons pas de l'installer sur un PC qui dispose des facultés de partage ICS de Windows, donc de Windows 98SE, Windows Me, Windows 2000 ou XP ; ces versions risquent de compliquer la configuration du logiciel serveur, voire d'empêcher son fonctionnement dans tous les types de protocoles (et surtout pour le courrier). Par ailleurs, si vous souhaitez que les PC qui bénéficient du partage d'accès à Internet puissent utiliser certains services comme ICQ, ce n'est pas ce logiciel que vous devez employer (il n'est pas compatible avec le routage de ports « UDP »), mais plutôt l'excellent logiciel Winroute (**http://www.winroute.com**), qui, en revanche, est payant. AOL Instant Messenger et Microsoft Messenger fonctionnent néanmoins avec AnalogX Proxy Server.

VOIR AUSSI

Si votre PC partageur de connexion à Internet ne se déclenche pas lorsqu'un autre PC du réseau tente d'accéder à Internet, c'est que le partage de connexion Internet est mal paramétré ou mal installé. N'hésitez pas à charger sur le PC partageur toutes les mises à jour de Windows disponibles à l'adresse http://windowsupdate.microsoft.com avant de déclarer forfait.

Si vous êtes sûr de votre PC partageur, vérifiez bien les adresses IP, les DNS et les passerelles des postes qui tentent d'accéder à Internet. Relisez les Parties 3 et 4 pour vérifier vos protocoles et vos branchements.

Pour paramétrer les logiciels de messagerie de chacun des postes du réseau, référez-vous à la Partie 8.

Pour résoudre des problèmes divers sur un poste ou un autre, la Partie 9 vous aidera certainement.

PARTIE 8

Internet, Web et courrier

Vos PC sont à présent tous paramétrés avec des adresses IP fixes comprises entre 192.168.0.2 et 192.168.0.255 et un masque de sous-réseau de 255.255.255.0. Leur passerelle et leur DNS possèdent la valeur de l'adresse IP du PC partageur de connexion (192.168.0.1 et un masque de sous-réseau de 255.255.255.0, sans passerelle ni DNS). Dans ces conditions, vous pouvez configurer votre navigateur et votre logiciel d'e-mail pour accéder à Internet depuis chaque poste. Si vous disposez d'un matériel de type routeur plutôt que d'un PC partageur, assurez-vous qu'il est configuré avec l'adresse IP 192.168.0.1 pour satisfaire aux exigences du réseau que nous mettons ici en place. Si vous utilisez un logiciel de serveur proxy comme décrit dans la partie précédente (pour Windows 95/98/NT), vous devez configurer les PC du réseau comme dans chacun des cas définis dans cette partie, en fonction de votre version de Windows, puis vous devez utiliser la technique de la quatrième rubrique relative au paramétrage des postes dans le cas de l'utilisation d'un serveur proxy.

Configuration d'un poste Windows 95, 98, 98SE et Me pour accéder à Internet *via* un PC partageur

Votre poste est prêt sur le plan matériel à se connecter à Internet via *le PC partageur : la carte réseau est installée avec son pilote, le protocole TCP/IP (adresse IP, masque de sous-réseau, passerelle et DNS) est configuré. Il reste à paramétrer les « options Internet ».*

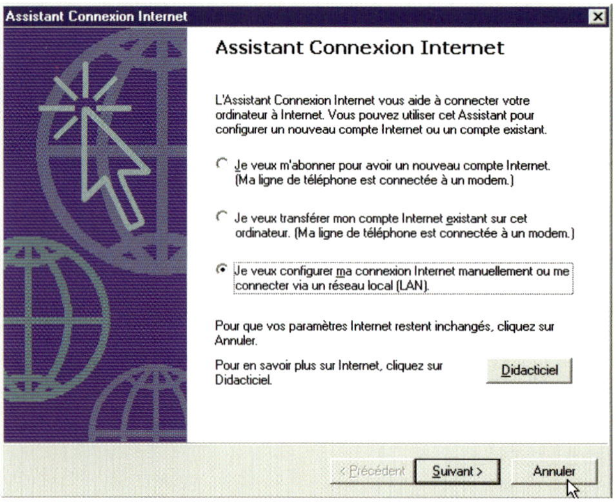

1 La première fois que vous lancez le navigateur Internet, l'assistant de connexion Internet démarre. C'est le même assistant qui s'ouvre lorsque vous cliquez sur l'icône **Connexion à Internet** affichée sur le Bureau. Sélectionnez **Je veux configurer ma connexion Internet manuellement ou me connecter *via* un réseau local LAN**, puis cliquez sur **Suivant**.

Note

Vous pouvez lancer l'assistant de connexion à Internet en sélectionnant **Démarrer, Programmes, Accessoires, Communications**, puis **Assistant connexion Internet**.

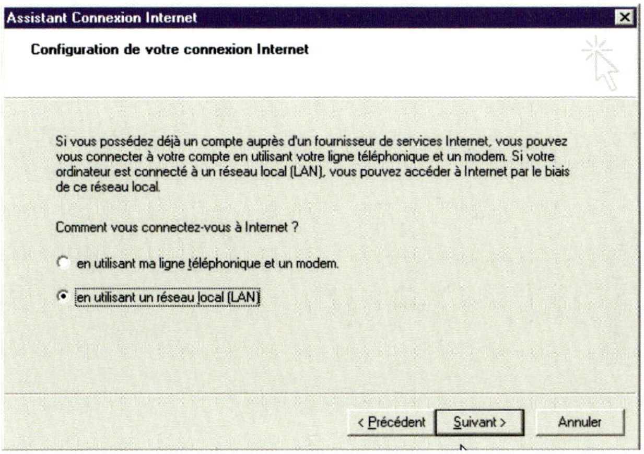

2 Puisque vous êtes connecté en réseau, choisissez l'option **En utilisant un réseau local LAN**. Cliquez sur **Suivant**.

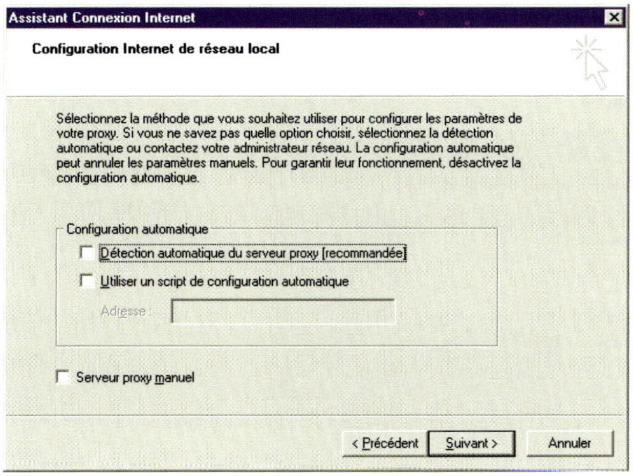

3 Aucune case ne doit être cochée. Cliquez de nouveau sur **Suivant**.

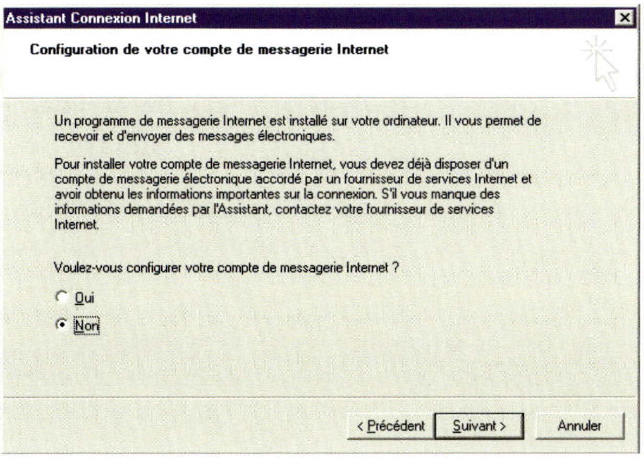

4 Dans la fenêtre qui s'ouvre, répondez par **Non** : vous configurerez la messagerie ultérieurement.

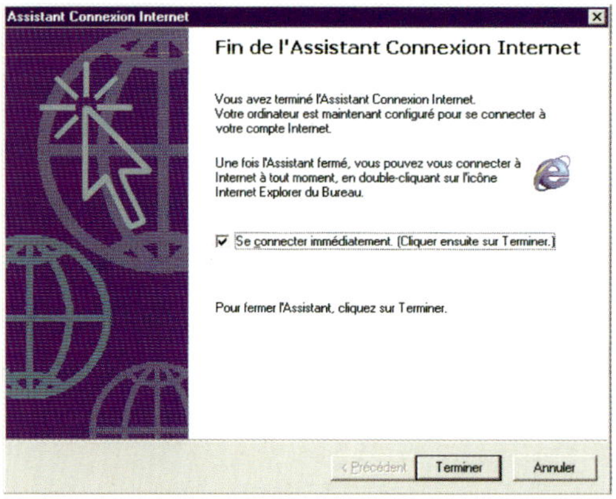

5 Si vous voulez tester votre connexion, laissez cochée la case **Se connecter immédiatement** et cliquez sur **Terminer**. Pour cette opération, le PC partageur doit être configuré correctement et mis sous tension au préalable.

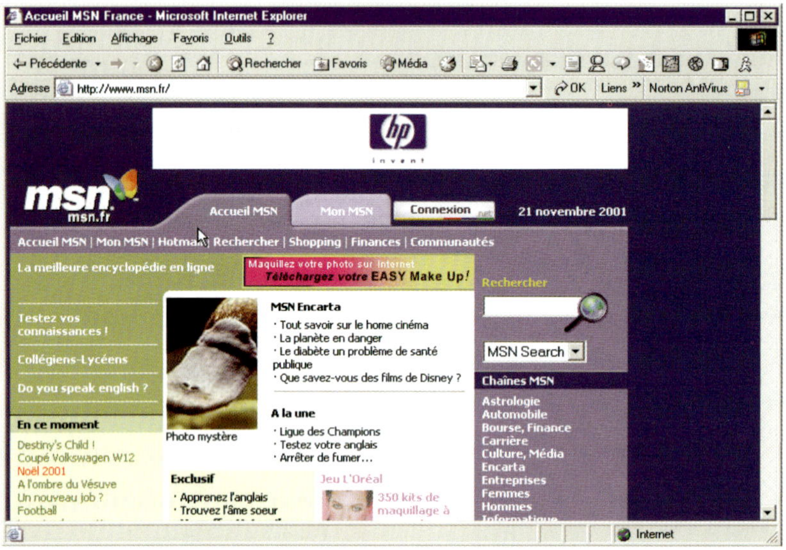

6 Votre navigateur démarre. La page de démarrage d'origine de Microsoft s'affiche si vous n'avez pas configuré vous-même une page de démarrage particulière.

Note

Si vous utilisez un modem classique pour vous connecter à Internet *via* le PC partageur, il est possible que vous obteniez une page avec un message d'erreur : la composition du numéro de téléphone et la mise en place de la connexion sont trop lentes. Cliquez sur le bouton **Actualiser** au bout d'une quinzaine de secondes : la page devrait s'afficher. Si vous n'obtenez pas de page, vérifiez le PC partageur. S'il est sous tension et correctement configuré, connectez-le manuellement à Internet et essayez de lancer votre navigateur avec une adresse quelconque. Si vous n'obtenez rien, deux possibilités sont envisageables : le bogue du partage de connexion Internet de Windows 98SE/Me ou une configuration incorrecte de la passerelle ou du DNS du poste utilisé ?. Si le PC partageur se connecte bien à Internet alors que les autres postes du réseau n'y arrivent pas, c'est que le partage ou les postes sont mal paramétrés.

Configuration d'un poste Windows XP pour accéder à Internet *via* un PC partageur

Votre poste est prêt sur le plan matériel à se connecter à Internet via *le PC partageur : la carte réseau est installée avec son pilote, son protocole TCP/IP (adresse IP, masque de sous-réseau, passerelle et DNS) est configuré. Il reste à paramétrer les options Internet.*

1 La première fois que vous lancez le navigateur Internet, l'assistant **Nouvelle connexion** démarre. Cliquez sur **Suivant**.

Note

Vous pouvez lancer l'assistant en sélectionnant **Démarrer**, puis **Panneau de configuration**. Ensuite, double-cliquez sur l'icône **Options Internet**, accédez au panneau **Connexions**. Dans la section **Pour configurer une connexion Internet**, cliquez sur **Configurer**.

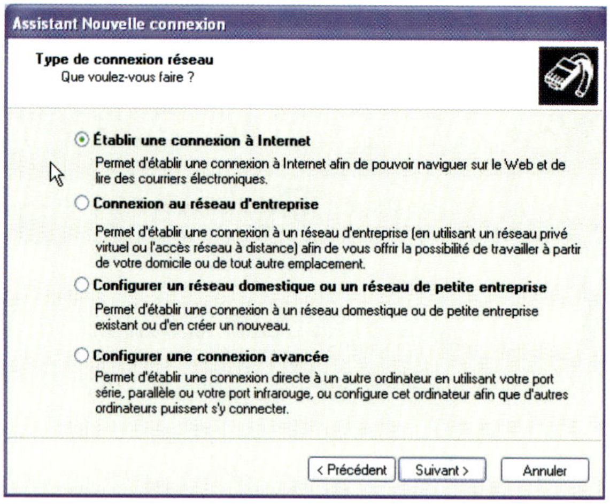

2 Choisissez **Etablir une connexion à Internet** et cliquez sur **Suivant**.

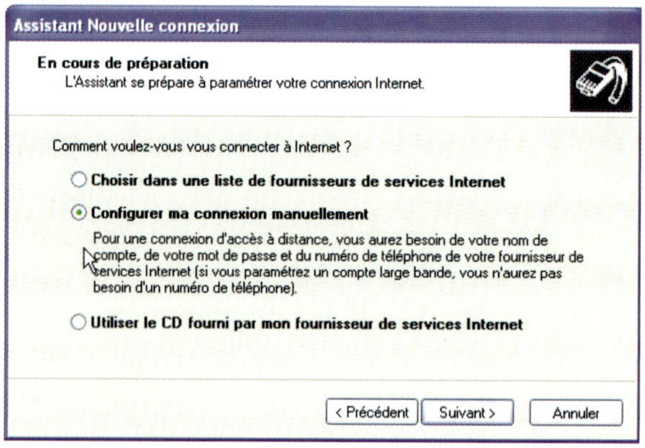

3 Choisissez **Configurer ma connexion manuellement**. Cliquez sur **Suivant**.

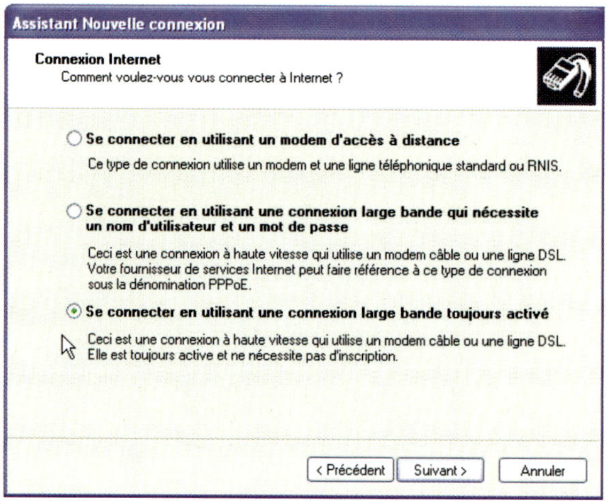

4 Sélectionnez **Se connecter en utilisant une connexion large bande toujours activée**.

5 Cliquez sur **Suivant**, puis sur **Terminer**.

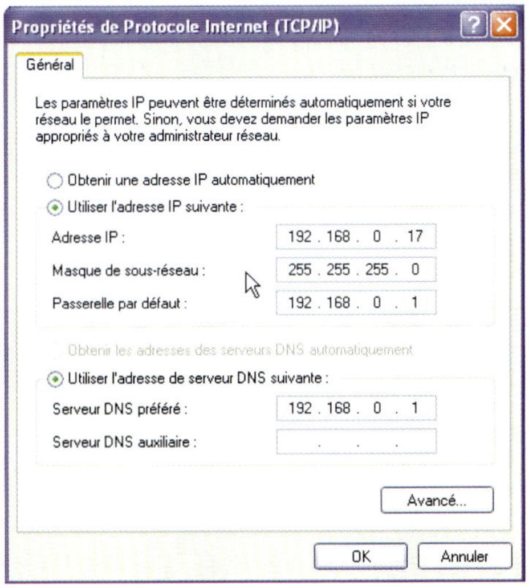

6 Si vous avez correctement configuré votre carte réseau, en d'autres termes si les paramètres d'adresse IP (attention : l'adresse IP de chaque machine est différente, mais se présente toujours sous la forme **192.168.0.X**, avec X compris entre 2 et 255), de masque de sous-réseau, de passerelle et de DNS sont corrects, vous pouvez lancer votre navigateur Internet.

Note

Si vous utilisez un modem classique pour vous connecter à Internet *via* le PC partageur, il est possible que vous obteniez une page avec un message d'erreur : la composition du numéro de téléphone et la mise en place de la connexion sont trop lentes. Cliquez sur le bouton **Actualiser** au bout d'une quinzaine de secondes : la page devrait s'afficher. Si vous n'obtenez pas de page, vérifiez le PC partageur. S'il est sous tension et correctement configuré, connectez-le manuellement à Internet et essayez de lancer votre navigateur avec une adresse quelconque.
Si vous n'obtenez rien, deux possibilités sont envisageables : le bogue du partage de connexion Internet de Windows 98SE/Me ou une configuration incorrecte de la passerelle ou du DNS du poste utilisé. Si le PC partageur se connecte bien à Internet alors que les autres postes du réseau n'y arrivent pas, c'est que le partage ou les postes sont mal paramétrés.

Configuration d'un poste Windows 2000 pour accéder à Internet *via* un PC partageur

Votre poste est prêt sur le plan matériel à se connecter à Internet via *le PC partageur : la carte réseau est installée avec son pilote, son protocole TCP/IP (adresse IP, masque de sous-réseau, passerelle et DNS) est configuré. Il reste à paramétrer les options Internet.*

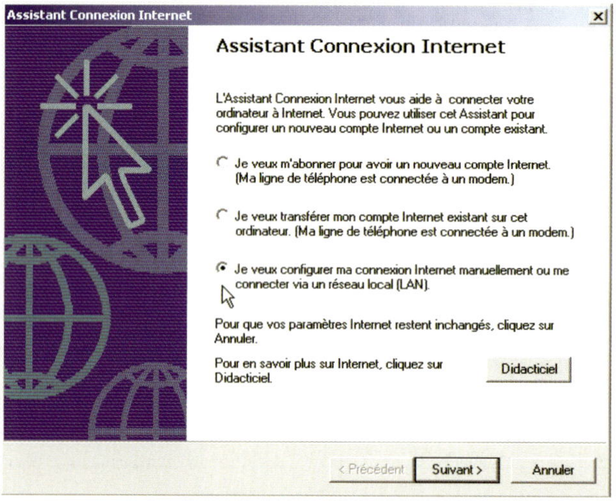

1 La première fois que vous lancez le navigateur Internet, l'assistant **Connexion Internet** démarre. Cliquez sur **Suivant**. Choisissez **Je veux configurer ma connexion Internet manuellement**. Cliquez sur **Suivant**.

Note

Vous pouvez lancer l'assistant en sélectionnant **Démarrer**, **Programmes**, **Accessoires**, **Communications** puis **Assistant Connexion Internet**.

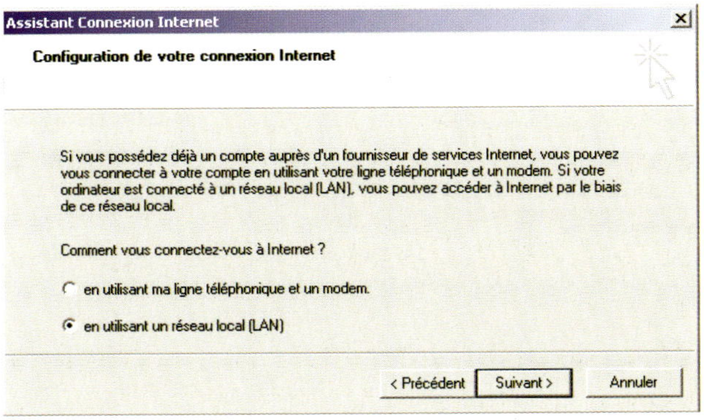

2 Choisissez **En utilisant un réseau local**.

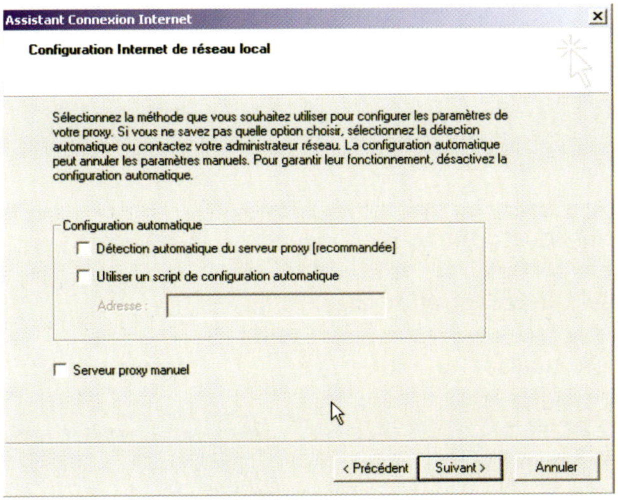

3 Décochez toutes les cases et cliquez sur **Suivant**.

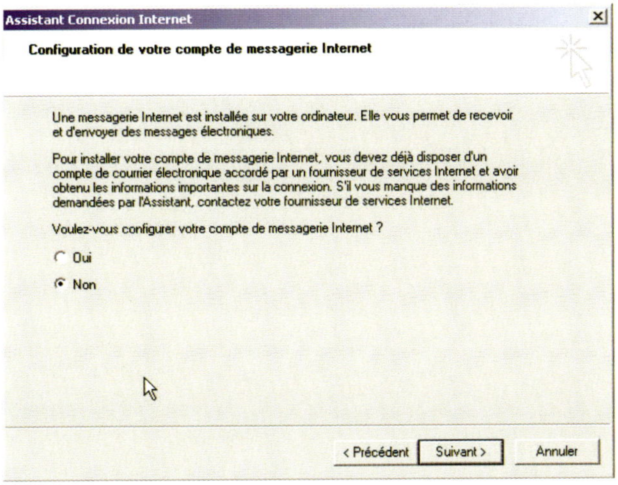

4 Refusez pour le moment la configuration de votre compte de messagerie Internet et cliquez sur **Suivant**.

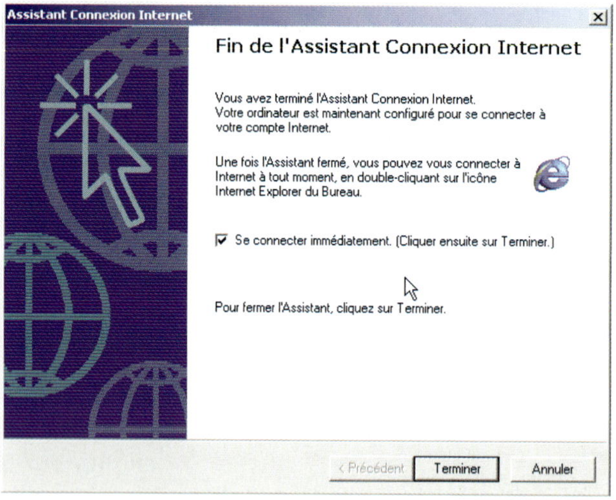

5 Si votre configuration de poste réseau est correcte, vous pouvez laisser cochée **Se connecter immédiatement**.

Note

Si vous utilisez un modem classique pour vous connecter à Internet *via* le PC partageur, il est possible que vous obteniez une page avec un message d'erreur : la composition du numéro de téléphone et la mise en place de la connexion sont trop lentes. Cliquez sur le bouton **Actualiser** au bout d'une quinzaine de secondes : la page devrait s'afficher. Si vous n'obtenez pas de page, vérifiez le PC partageur. S'il est sous tension et correctement configuré, connectez-le manuellement à Internet et essayez de lancer votre navigateur avec une adresse quelconque. Si vous n'obtenez rien, deux possibilités sont envisageables : le bogue du partage de connexion Internet de Windows 98SE/Me ou une configuration incorrecte de la passerelle ou du DNS du poste utilisé. Si le PC partageur se connecte bien à Internet alors que les autres postes du réseau n'y arrivent pas, c'est que le partage ou les postes sont mal paramétrés.

Paramétrage d'un poste Windows pour accéder à Internet *via* un serveur Proxy

Dans la Partie 7, nous avons décrit l'installation du serveur proxy AnalogX Proxy, logiciel gratuit. Pour accéder à Internet depuis un PC du réseau via *ce serveur proxy, et un serveur proxy en général, configurez avant tout vos ordinateurs clients comme mentionné dans les rubriques précédentes, en fonction de votre version de Windows, puis procédez comme dans cette rubrique.*

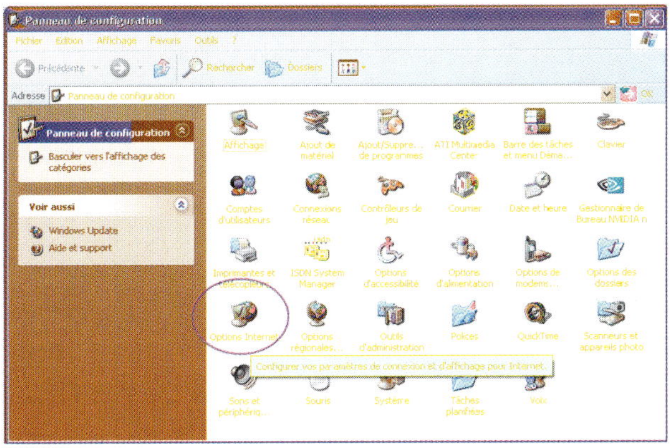

1 Lorsque vous avez configuré les PC de votre réseau selon les recommandations adaptées à votre version de Windows dans les trois rubriques qui précèdent, accédez au Panneau de configuration de Windows et double-cliquez sur l'icône Options Internet de chacun de ces postes (sauf celui qui partage l'accès).

Note

Nous partons du principe que vous avez correctement configuré l'adresse IP du PC servant de partageur d'accès à Internet selon nos recommandations : 192.168.0.1. Par ailleurs, chacun des postes clients doit être configuré avec une adresse IP de type 192.168.0.X où X est différent de 0 ou 1. Notez par ailleurs que les paramètres définis dans cette rubrique serviront aussi à faire fonctionner chacun des postes en réseau avec le navigateur Internet, le logiciel de courrier électronique que vous utilisez et beaucoup d'autres applications.

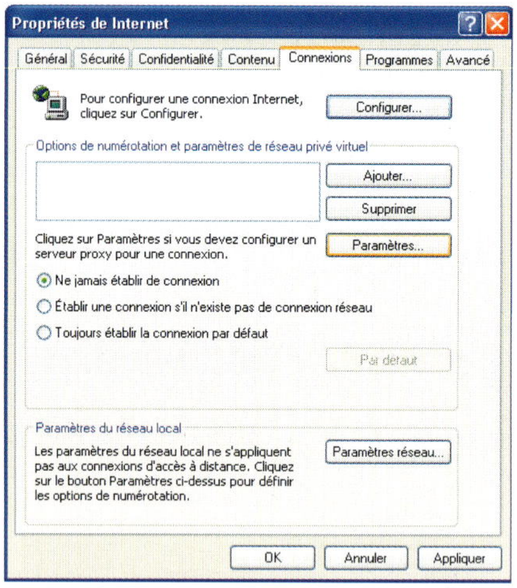

2 Accédez à l'onglet Connexions.

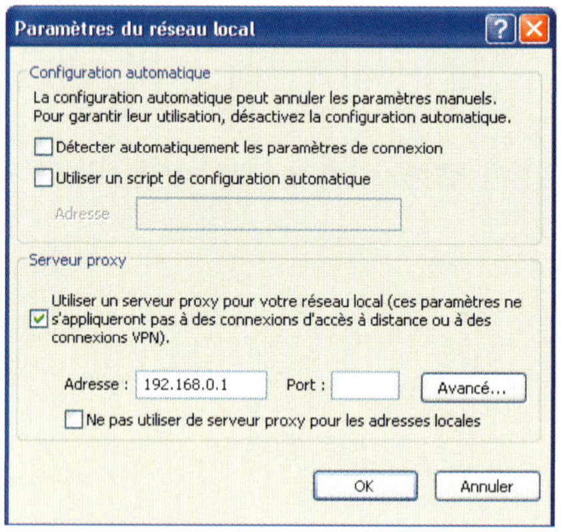

3 Cliquez sur le bouton Paramètres du réseau. Dans la boîte de dialogue qui s'affiche et dans la zone Serveur Proxy, cochez la case Utiliser un serveur Proxy. Entrez l'adresse du serveur en question ; ce sera obligatoirement 192.168.0.1 si vous avez respecté toutes nos recommandations.

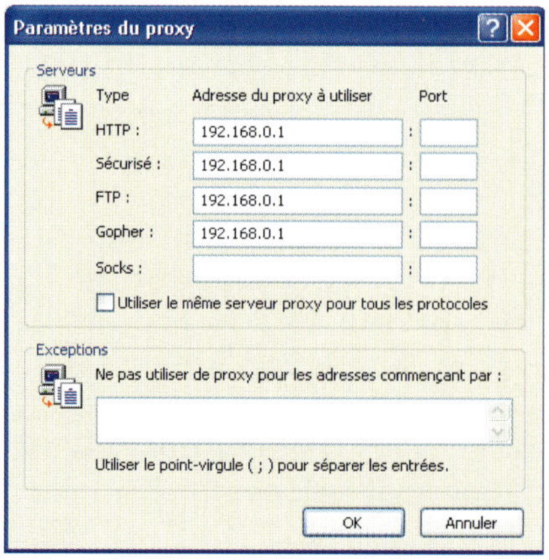

4 Cliquez sur le bouton Avancé, décochez la case Utiliser le même serveur proxy pour tous les protocoles.

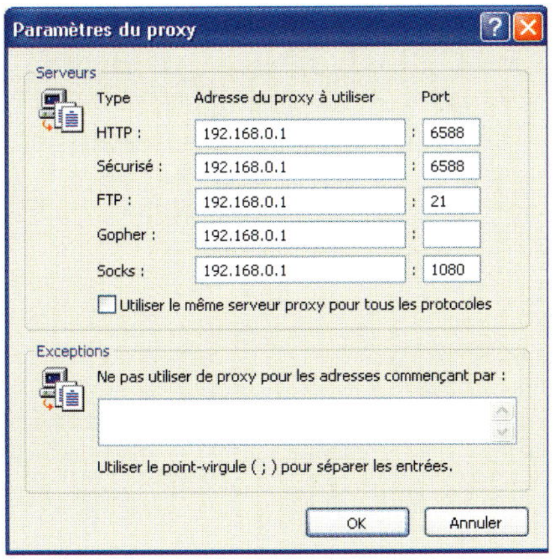

5 Pour chacun des protocoles, entrez l'adresse préconisée par le logiciel proxy que vous utilisez. Dans le cas d'AnalogX Proxy Server, configurez les ports comme ceci :

HTTP : **6588**

HTTPS : **6588**

SOCKS : **1080**

FTP : **21**

6 Dans l'état actuel des choses, si vos postes sont tous bien configurés, tous les clients du réseau peuvent surfer sur Internet *via* le navigateur, même si le PC partageur est sous Windows 95/98/NT et s'il utilise un logiciel de serveur Proxy comme AnalogX Proxy Server.

Note

Dans le cas de l'utilisation d'AnalogX Proxy Server, et dans le cas d'un logiciel de serveur proxy en général, n'oubliez pas de vérifier que le logiciel est bien lancé sur la machine partageuse avant de faire vos essais.

Configuration d'Outlook Express pour chaque poste

Chaque poste doit pouvoir récupérer le courrier qui lui est destiné et en envoyer. Les comptes d'e-mail se programment comme sur des postes qui se connectent directement à Internet.

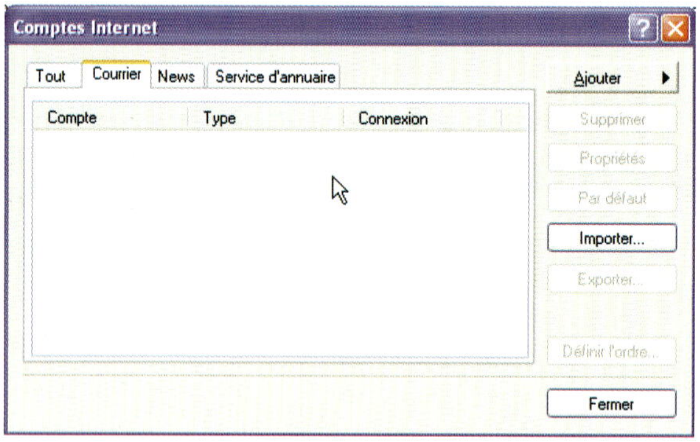

1 Pour configurer un compte dans Outlook Express, accédez au menu **Outils**, sélectionnez **Comptes** et cliquez sur l'onglet **Courrier**.

Attention

Chaque compte de courrier de chaque poste doit être programmé pour aller récupérer le courrier sur le serveur où il est stocké, indépendamment de la connexion à Internet utilisée. En outre, chaque compte doit être configuré pour envoyer le courrier *via* le serveur SMTP d'envoi correspondant au fournisseur d'accès utilisé par le PC partageur.

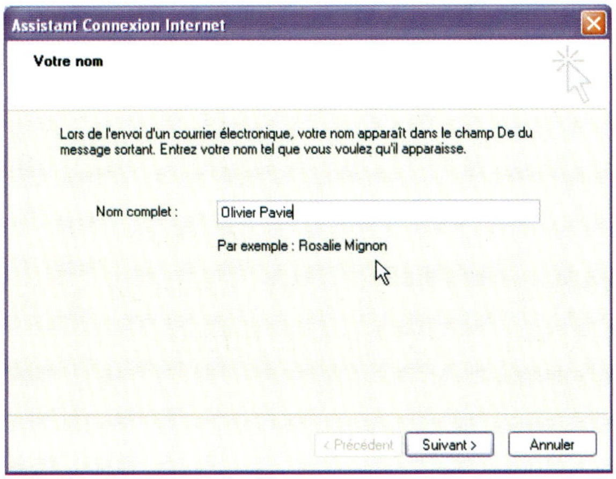

2 Cliquez sur le bouton **Ajouter**, l'option **Courrier**. Dans la fenêtre qui s'ouvre, entrez le nom complet de l'utilisateur du poste sur lequel vous configurez le compte de courrier. Cliquez sur **Suivant**.

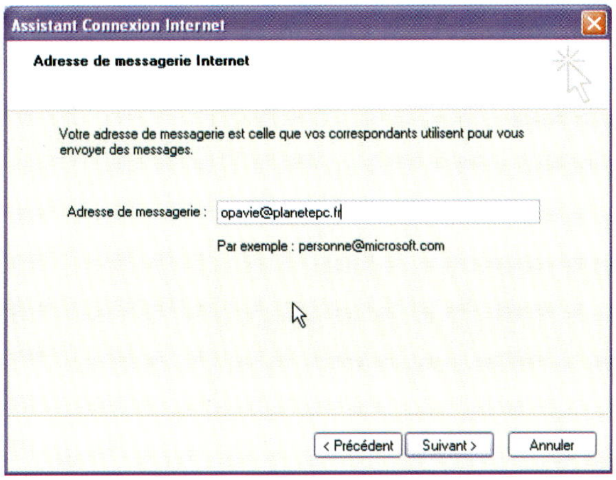

3 Entrez l'adresse de réception du courrier de l'utilisateur. Il n'est pas obligatoire que tout le monde soit hébergé sur le même serveur. Il peut y avoir des comptes sur freesurf. fr, d'autres sur wanadoo. fr, ou encore sur oreka. fr, planetepc. fr, etc. Cliquez sur **Suivant**.

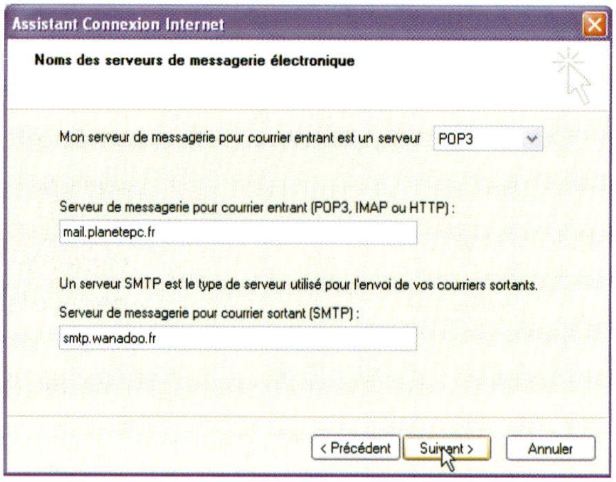

4 Dans la fenêtre qui s'ouvre, le serveur de courrier entrant doit être celui qui correspond au compte que l'utilisateur du poste interroge. Si le compte est hébergé sur Wanadoo, c'est pop. wanadoo. fr, s'il est hébergé chez Freesurf, c'est pop. freesurf. fr, etc. En revanche, pour tous les postes, le serveur SMTP d'envoi du courrier est obligatoirement celui qui correspond à la connexion Internet du PC partageur. Chez Wanadoo, ce sera smtp. wanadoo. fr, tandis que chez PlaNETePC c'est mail. planetepc. fr, etc. Cliquez sur **Suivant**.

Note

Pour les utilisateurs de serveurs proxy

Si vous utilisez un serveur proxy du type AnalogX Server, il faut indiquer l'adresse 192.168.0.1 dans les deux cases qui concernent le serveur POP et le serveur SMTP. Par ailleurs, et dans le cas d'AnalogX Proxy, pour chaque adresse e-mail devant être configurée sur les postes du réseau, il faut configurer le serveur de la manière suivante : utilisez le bouton Configure Email's alias, puis le bouton Add, ajoutez l'adresse e-mail complète de l'utilisateur et les serveurs pop et smtp qui auraient normalement dû être utilisés pour la configuration des logiciels de mail des postes du réseau, c'est-à-dire les serveurs pop et smtp de votre fournisseur d'accès à Internet.

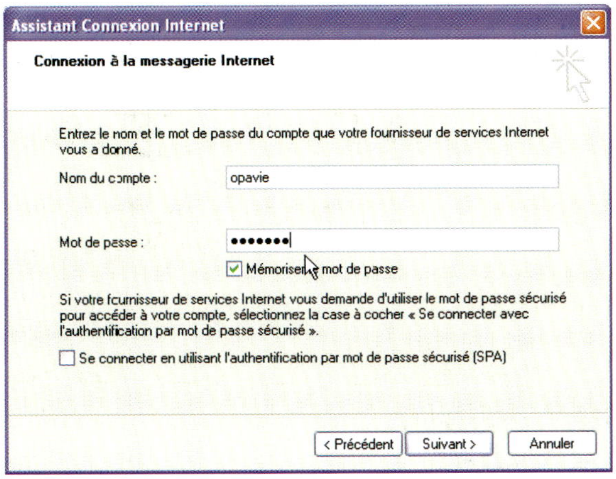

5 Dans la fenêtre qui s'ouvre, entrez le nom de compte de messagerie (vérifiez ce qu'indique le fournisseur d'accès, notamment Oreka, quant à la manière de présenter le compte de messagerie) et le mot de passe en respectant les majuscules et minuscules éventuelles. Ne cochez pas la case **Se connecter en utilisant l'authentification par mot de passe sécurisé** sans être certain d'en avoir besoin (99 % des fournisseurs d'accès ne proposent pas cette option). Cliquez sur **Suivant**.

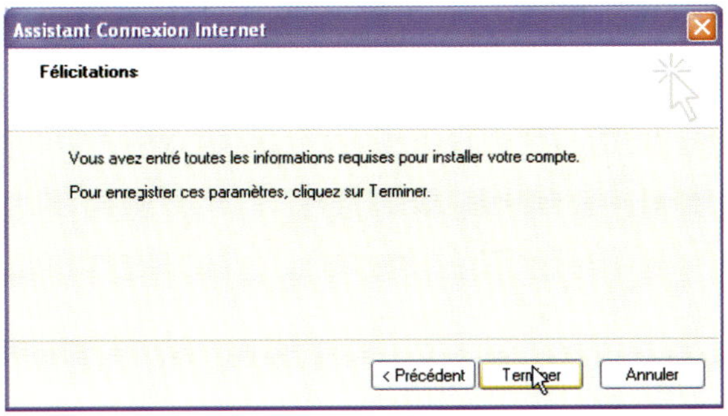

6 Cliquez sur le bouton **Terminer**.

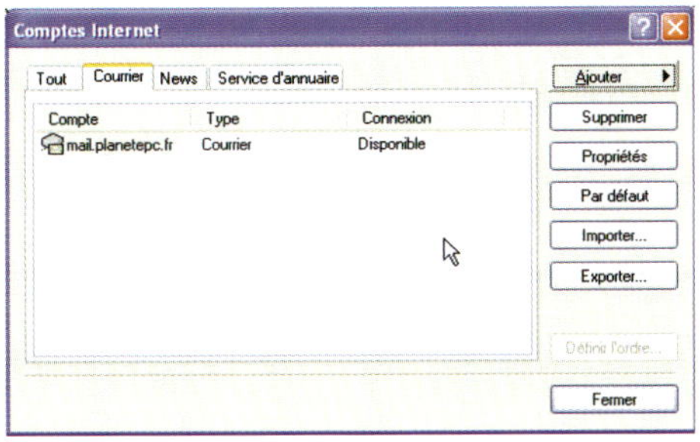

7 Votre compte s'affiche alors dans le panneau **Courrier**. Pour ajouter un autre compte sur le même poste, cliquez de nouveau sur le bouton **Ajouter**, option **Courrier**.

Configuration d'Internet pour un usage réseau/modem (portable)

Si vous utilisez votre ordinateur portable en réseau au bureau et à la maison pour vous connecter par modem, voici ce que vous devez faire.

Note

Si vous utilisez votre ordinateur portable en réseau, à la fois au bureau et à la maison, il faut revoir la configuration de la carte réseau d'un endroit à l'autre *et* régler le problème de serveur d'envoi du courrier. Le plus facile est de disposer de deux cartes réseau, l'une pour la maison, l'autre pour le bureau (marque et/ou modèle différents). Quand vous branchez l'une, les paramètres la concernant sont automatiquement activés ; idem pour l'autre.

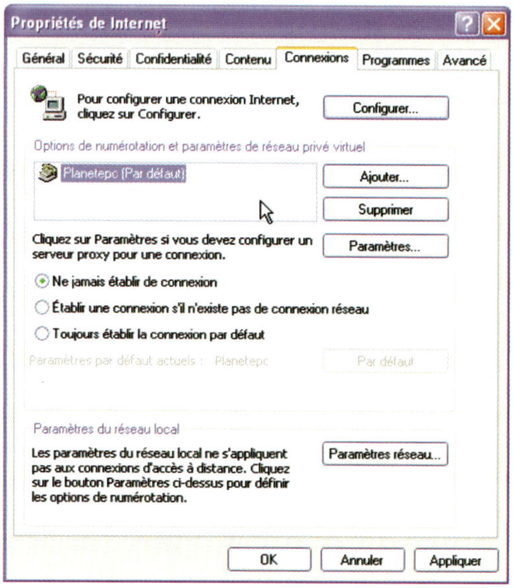

1 Cliquez sur l'icône **Options Internet** du **Panneau de configuratio**n, puis accédez au panneau **Connexions**.

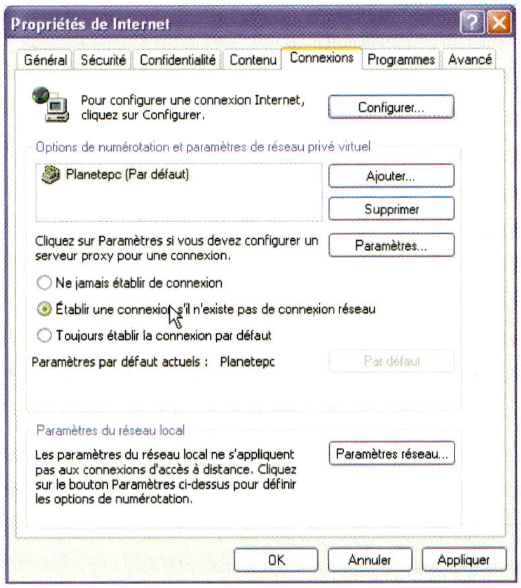

2 Si vous avez défini une connexion par modem, elle s'affiche dans la zone **Options de numérotation**. Cochez **Etablir une connexion** s'il n'existe pas de connexion réseau.

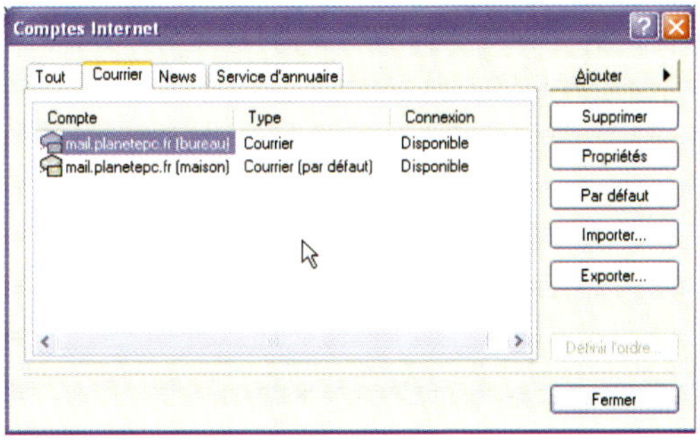

3 Si vous devez utiliser le même compte de courrier à la maison et au bureau, créez deux comptes (l'un nommé Maison, l'autre Bureau) dans Outlook Express selon la méthode décrite dans les rubriques précédentes. Cela est nécessaire uniquement si vous utilisez deux fournisseurs d'accès à Internet différents pour les deux endroits.

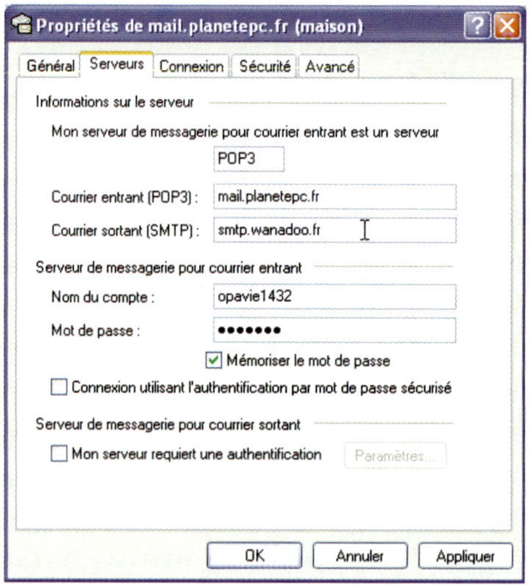

4 Pour le compte Maison, indiquez le serveur SMTP d'envoi du courrier correspondant au fournisseur d'accès à Internet que vous employez à la maison. En ce sens, double-cliquez sur le compte de courrier Maison, accédez au panneau **Serveurs** et indiquez le bon serveur SMTP.

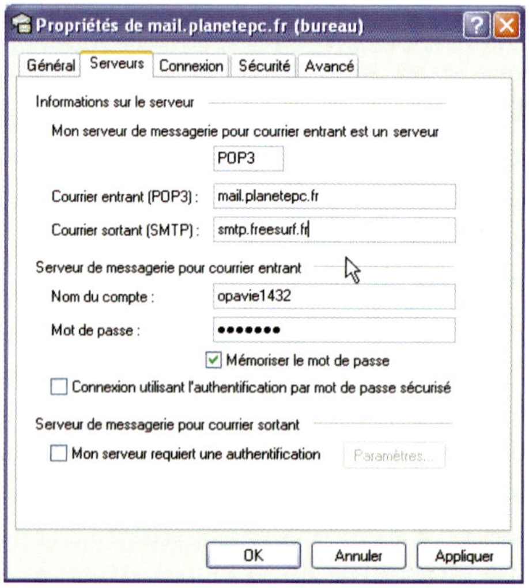

5 Double-cliquez sur le compte de courrier Bureau, accédez au panneau **Serveurs** et indiquez le serveur SMTP qui convient.

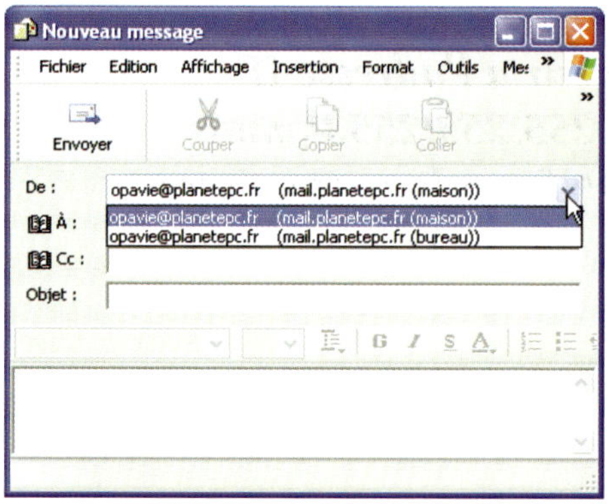

6 Quand vous vous servez d'Outlook Express pour envoyer un courrier, choisissez le compte d'expédition correspondant au lieu où vous vous trouvez.

VOIR AUSSI

Si vous ne pouvez pas envoyer du courrier depuis un poste du réseau, c'est que vous avez mal configuré le serveur SMTP de ce poste dans le logiciel de messagerie : le serveur de messagerie SMTP est le même que celui du PC partageur d'accès à Internet et de façon classique, celui qui est proposé par le fournisseur d'accès à Internet (FAI). Relisez cette partie et vérifiez les comptes utilisateurs dans le logiciel de messagerie.

Pour un problème d'accès au PC partageur de connexion Internet, relisez la Partie 7 et configurez correctement l'adresse IP, la passerelle et le DNS des postes qui accèdent au partage. Le PC partageur a l'adresse IP 192.168.0.1 et le masque 255.255.255.0, mais pas de passerelle ou de DNS sur la carte réseau connectée au réseau que vous avez créé.

PARTIE 9

Tests et dépannages réseau, notions de sécurité

Cette partie décrit le traitement des principaux problèmes que vous pourrez rencontrer, plus précisément des problèmes liés à la visualisation des autres postes sur le réseau et à l'accès à Internet depuis le PC partageur (si vous n'accédez pas à Internet depuis le PC partageur, vous n'y accéderez pas non plus depuis les autres postes du réseau). Par ailleurs, nous introduisons dans cette rubrique les notions qui vous permettront d'envisager un réseau plus sécurisé contre les virus et les accès depuis l'extérieur. Si nous avons placé ces éléments dans cette partie, c'est pour assurer une prévention contre les graves dommages que peuvent entraîner virus et piratages divers de votre réseau et de ses ordinateurs.

Impossible de voir les autres postes : NetBEUI

Lorsque vous cliquez sur l'icône Voisinage réseau, vous ne voyez que votre poste. Pourtant, d'autres PC en réseau partagent leurs ressources…

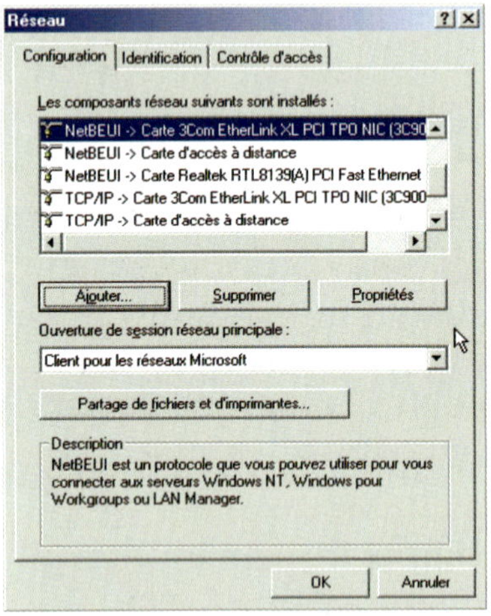

1 Pour accéder aux ressources partagées sur le réseau, vous devez vous servir du même protocole que les autres postes. Le protocole NetBEUI (Windows 95/98/98SE/Me/NT/2000), le plus simple d'utilisation, ne nécessite pas de configuration spéciale : si votre réseau est bien câblé et les pilotes des cartes réseau bien installés, le protocole NetBEUI permet de partager simplement les ressources. Pour Windows XP, nous vous conseillons le protocole de transport compatible **NWLink IPX/SPX**.

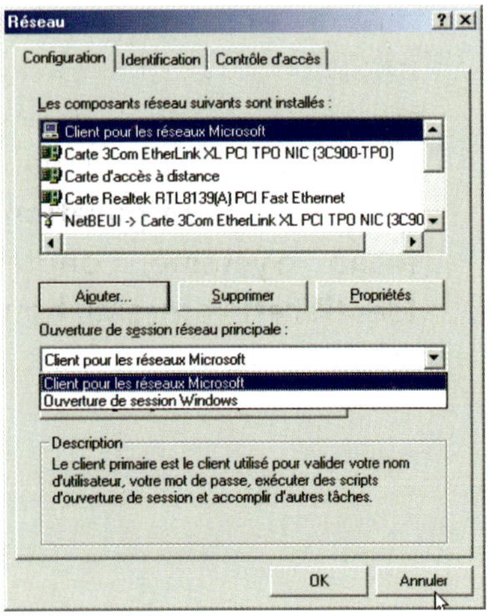

2 Ajoutez le **Client pour les réseaux Microsoft** dans le panneau **Réseau** (ou **Connexions réseau**) du **Panneau de configuration**.

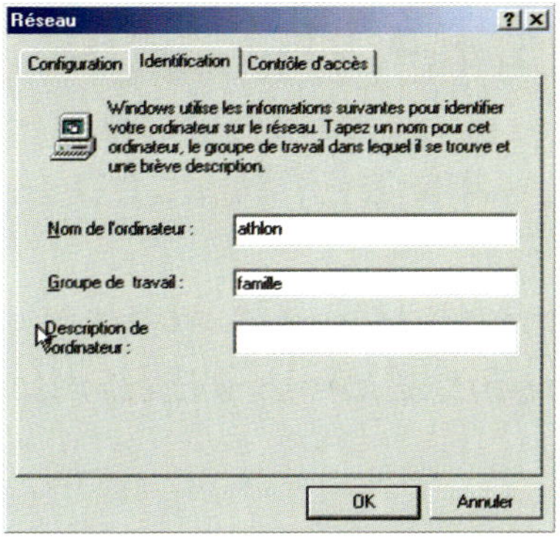

Sous Windows 9X/Me, cliquez sur l'onglet **Identification** et paramétrez correctement le nom du Groupe de travail sur tous les postes concernés.

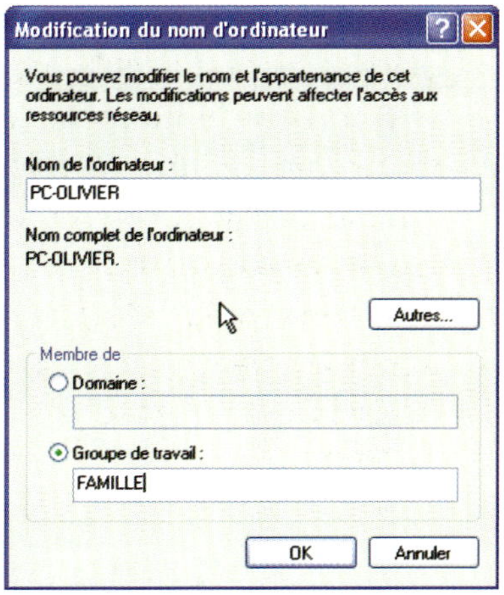

Sous Windows XP, accédez au panneau **Identification réseau** *via* l'icône **Système** du **Panneau de configuration.** Cliquez sur le bouton **Modifier le nom de l'ordinateur** et paramétrez correctement le nom du Groupe de travail sur tous les postes concernés.

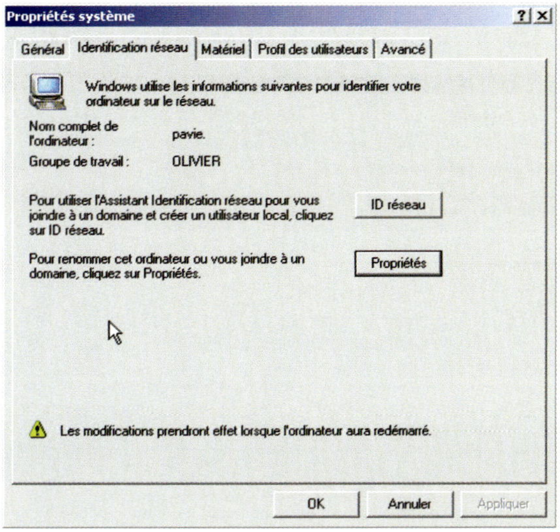

Sous Windows 2000, paramétrez correctement le nom du Groupe de travail sur tous les postes concernés en passant par le **Panneau de configuration**, icône **Système,** onglet **Identification réseau,** bouton **ID réseau**.

Impossible de voir les autres postes : TCP/IP

Pour assurer le fonctionnement du protocole TCP/IP, il est essentiel d'utiliser le bon masque de sous-réseau et des adresse IP de la même classe sur tous les postes.

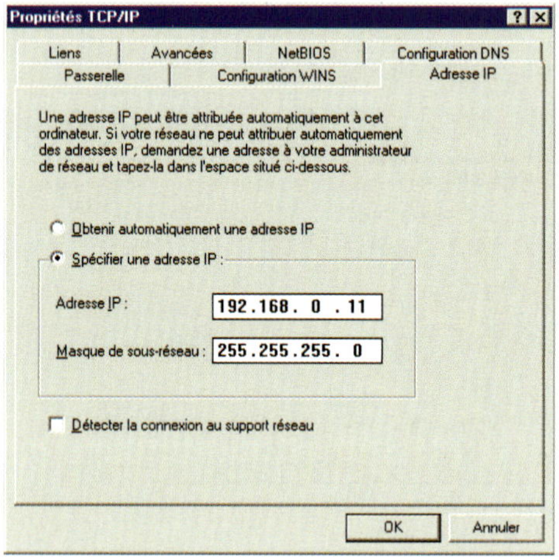

1 Sous Windows 9X, l'adresse IP d'un poste est son masque de sous-réseau. Chaque poste doit avoir une adresse IP différente. Ces adresses ont en commun les trois premières composantes ; seul diffère le dernier nombre. Ce poste est le premier poste du réseau en dehors du PC partageur de connexion à Internet.

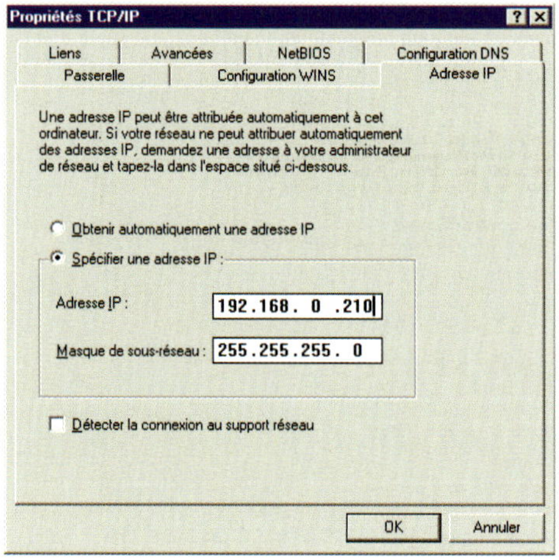

2 Exemple d'adresse IP pour l'un des postes du réseau (qui n'est pas le PC partageur) sous Windows 9X.

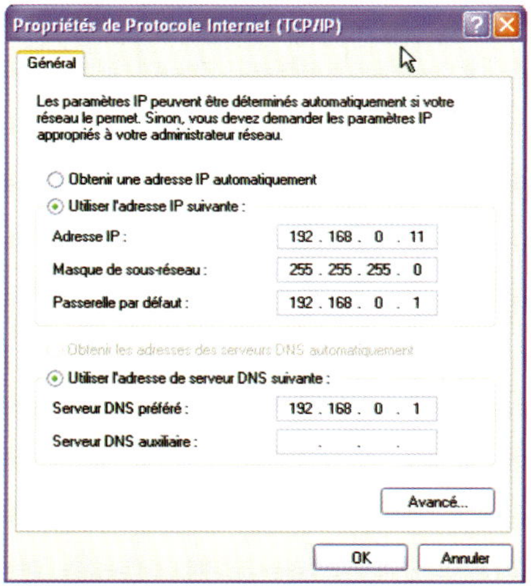

3 Exemple de configuration TCP/IP pour l'un des postes du réseau (qui n'est pas le PC partageur) sous Windows XP.

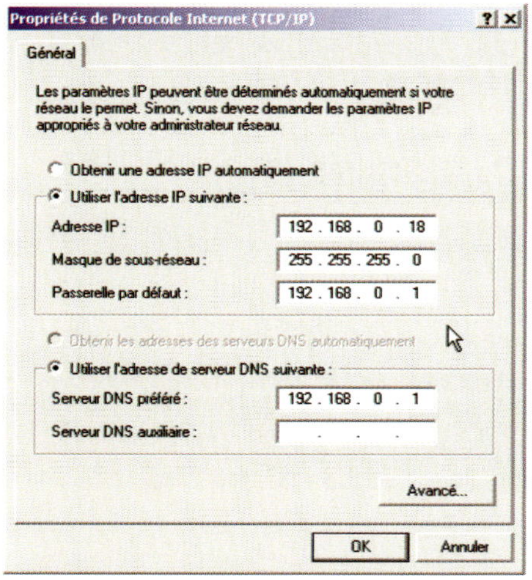

4 Exemple de configuration TCP/IP pour l'un des postes du réseau (qui n'est pas le PC partageur) sous Windows 2000.

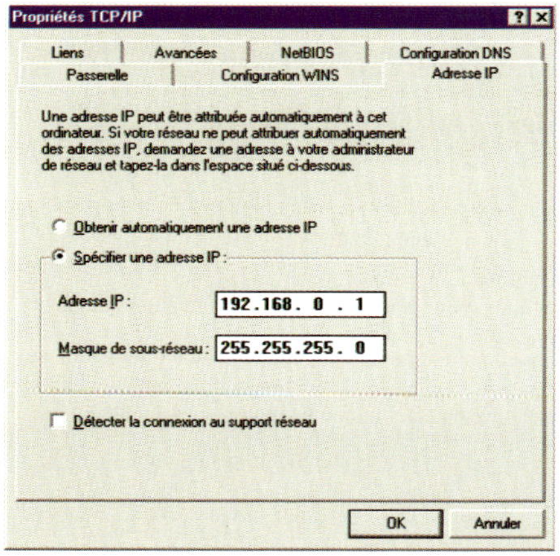

5 Exemple d'adresse IP du PC partageur sous Windows 9X.

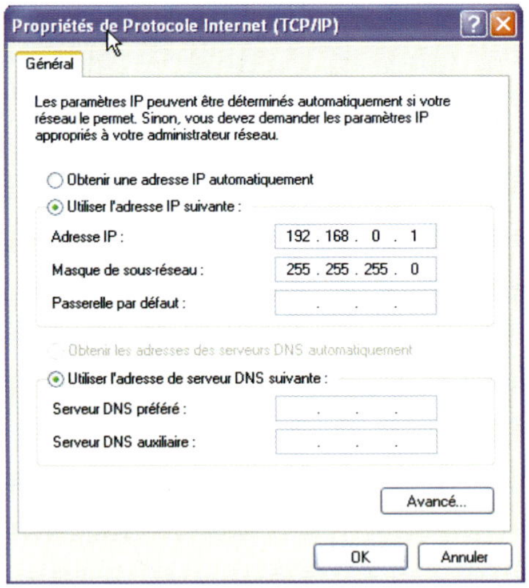

6 Exemple de configuration TCP/IP du PC partageur sous Windows XP.

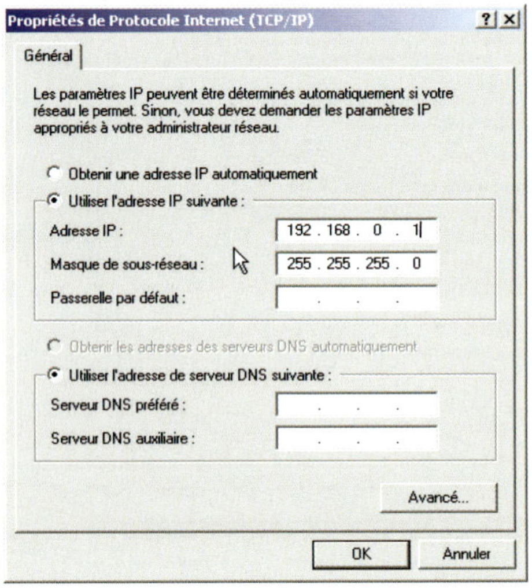

7 Exemple de configuration TCP/IP du PC partageur sous Windows 2000.

Impossible de parcourir le réseau

Lorsque vous n'arrivez plus à parcourir le réseau, vous êtes confronté à l'une des pannes suivantes.

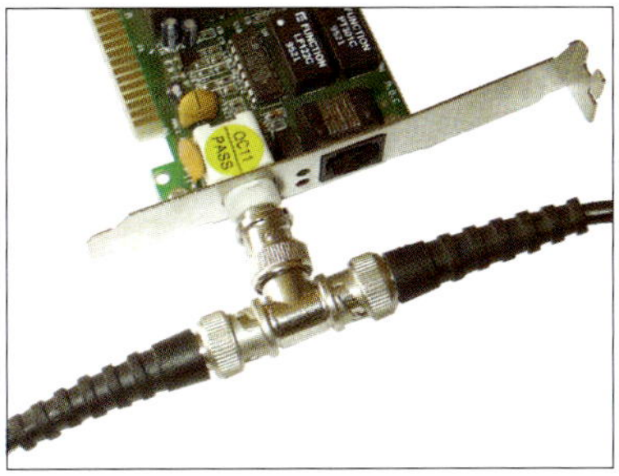

- **Votre PC est mal connecté au réseau.** Une prise RJ45 mal enfoncée dans la prise murale ou une prise BNC mal fixée à l'arrière du PC peuvent empêcher l'accès au réseau. Vérifiez que votre PC est bien connecté au réseau.

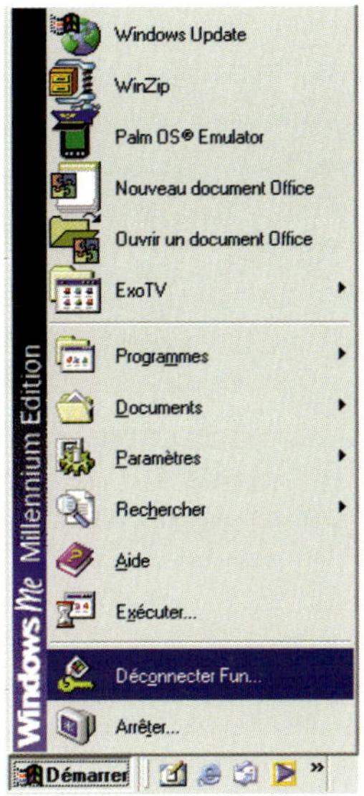

- **Vous n'avez pas entré votre mot de passe au démarrage.** Si vous n'entrez pas votre mot de passe au moment du démarrage de Windows, vous ne pouvez pas avoir accès aux ressources partagées des autres postes en réseau. Sous Windows 95, vous n'avez pas besoin de redémarrer l'ordinateur : cochez simplement l'option **Fermer toutes les applications et ouvrir la session sous un nom différent** dans le menu **Démarrer**, **Arrêter**. Sous Windows 98/Me, choisissez **Déconnecter** dans le menu **Démarrer**. Sous Windows 2000, choisissez Arrêter dans le menu **Démarrer** et sélectionnez **Fermer la session**.

■ **Quelqu'un utilise déjà votre nom d'ordinateur sur le réseau.** Lorsque sur un réseau deux ordinateurs ont le même nom, seul le premier ordinateur connecté peut parcourir le réseau. Il n'y a aucune raison de garder deux PC de même nom. Pour changer le nom d'un PC en réseau, procédez de la manière suivante :

Attention

Si vous avez des ressources disque ou imprimante partagées sur le PC que vous allez renommer, les autres postes ne pourront plus y accéder.

– Sous Windows 9X/Me, double-cliquez sur l'icône Réseau ou Connexions réseau dans le Panneau de configuration.

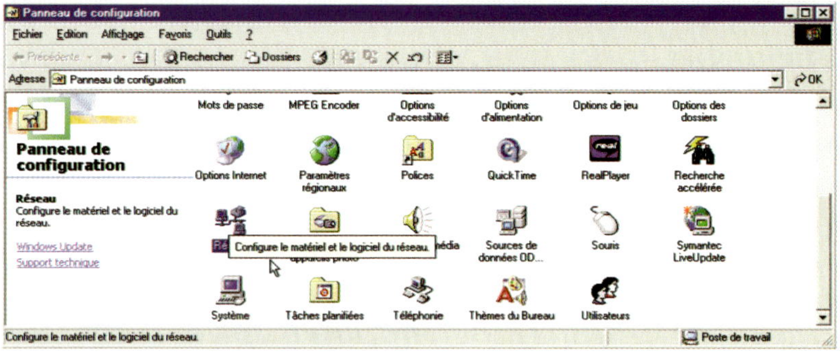

– Sur le panneau Identification, modifiez Nom de l'ordinateur. Quand vous validez, l'ordinateur vous propose un redémarrage : acceptez.

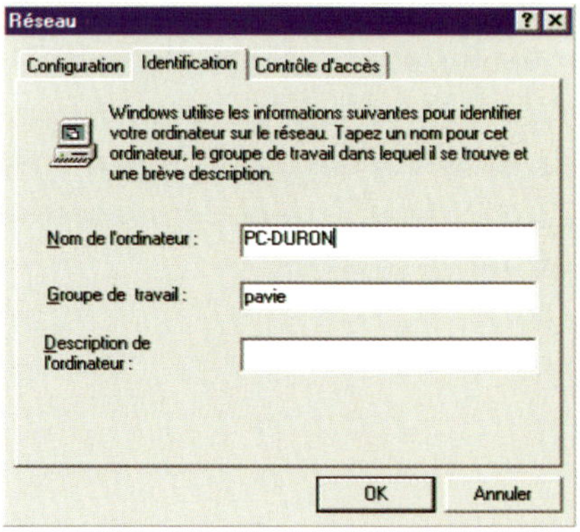

– Sous Windows XP, ouvrez le Panneau de configuration, cliquez sur l'icône Système puis sur l'onglet Nom de l'ordinateur.

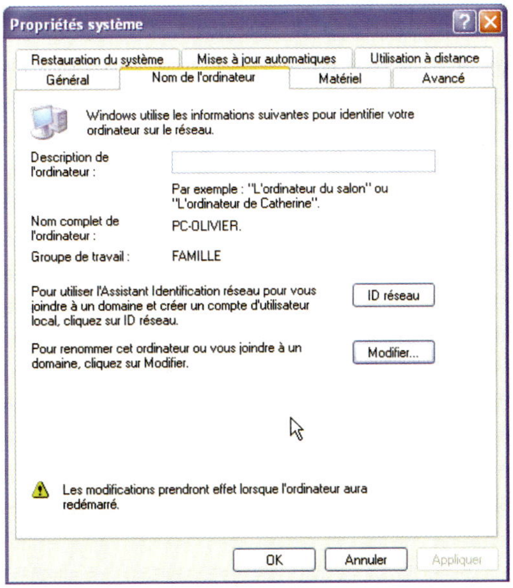

– Sous Windows 2000, ouvrez le Panneau de configuration, cliquez sur l'icône Système puis sur l'onglet Identification réseau.

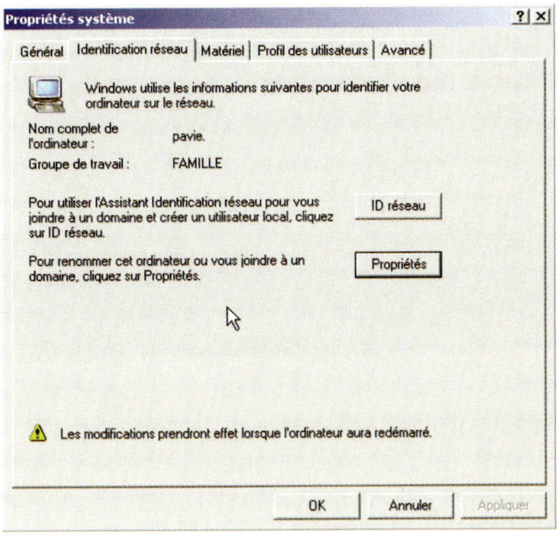

- **Votre carte réseau n'est pas Plug and Play.** Le problème vient souvent d'une mauvaise configuration de la carte réseau, surtout quand il s'agit d'un modèle compatible NE2000. Les cartes NE2000 vendues aujourd'hui peuvent en effet être configurées en mode Plug and Play ou en mode manuel. Lisez bien la documentation !

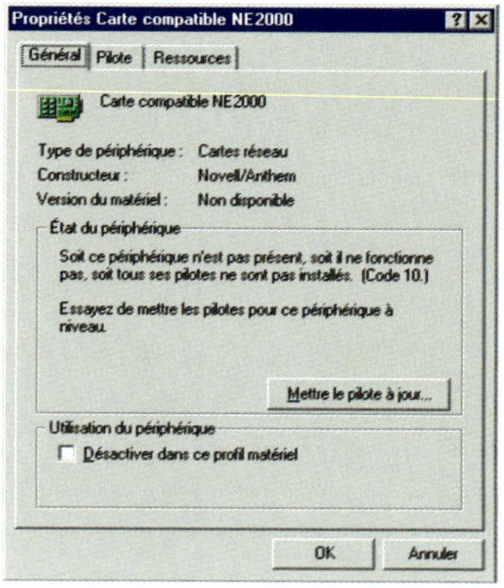

- **Votre carte réseau n'utilise pas le bon connecteur réseau.** Certaines cartes réseau de très vieille génération (que l'on trouve notamment sur des PC ne disposant pas de ports PCI) sont équipées de plusieurs connecteurs réseau de type BNC et RJ45. Pour ces cartes, il est possible que le constructeur n'ait pas prévu une détection automatique du type de connecteur.

Note

Si votre carte réseau ne dispose pas d'un système de détection automatique du type de connecteur, elle peut attendre des données en provenance du connecteur BNC alors que le câble utilisé est RJ45, ou *vice versa*. Deux solutions sont envisageables : soit la carte réseau dispose d'un cavalier permettant de configurer le connecteur à utiliser, soit elle est livrée avec une disquette qui contient un utilitaire de setup permettant de programmer le connecteur à utiliser (c'est souvent grâce à ce même logiciel que l'on peut attribuer une adresse et une interruption à une carte fonctionnant en mode non Plug and Play).

Impossible d'installer la couche réseau

Les problèmes d'installation de couche réseau sont la plupart du temps liés à une version de pilote non adaptée à la version de Windows que vous utilisez ou à une version de Windows sur CD-ROM incompatible avec la version installée sur votre poste.

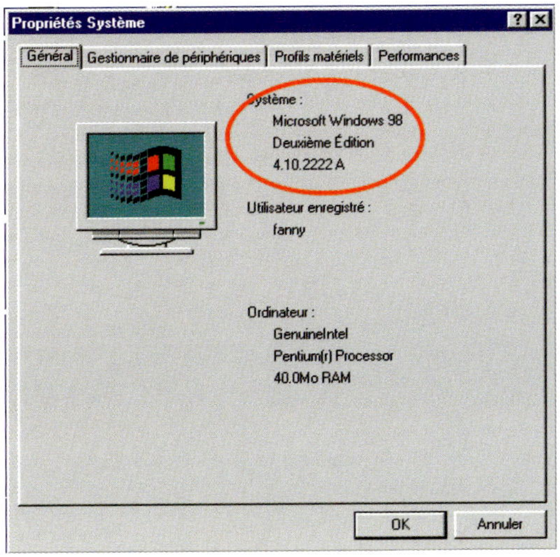

1 Si vous installez certaines couches réseau en vous trompant de version de Windows 95 (version normale ou version OSR2) ou de Windows 98 (Windows 98 standard ou Windows 98 Seconde Edition), vous pouvez provoquer des problèmes importants de dysfonctionnement au niveau de l'accès réseau de votre PC.

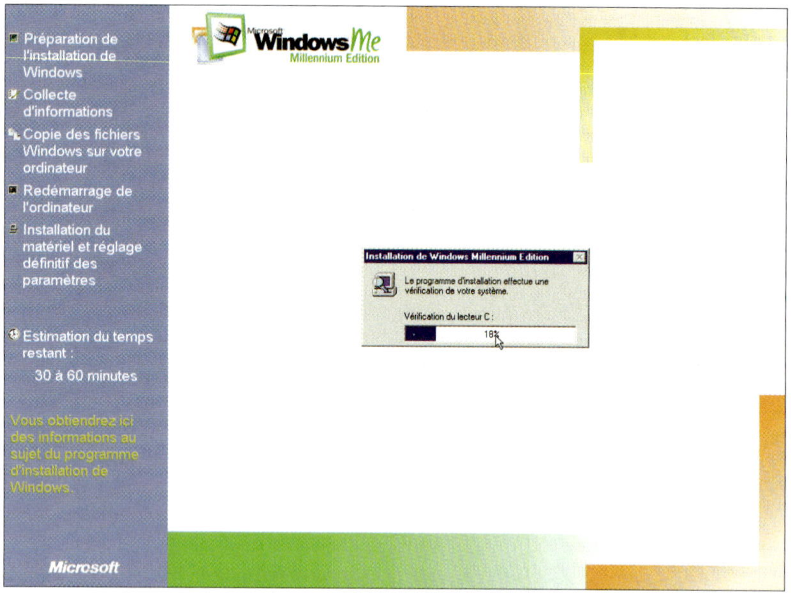

2 Que le problème soit lié à une mauvaise version de Windows ou à de mauvais pilotes de carte réseau (perte d'une couche réseau pendant l'installation d'une autre couche), vous pouvez passer des heures à tenter de le résoudre sans y parvenir. Dans ce cas, réinstallez Windows en acceptant de remplacer les fichiers plus récents par les fichiers originaux lorsque l'ordinateur vous le propose. Si le problème persiste, vous pouvez soit enlever les protocoles réseau dans Windows (sélectionnez la couche réseau et utilisez le bouton Supprimer), soit effacer complètement votre version de Windows (voire reformater le disque) et tout réinstaller. Avant de mettre en œuvre ces solutions extrêmes, consultez un spécialiste.

Impossible d’accéder à Internet : vous êtes connecté par modem

Les connexions à Internet via *un modem sont à l’origine de nombreuses pannes. Avant de soupçonner le modem lui-même, faites les vérifications suivantes.*

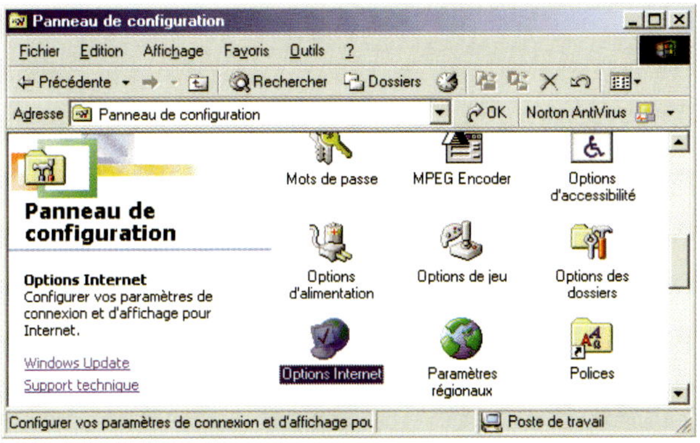

1 Accédez au **Panneau de configuration**, puis cliquez sur l’icône **Options Internet**.

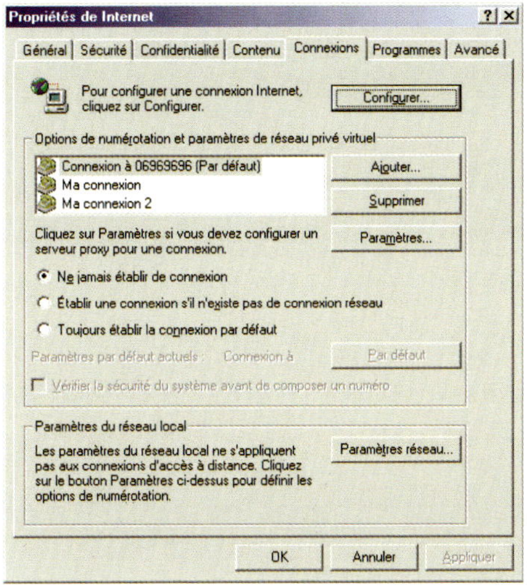

2 Cliquez sur l’onglet **Connexions**.

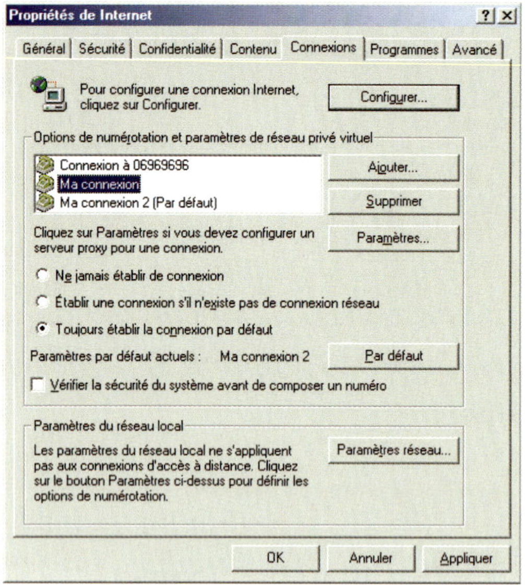

3 Si la liste **Options de numérotation et paramètres** offre plusieurs choix, vérifiez que le choix par défaut correspond à votre fournisseur d'accès. Au besoin, cliquez sur la connexion qui devrait être celle par défaut, puis sur le bouton **Par défaut**.

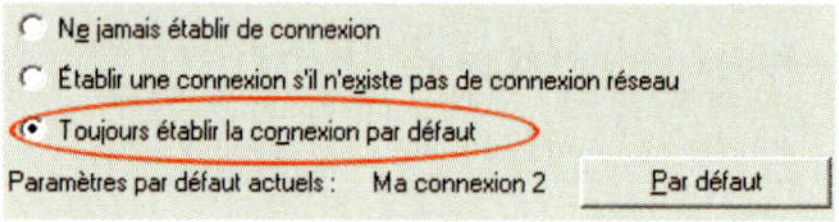

4 Si vous vous connectez uniquement par modem, l'option **Toujours établir la connexion par défaut** doit être cochée.

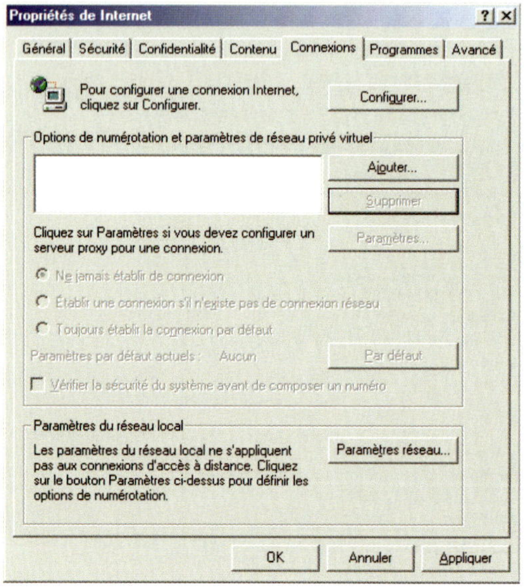

5 Si aucune connexion n'apparaît, cela signifie que vous avez perdu votre configuration de connexion par modem ou que vous utilisez autre chose qu'un modem pour vous connecter à Internet (câble ADSL ou réseau). Si votre modem est connecté directement à votre ordinateur, cliquez sur le bouton **Ajouter** pour créer (ou recréer) une connexion à Internet.

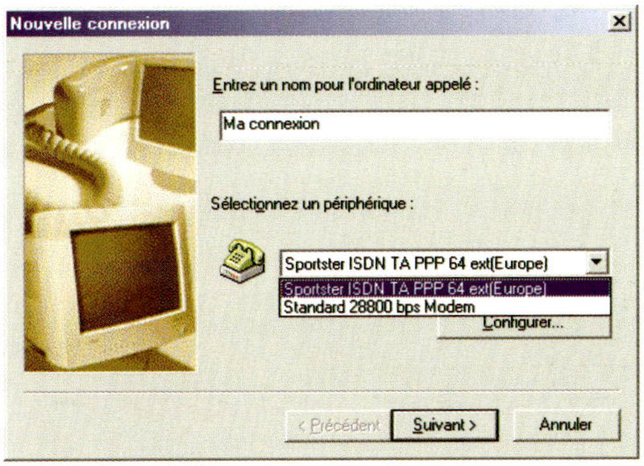

6 Nommez la connexion à votre guise et indiquez le modem que vous allez utiliser. Aucun modem n'est disponible ? Dans ce cas, votre modem est désinstallé. Réinstallez-le en suivant les indications données par la documentation du constructeur.

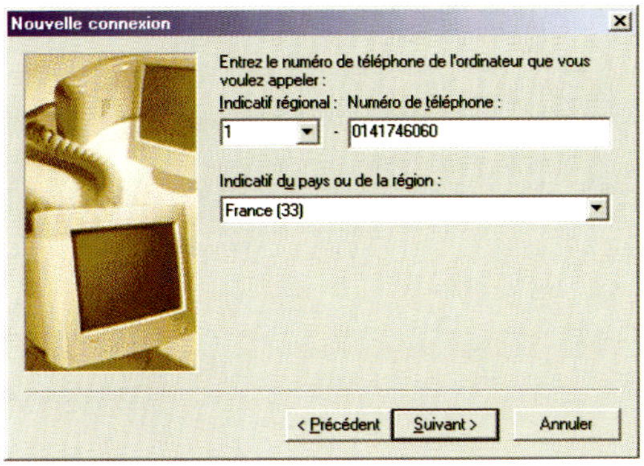

7 Après avoir cliqué sur le bouton **Suivant**, entrez un code d'indicatif régional (1 pour Paris, 2 pour la région ouest de la France…) et le numéro de téléphone d'accès à votre fournisseur Internet (le numéro du serveur, et non celui de la hot line).

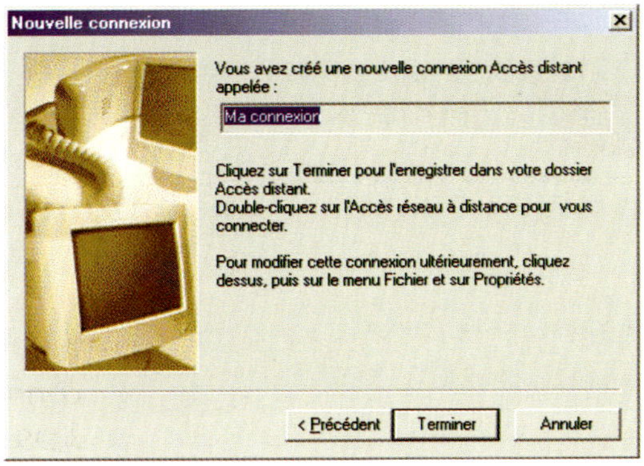

8 Cliquez sur **Suivant**, puis sur **Terminer**.

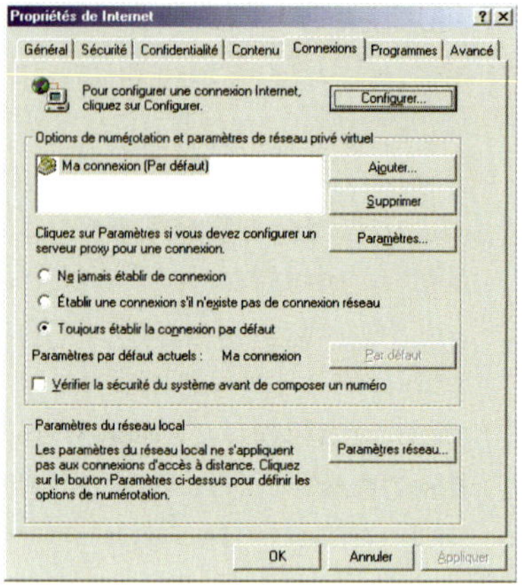

9 La nouvelle connexion figure dans la liste. Sélectionnez-la et cliquez sur le bouton **Par défaut**, puis sur **Appliquer**.

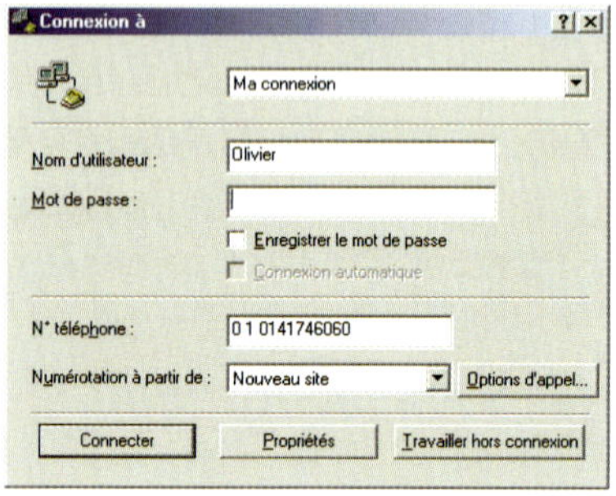

10 Essayez de vous connecter à Internet. Lancez par exemple votre navigateur. Une fenêtre s'affiche.

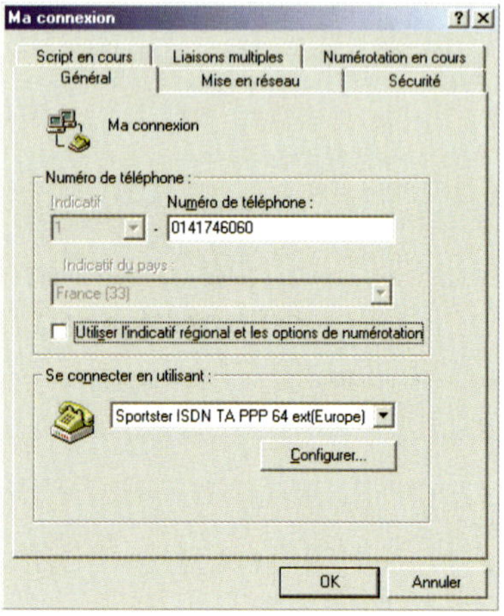

11 Si le numéro qui s'affiche dans la case **N° Téléphone** est trop long, cliquez sur **Propriétés**, décochez **Utiliser l'indicatif régional et les options de numérotation**, puis validez.

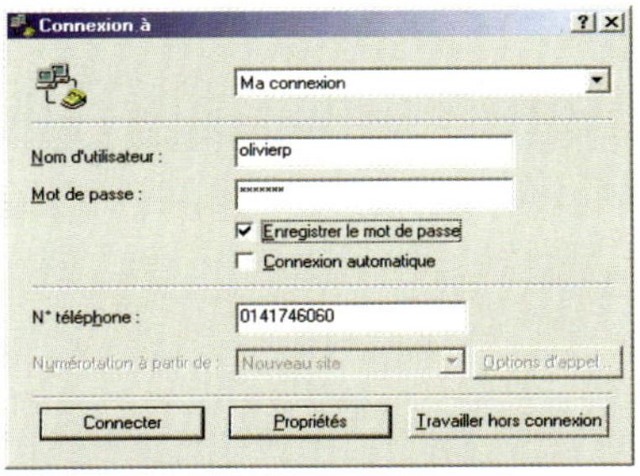

12 Entrez votre **login** (nom d'utilisateur) et votre **mot de passe** dans les cases appropriées, puis cliquez sur **Connecter**.

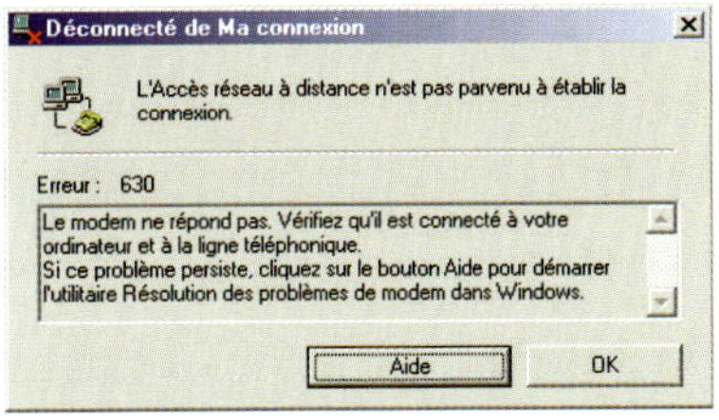

13 Si vous pouvez accéder à une adresse sur Internet, vous avez résolu votre problème. Si vous ne pouvez accéder au moindre site (le numéro se compose, vous vous connectez, mais rien de plus), fermez la fenêtre, déconnectez-vous, cliquez de nouveau sur l'icône **Options Internet** de votre **Panneau de configuration**, puis sur l'onglet **Connexions**.

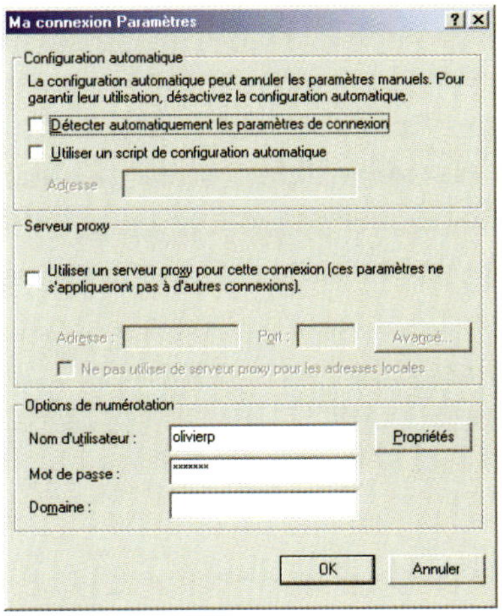

14 Vérifiez que la connexion créée auparavant est bien celle qui est sélectionnée et mentionnée par défaut, puis cliquez sur le bouton **Paramètres**. Toutes les cases doivent être décochées.

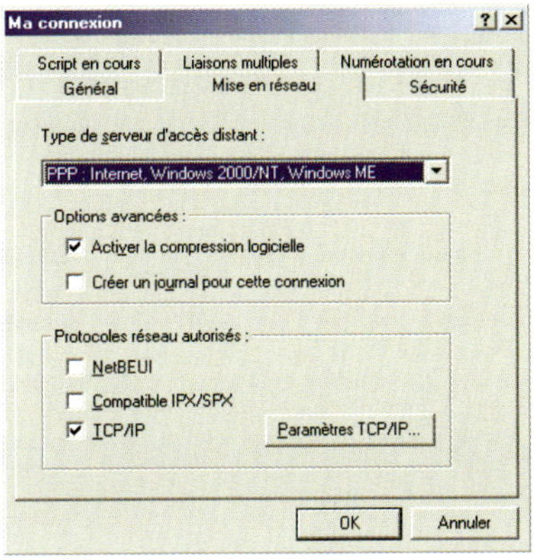

15 Cliquez sur le bouton **Propriétés**, vérifiez que le panneau **Général** correspond à ce que vous aviez défini à l'étape 11, puis cliquez sur l'onglet **Mise en réseau**.

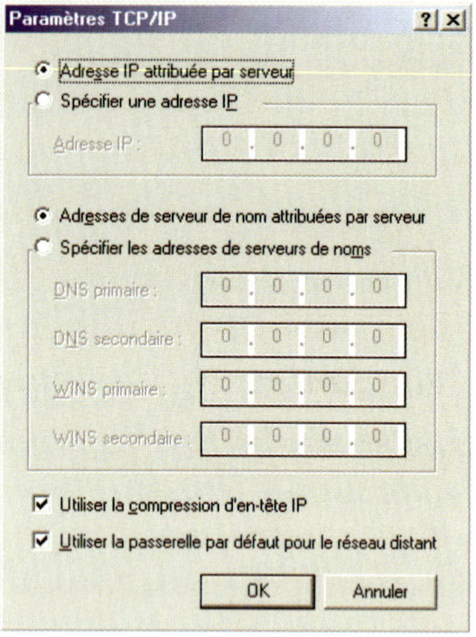

16 Cliquez sur le bouton **TCP/IP**.

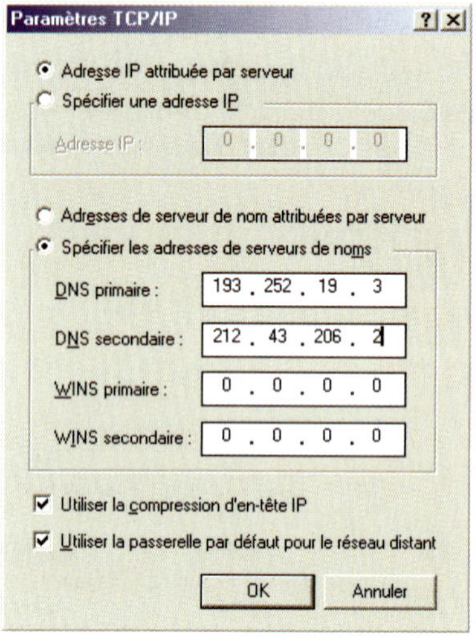

17 Cochez **Spécifier les adresses de serveur de noms** et entrez les valeurs **193.252.19.3** dans la section **DNS primaire** (ou le numéro que vous a indiqué votre fournisseur d'accès). Entrez **212.43.206.2** dans la section **DNS secondaire** (ou le numéro que vous a indiqué votre fournisseur d'accès). Les deux chiffres donnés en exemple sont respectivement ceux de Wanadoo et de Freesurf ; saisissez-les éventuellement si vous n'avez aucune autre information sous la main.

18 Validez les modifications et reprenez à partir de l'étape 10. Si, une fois de plus, vous vous connectez sans pouvoir atteindre un site Internet, lisez la rubrique suivante : « Impossible d'accéder à Internet : vous avez installé plusieurs kits de connexion ».

Impossible d'accéder à Internet : vous avez installé plusieurs kits de connexion

Vous avez essayé plusieurs kits de connexion sans jamais réussir à vous connecter à Internet ? Dans ce cas, faites un peu de ménage !

1 Accédez au **Panneau de configuration**, puis cliquez sur l'icône **Ajout/Suppression de programmes**.

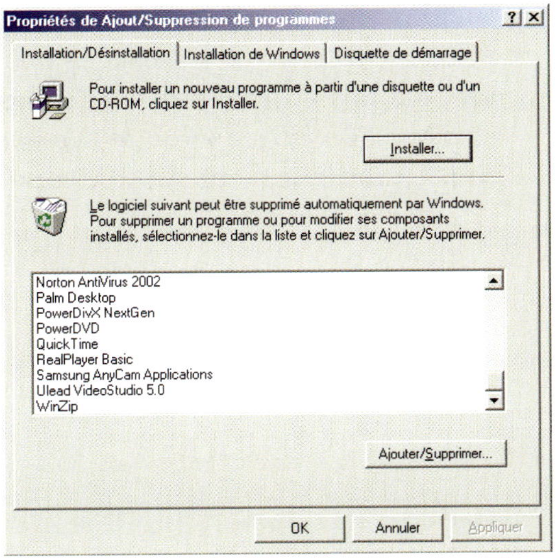

2 Si dans la liste figurent plusieurs installations de kits Internet provenant d'un même fournisseur ou de plusieurs, sélectionnez chaque fournisseur installé, sauf celui que vous estimez être le bon, et cliquez sur le bouton **Ajouter/Supprimer**.

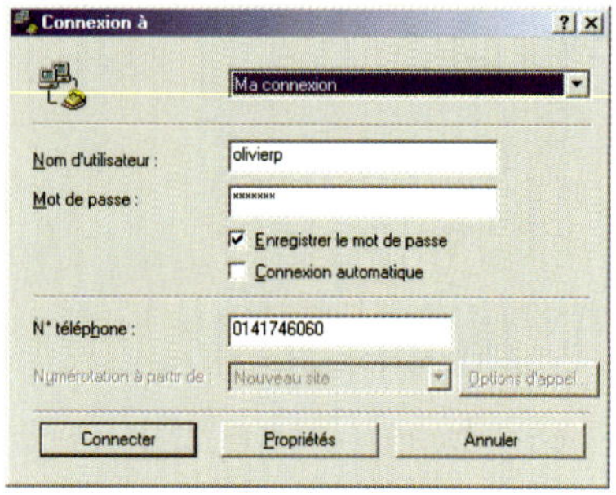

3 Après avoir supprimé tous les kits superflus et redémarré votre PC, retentez une connexion.

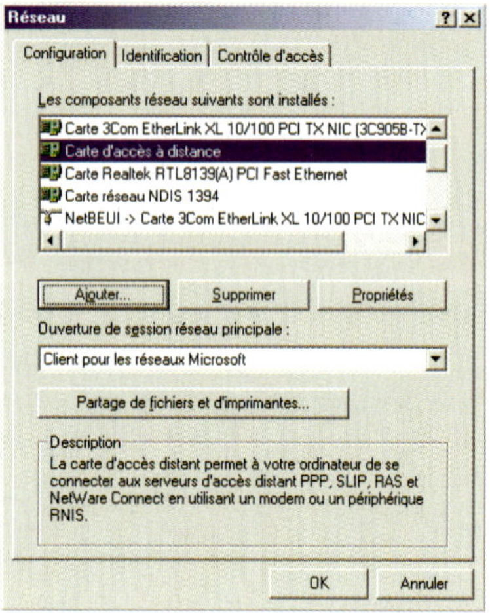

4 Si cela ne fonctionne toujours pas, ouvrez le **Panneau de Configuration, Réseaux**. Une seule carte d'accès à distance doit être mentionnée (sauf dans le cas d'AOL, où vous pouvez avoir la carte d'accès à distance « classique » et la carte AOL Adapter). Si l'option **Carte d'accès à distance #2** est disponible, sélectionnez-la et cliquez sur le bouton **Supprimer**. Faites de même pour toutes les entrées **Carte d'accès à distance** suivies d'un numéro. En revanche, ne supprimez pas les entrées correspondant à d'autres types de cartes.

5 Redémarrez votre PC et vérifiez si vous pouvez vous connecter. Si vous êtes certain de ne plus avoir qu'une seule carte d'accès à distance et que cela ne marche toujours pas, vérifiez une fois encore toutes les étapes de la rubrique « Impossible d'accéder à Internet : vous êtes connecté par modem », précédemment dans cette partie.

Impossible d'accéder à Internet : vous êtes en ADSL

Le large éventail de fournisseurs d'accès, de protocoles et de types de modems rend difficile l'analyse de la situation. Voyons les points essentiels…

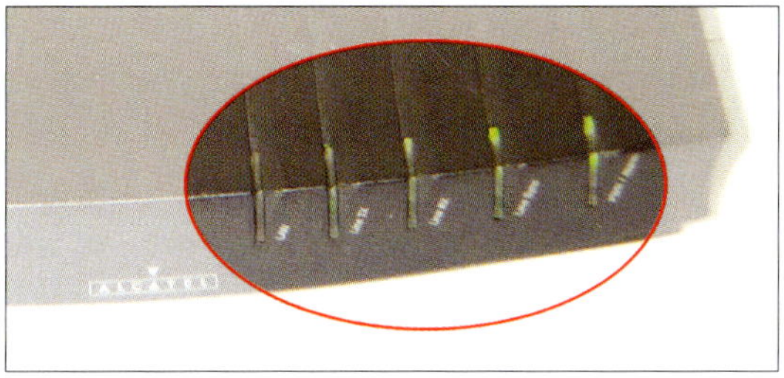

1 Les trois principaux types de connexions à Internet par ADSL se font *via* un modem ADSL relié en USB ou à une carte réseau, ou encore *via* un modem ADSL intégré comme carte d'extension dans le PC. Dans le cas d'un **modem externe relié à une carte réseau**, vérifiez que le modem est sous tension. Au besoin, éteignez-le et rallumez-le.

2 Lors de la souscription à un abonnement ADSL en « pack », il peut s'écouler entre 24 heures et 15 jours avant que la ligne soit réellement opérationnelle.

Note

Les abonnements non professionnels sont en général déconnectés toutes les 24 heures au niveau du central téléphonique. Si vous ne vous êtes pas déconnecté depuis plus de 24 heures, vous devez probablement éteindre et redémarrer votre ordinateur dans le cas d'un modem USB ou intégré à votre PC, ou bien éteindre et rallumer le modem ADSL dans le cas d'une connexion par modem externe connecté au moyen d'une carte réseau. En règle générale, si le modem ADSL possède son propre transformateur d'alimentation électrique, il faut le débrancher puis le rebrancher avant d'être certain que le problème vient d'ailleurs.

3 Quel que soit le type de modem ADSL employé, vous devez utiliser l'adaptateur gigogne fourni avec le modem. Il s'agit d'un filtre de ligne.

4 Pour les anciens modèles de modems ou les anciennes installations, un filtre est placé à côté de la prise principale du téléphone. Dans ce cas, employez le modem sur ce filtre. A moins que vous ne teniez à utiliser la prise du téléphone, auquel cas vous devez vous procurer un adaptateur gigogne spécial ADSL.

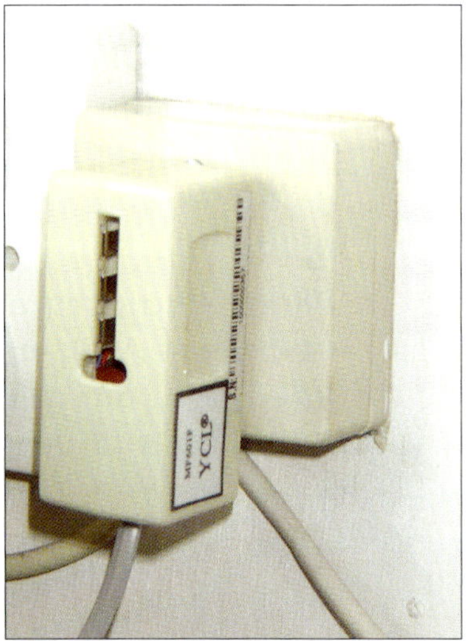

5 Il est impératif de connecter l'adaptateur fourni en première position sur la prise téléphonique murale.

6 Evitez de vous servir d'une rallonge, surtout si elle n'est pas installée en premier sur la prise de téléphone.

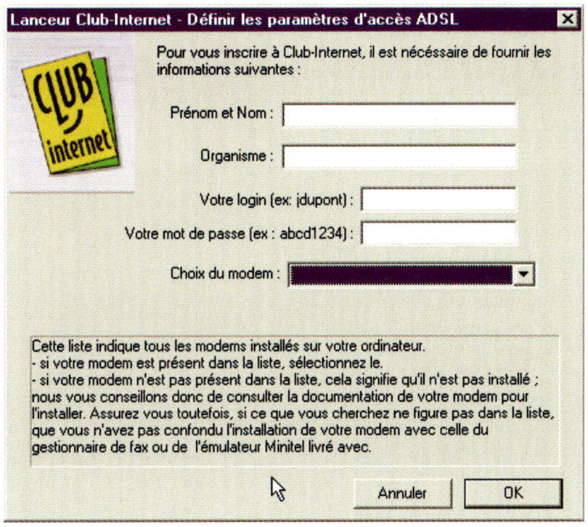

7 Respectez les instructions d'installation de la connexion à Internet par ADSL. En général, il suffit d'installer le kit fourni pour que cela marche.

Note

Si vous avez respecté les conseils mentionnés ici et que votre installation ne fonctionne pas avec les paramètres d'installation standard, contactez votre fournisseur d'accès.

Impossible d'accéder à Internet : vous êtes en ADSL avec un modem relié à une carte réseau

Si vous avez respecté les conseils mentionnés dans la rubrique précédente et que votre installation ne fonctionne toujours pas avec les paramètres d'installation standard, vous devez vérifier le bon fonctionnement et la bonne configuration de votre carte réseau.

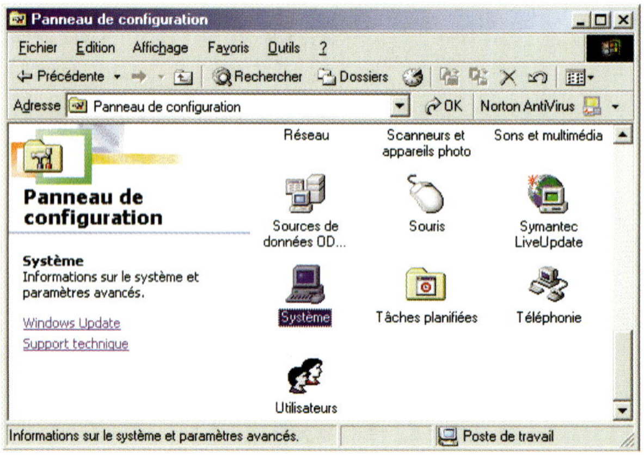

1 Accédez au **Panneau de configuration**, puis cliquez sur l'icône **Système**.

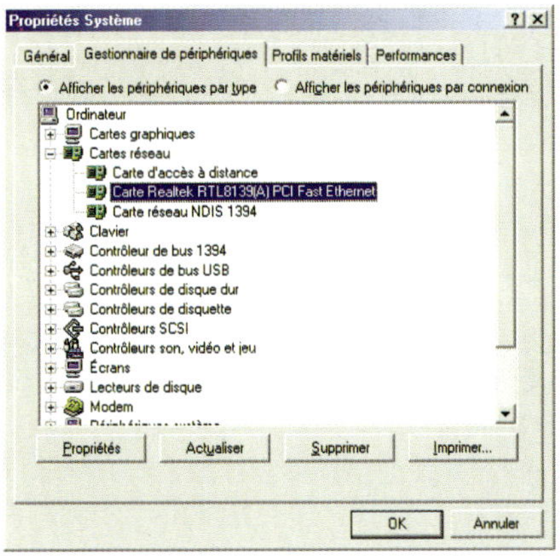

2 Vérifiez dans la section **Carte réseau** que la carte réseau est présente, qu'elle n'apparaît pas en rouge ou en jaune.

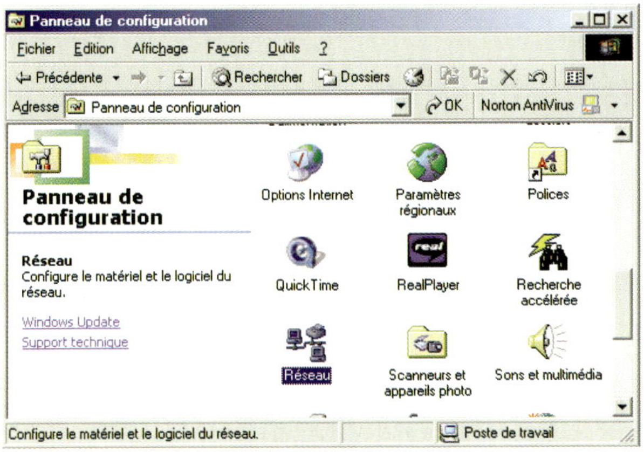

3 Si tout a l'air de fonctionner, ouvrez le **Panneau de configuration**, puis cliquez sur l'icône **Réseau**.

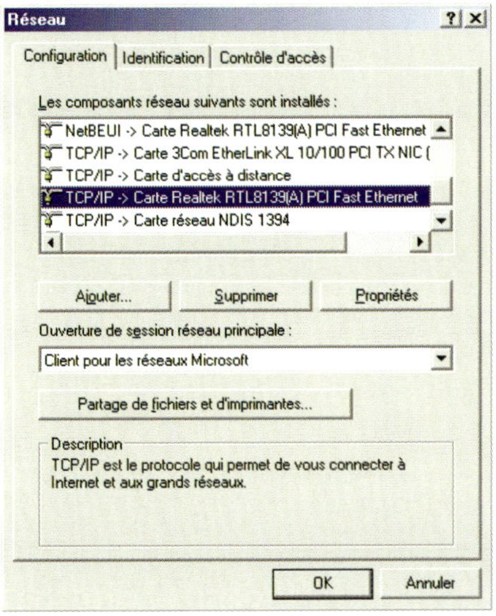

4 Sélectionnez la ligne **TCP/IP** pour la carte réseau XXX (en général, les cartes fournies par les fournisseurs d'accès Internet sont des Realtek).

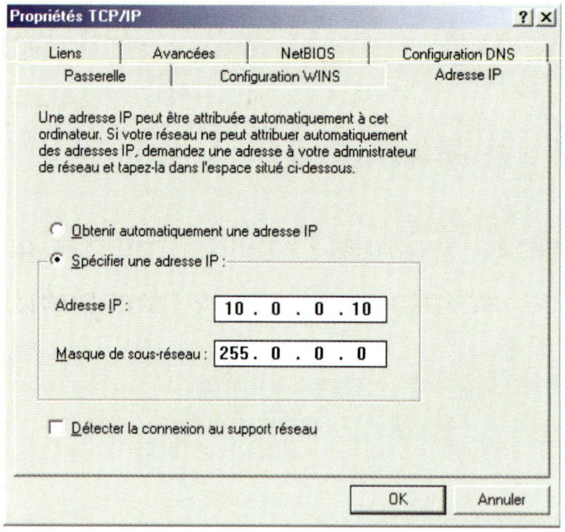

5 Double-cliquez sur la ligne **TCP/IP** en question et vérifiez que l'adresse IP est **10.0.0.10** ou une valeur proche de la forme 10.0.0.X. Vérifiez que le masque de sous-réseau est **255.0.0.0** ou une valeur proche de la forme 255.0.0.X. Au besoin, décochez la case **Détecter automatiquement le support réseau**.

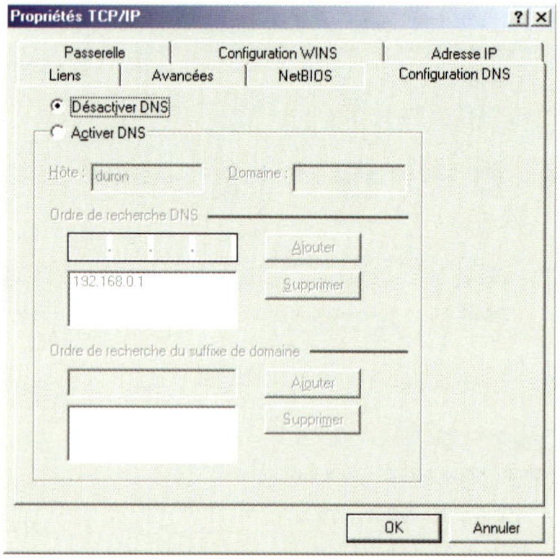

6 Cliquez sur l'onglet **DNS** et vérifiez que le DNS est désactivé. Au besoin, cochez la case **Désactiver DNS**.

7 Cliquez sur l'onglet **Passerelle** et vérifiez qu'il n'existe pas de passerelle définie. Sinon, sélectionnez-la et supprimez-la. Validez l'ensemble de ces paramètres et acceptez le redémarrage de votre PC. Tout devrait rentrer dans l'ordre.

Note

Si cela ne fonctionne toujours pas après avoir réalisé cette opération, éteint puis rallumé le modem, désinstallez le kit d'accès du fournisseur et réinstallez-le en respectant la procédure.

Impossible d'accéder à Internet : vous êtes sur le câble

Le câble est sans doute le moyen le plus simple d'accéder à Internet tant la configuration en est simple. Deux ou trois points sont à vérifier.

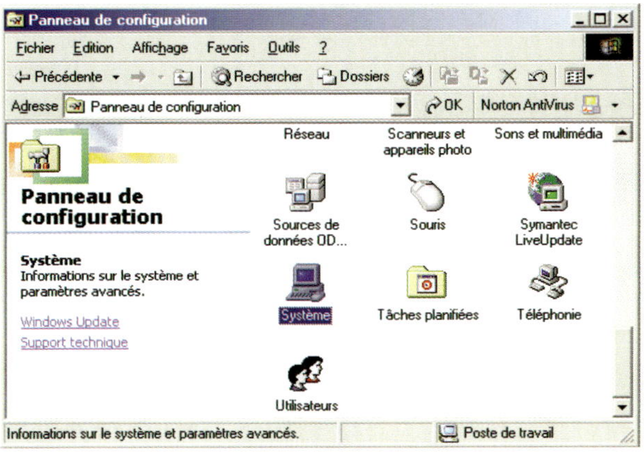

1 Si vous avez un problème de connexion à Internet par le câble, éteignez puis rallumez votre modem.

2 Vérifiez que votre modem câble est relié au PC. Si vous avez réalisé des manipulations, assurez-vous que vous ne vous êtes pas trompé de câble réseau pour la connexion. La liaison Ethernet doit être indiquée en vert par le voyant du modem.

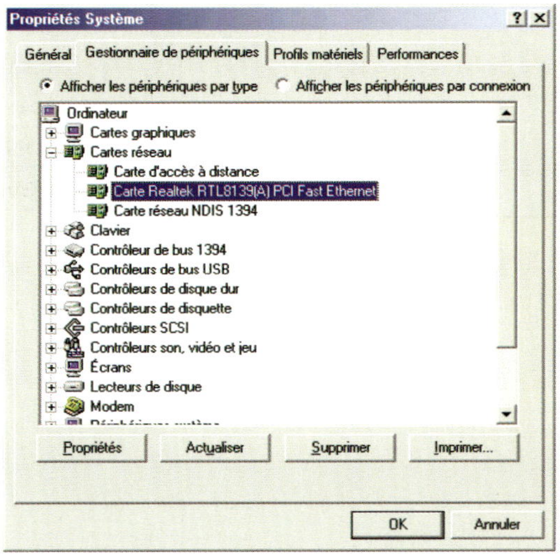

3 Accédez au **Panneau de configuration**, puis cliquez sur l'icône **Système**.

4 Vérifiez dans la section **Carte réseau** que la carte réseau est présente, qu'elle n'apparaît pas en rouge ou en jaune.

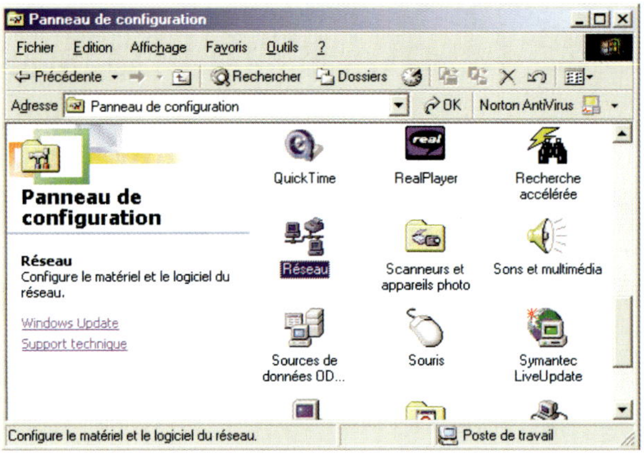

5 Si tout a l'air de fonctionner, ouvrez le **Panneau de configuration**, puis cliquez sur l'icône **Réseau**.

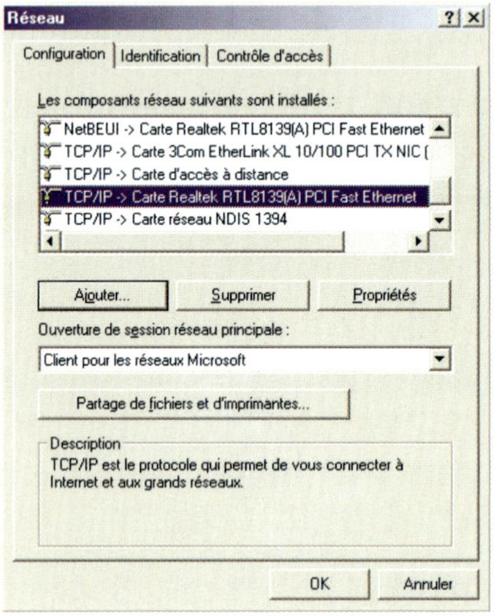

6 Sélectionnez la ligne **TCP/IP** pour la carte réseau XXX (en général, les cartes fournies par les fournisseurs d'accès Internet sont des Realtek).

7 Double-cliquez sur la ligne **TCP/IP** en question, vérifiez sur le panneau **Adresse IP** que la case **Obtenir automatiquement une adresse IP** est cochée. Au besoin, décochez la case **Détecter automatiquement le support réseau**.

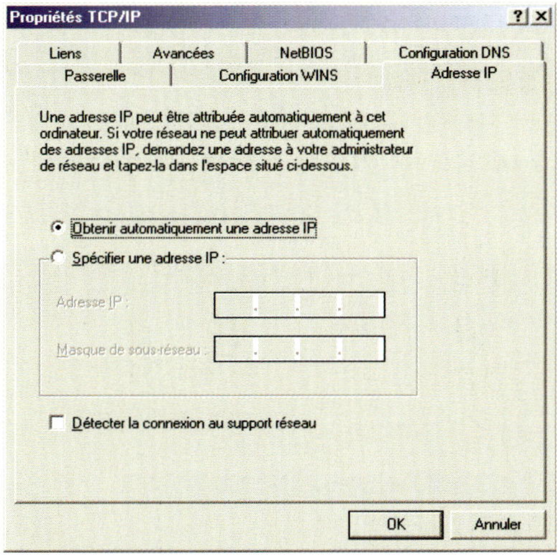

8 Cliquez sur l'onglet **DNS** et vérifiez que le DNS est désactivé. Au besoin, cochez la case **Désactiver DNS**.

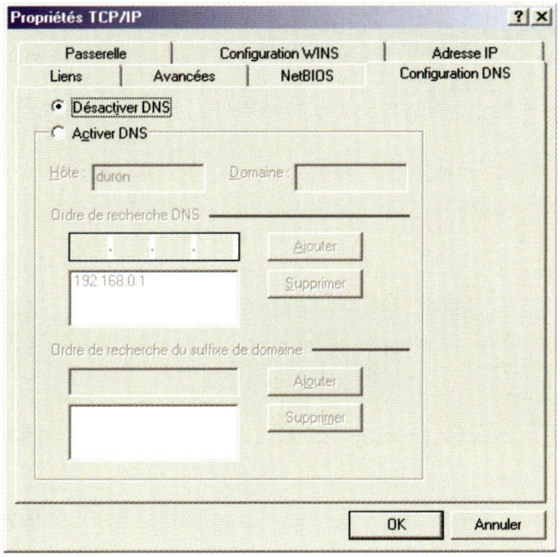

9 Cliquez sur l'onglet **Passerelle** et vérifiez qu'il n'existe pas de passerelle définie. Sinon, sélectionnez-la et supprimez-la. Validez l'ensemble de ces paramètres et acceptez le redémarrage de votre PC. Tout devrait rentrer dans l'ordre.

Note

Vérifiez que votre connexion au câble est opérationnelle grâce au logiciel **Winipcfg. exe** situé dans le répertoire **Windows**. Sélectionnez la **carte réseau** ou **NDIS 4.X (5.X)** et assurez-vous qu'il existe une adresse IP différente de **0.0.0.0**. Si la valeur est 0.0.0.0 ou une valeur du même genre, utilisez les boutons **Plus d'infos** et **Tout renouveler**.

Se protéger contre les virus

Se protéger des virus est la première chose à faire dès que l'on utilise Internet sur un seul poste. Les réseaux doivent aussi être mis à l'abri de ces parasites qui peuvent endommager l'ensemble de vos données à une vitesse rarement prévisible !

1 Si vous n'y connaissez rien en serveur ou que vous ne souhaitiez pas centraliser un dispositif antivirus, vous devez installer un logiciel antivirus sur chaque poste connecté en réseau. Un logiciel comme AVG (**http://www.grisoft.com**), gratuit pour les particuliers, assure une excellente protection contre les virus contenus dans les e-mails et contre tous les virus en général. Les mises à jour de ce logiciel sont gratuites sur Internet ; vous pouvez automatiser la recherche de mise à jour.

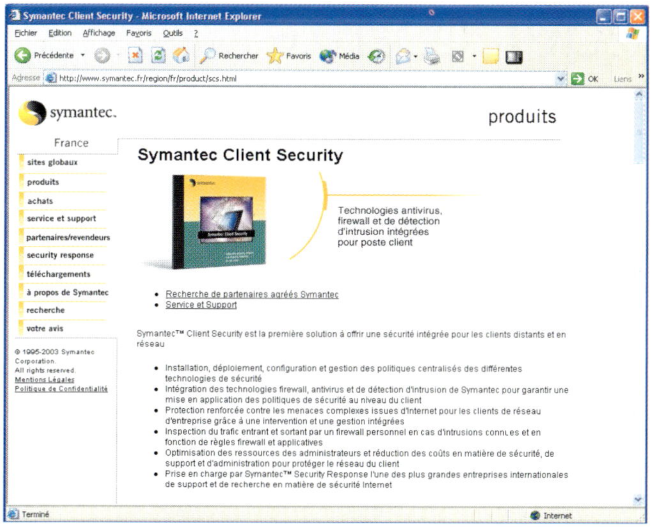

2 Pour les utilisateurs professionnels, nous ne saurions trop recommander l'installation de Symantec Client Security : il s'agit d'un dispositif de serveur centralisant les accès des postes du réseau vers un serveur qui s'occupe aussi bien de la mise à jour antivirus automatique pour l'ensemble des postes que de la mise en place d'un firewall (pare-feu, voir rubrique suivante) centralisé.

3 Trend Micro commercialise un petit boîtier appelé Gatelock X200 : c'est un petit routeur qui offre donc le partage d'accès à Internet, filtre les e-mails entrants et sortants contre les virus (avec mise à jour automatique des listes de virus) et offre en plus un outil de détection contre les intrusions de hackers dans votre réseau. Ce boîtier s'intercale entre le hub et le modem ADSL ou câble. Il nécessite l'utilisation d'un modem connectable en Ethernet. Ce boîtier peut aussi intéresser ceux qui n'utilisent qu'un seul PC relié à Internet du moment que le modem câble ou ADSL est en Ethernet et non pas en USB.

Se protéger contre les attaques externes

Un réseau ouvert sur le monde extérieur peut être attaqué. Les attaques peuvent provenir de virus ou d'internautes mal intentionnés. C'est de plus en plus fréquent avec le développement massif des technologies haut débit de type ADSL ou câble qui vous relient 24H/24 au Net.

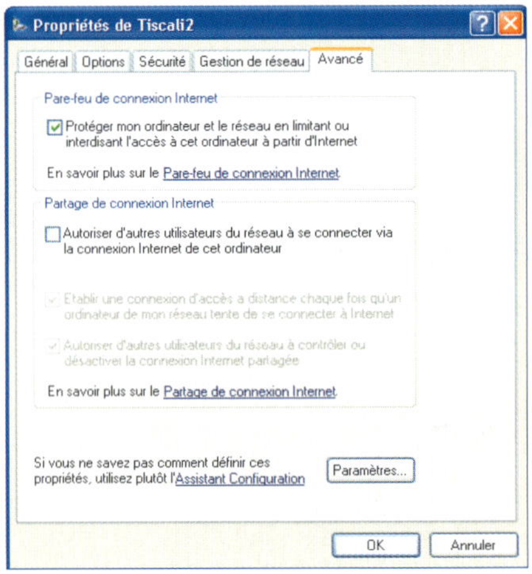

1 La technique pour se protéger des attaques de l'extérieur consiste à utiliser un pare-feu (plus communément apelé un *firewall*). Il s'agit d'un dispositif logiciel ou matériel qui s'installe entre l'accès à Internet et le reste du réseau. Dans le cas d'un accès à Internet sous Windows XP (que l'ordinateur soit partageur d'accès ou pas), il y a une fonction d'activation de pare-feu incluse dans l'accès réseau à distance. Cette fonction s'active *via* les propriétés de l'accès réseau à distance, onglet Avancé : cochez simplement la case Protéger mon ordinateur...

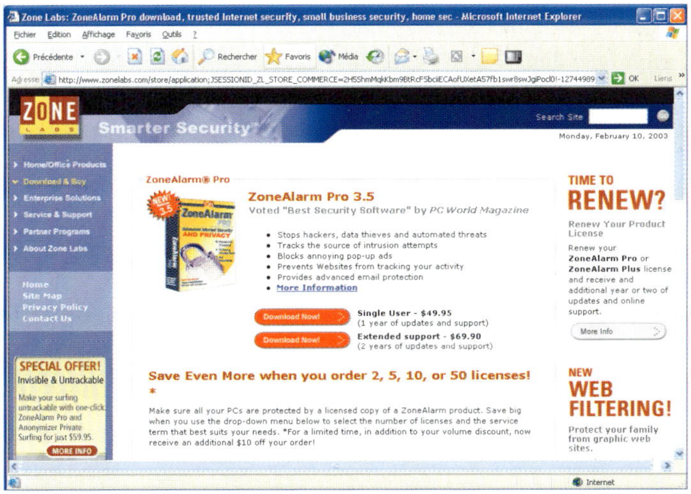

2 Dans le cas de l'utilisation d'un PC sous Windows 9X/Me ou Windows 2000, ce genre de service n'est pas inclus dans le système d'exploitation et dans ses ressources. La protection d'un PC contre les intrusions, s'il est seul à se connecter à Internet, passe par l'usage d'un logiciel de type ZoneAlarm, Norton Personal Firewall ou encore Sygate Personal Firewall : ces logiciels ne protègent que le poste sur lequel ils sont implantés ; vous en installerez un sur chaque poste du réseau si vous voulez protéger le réseau et tous ses postes.

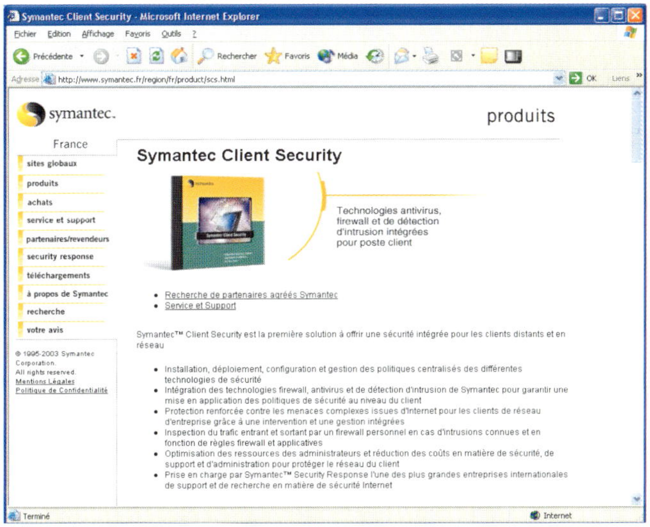

3 Pour protéger un réseau entier sur un PC partageur d'accès à Internet sans configurer un firewall sur chaque poste, il est largement préférable d'utiliser un logiciel pare-feu sur le poste qui partage l'accès, comme sait le faire Windows XP. Il y a pour cela plusieurs solutions logicielles et matérielles. Parmi les solutions logicielles, nous vous recommandons Symantec Client Security, déjà cité dans la rubrique « Se protéger contre les virus ».

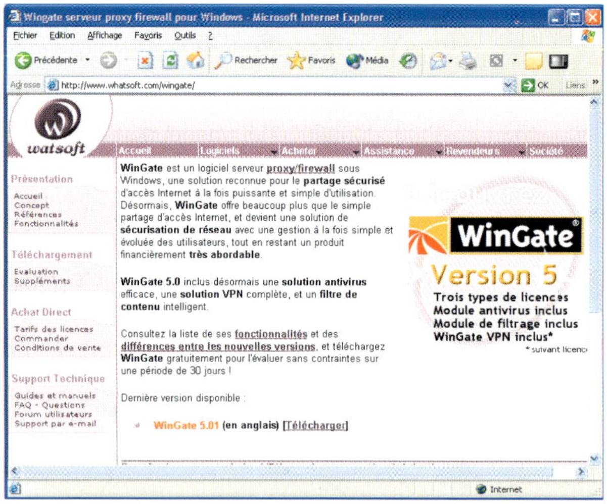

4 Parmi les autres solutions logicielles destinées à un PC partageur d'accès à Internet, il y a le fameux Wingate (**http://www.whatsoft.com/wingate**), qui sert à la fois de serveur proxy, de serveur antivirus et de firewall : c'est une excellente solution pour réaliser un PC partageur sous Windows 9X/NT/2000 qui inclut en même temps une solution de partage d'accès à Internet, de pare-feu et d'antivirus.

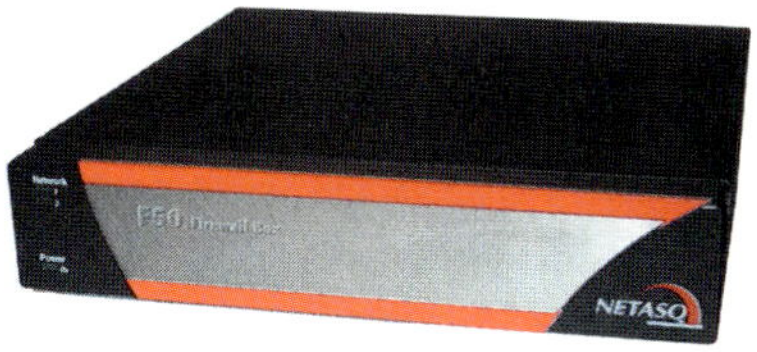

5 Nous pouvons de nouveau citer la solution du routeur/ firewall/antivirus matériel de Trend Micro, le Gatelock X200 (voir rubrique « Se protéger contre les virus »), qui se raccorde à un réseau ou à un simple PC, mais il existe aussi des boîtiers matériels limités à une fonction de routeur/firewall ou encore de simple firewall. Certains boîtiers matériels peuvent aussi être des firewall disposant de la faculté de contrôler des VPN, par exemple le boîtier NetAsq F50 qui s'intercale dans le réseau entre le hub et le routeur. Cette solution n'est évidemment acceptable que si c'est un routeur matériel qui est utilisé car un PC partageur, lui, ne serait pas protégé.

6 Dans la mise en place d'un firewall, il faut avant tout analyser le choix réalisé pour l'accès à Internet de l'ensemble des postes du réseau. Si un PC partageur gère l'accès à Internet pour tous les postes, c'est celui-ci qui doit inclure une solution logicielle de protection du trafic des données (avec un logiciel serveur de protection). Si l'accès Internet est réalisé par un routeur matériel basique, la solution du firewall doit être matérielle et placée entre le réseau et le routeur. Enfin, il est impératif de ne laisser qu'un seul accès à Internet partagé dans l'ensemble du réseau et surtout de ne pas autoriser les postes du réseau à accéder de leur propre initiative à Internet à l'aide d'un modem !

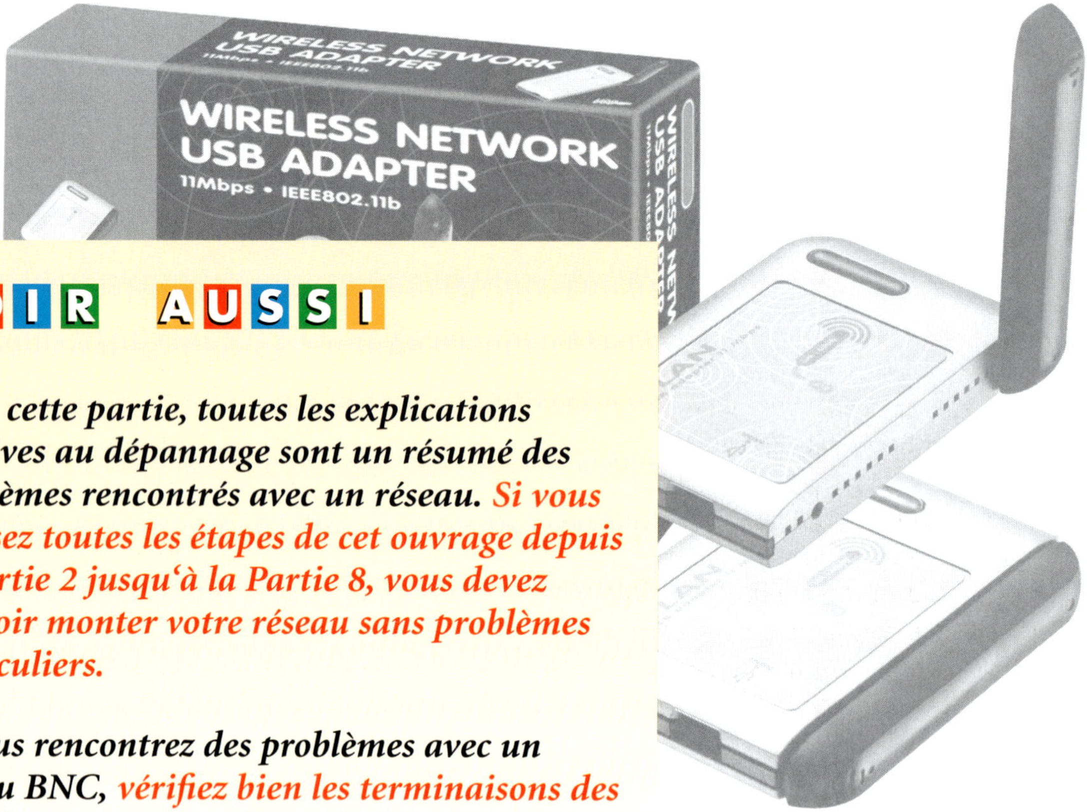

VOIR AUSSI

Dans cette partie, toutes les explications relatives au dépannage sont un résumé des problèmes rencontrés avec un réseau. Si vous réalisez toutes les étapes de cet ouvrage depuis la Partie 2 jusqu'à la Partie 8, vous devez pouvoir monter votre réseau sans problèmes particuliers.

Si vous rencontrez des problèmes avec un réseau BNC, vérifiez bien les terminaisons des bouchons comme expliqué dans la Partie 4.

Dans le cadre des notions de sécurité de ce chapitre, il est intéressant de revoir la façon dont vous avez prévu de monter votre réseau. Consultez la Partie 1 pour éventuellement redéfinir certaines caractéristiques de vos choix.

Glossaire

Ce glossaire réunit les termes utilisés dans le monde des réseaux et d'Internet.

802.11 (ou IEEE 802.11). Norme retenue pour les réseaux Ethernet sans fil. Il existe plusieurs variantes. La norme 802.11b, également appelée WiFi, fonctionne sur une fréquence de 2,4 GHz et est étudiée pour un débit de 11 Mbit/s. La norme 802.11a fonctionne dans la bande des 5 GHz et est capable d'atteindre les 54 Mbit/s : elle n'est pas compatible avec la norme WiFi, mais il existe des produits possédant la mixité 802.11a/b. La norme 802.11g est l'évolution de la norme WiFi et propose un débit de 54 Mbit/s dans une bande de fréquence de 2,4 GHz. La norme 802.11i est une norme proposant les mêmes caractéristiques que la norme 802.11g mais offrant de meilleures garanties en matière de sécurisation des données.

Adresse IP. Suite de quatre nombres séparés par des points (par exemple, 192.168.0.77), qui permet de distinguer un ordinateur des autres ordinateurs connectés en même temps sur Internet. Il existe deux types d'adresses IP : les adresses IP dynamiques et les adresses IP fixes. Une adresse IP dynamique est attribuée automatiquement par le fournisseur d'accès au moment de la connexion ; elle change à chaque fois que vous vous connectez. L'adresse IP fixe est une adresse attribuée une fois pour toutes à un PC, par exemple à un serveur connecté à Internet par une ligne spécialisée.

ADSL (*Asymetric Digital Subscriber Line*). L'ADSL est une technique d'utilisation d'une ligne téléphonique pour faire transiter des données à haut débit. Grâce à un procédé de filtre, la même ligne de téléphone sert aux utilisations de téléphonie classique et à une connexion à Internet par ADSL. L'ADSL a besoin d'un modem spécifique pour pouvoir fonctionner ; ce modem est en fait composé de dizaines de modems qui exploitent les caractéristiques électriques du fil téléphonique : l'addition du fonctionnement de chaque modem permet d'obtenir de hauts débits.

Anonymous. Login attribué à toute personne

qui se connecte à un serveur FTP sans mentionner de nom spécifique. Bien évidemment, cet utilisateur ne bénéficie pas des mêmes droits d'accès qu'un utilisateur connu qui entre son login et son mot de passe lors de l'accès au serveur.

BNC. Type de connectique Ethernet réservé à des réseaux dont le débit ne peut pas excéder 10 Mbit/s. Le type de connecteur est « à baïonnette », le câble est de type « coaxial » (un seul fil emprisonné dans une gaine de blindage électromagnétique), comme ceux que l'on utilise pour les fils d'antenne de télévision ou satellite.

Câble. On appelle connexion par câble toute connexion réalisée *via* les réseaux de télévision par câble qui proposent des services d'accès à Internet. Le « câble » nécessite un abonnement auprès d'un opérateur câble (uniquement dans certaines grandes villes) et l'installation d'un modem câble spécifique.

Cache. Mémoire dans laquelle sont stockées les pages Internet déjà visitées. A la consultation suivante, l'ordinateur n'a pas besoin de recharger l'intégralité des informations. Vous gagnez ainsi un temps non négligeable. Lorsque vous accédez à un site que vous avez déjà consulté, cliquez sur le bouton Actualiser de votre navigateur de façon à être certain que les informations affichées sont fraîches.

Cadre. Egalement appelé frame, un cadre subdivise l'écran de navigation en plusieurs zones actives. Certains sites utilisent comme barre de navigation un cadre placé à gauche ou à droite de l'écran principal.

CC:Mail. Prononcez « si-si-mayle ». Mode mail professionnel sécurisé, développé par Lotus. De nombreuses entreprises utilisent CC:Mail car il permet d'obtenir un accusé de réception, contrairement au courrier classique sur Internet.

CGI (*Common Gateway Interface*). Langage de développement qui permet de créer des applications placées sur un serveur Web (généralement dans le répertoire Scripts). Avec des programmes CGI, il est possible d'intégrer des calculs et des recherches d'informations automatiques dans les pages HTML consultées par les utilisateurs. L'inconvénient de CGI est qu'il fait effectuer les traitements par le serveur (contrairement à Java, JavaScript et VBScript).

Chat. Prononcez « tchate ». Dialogue en direct avec d'autres internautes à travers une zone de texte ou de vive voix. Le « chat » fonctionne bien quand on le pratique depuis plusieurs postes d'un réseau connectés au travers d'une seule connexion Internet *via* le PC partageur.

Chat room. Prononcez « tchate roume ». Serveur dédié aux forums de discussion entre internautes pratiquant le chat.

DHCP (*Dynamic Host Configuration Protocol*). Serveur Protocole chargé d'affecter dynamiquement une adresse IP à un ordinateur utilisant le protocole TCP/IP. On installe généralement un serveur DHCP dans un intranet pour éviter d'avoir à affecter à chaque ordinateur une adresse fixe souvent difficile à gérer. Le DHCP ne convient pas aux serveurs intranet qui ont besoin de connaître l'adresse exacte d'un ordinateur pour l'autoriser à accéder à certains services. Dans cet ouvrage, nous n'expliquons pas comment installer un serveur DHCP sur un réseau car des adresses IP de la forme 192.168.0.X et le masque de sous-réseau 255.255.255.0 font parfaitement l'affaire et sont beaucoup plus simples à utiliser.

DNS (*Domain Name Server*). Serveur de noms de domaines qui traduit un nom de serveur en une adresse IP. Il est indispensable de mentionner un DNS dans le paramétrage de votre PC pour accéder à un serveur sur Internet. Chaque fournisseur d'accès indique son propre DNS à ses abonnés, mais il est possible d'utiliser le DNS d'un autre fournisseur d'accès en cas de lenteurs inadmissibles dans le traitement des noms.

e-mail. Prononcez « i-mayle ». Nom donné au courrier sur Internet. Une adresse e-mail comprend trois parties : « nom », « @ », « serveur ».

Ethernet. La norme la plus répandue de connexion réseau. Elle existe avec des débits allant de 10 Mbit/s à 10 Gbit/s. Les connectiques peuvent être sur câble coaxial avec prises BNC, sur paires torsadées avec prises RJ45 et optiques avec différents types de prises. La norme Ethernet n'a rien à voir avec la norme Token Ring d'IBM ; dans un environnement professionnel, les deux technologies peuvent être complémentaires.

Extranet. Intranet n'ayant pas d'accès à Internet.

Firewall. Dispositif chargé d'éliminer les attaques de votre réseau depuis l'extérieur et en général depuis une connexion vers Internet. Les firewall, également appelés pare-feu, se présentent sous forme matérielle ou logicielle.

Fournisseur d'accès. Contrairement à un service en ligne qui se charge de délivrer du contenu et éventuellement un accès à Internet, un fournisseur d'accès offre la connexion à Internet et ne se soucie guère du contenu. Synonyme : provider (terme anglais).

Frame. *Voir* Cadre.

FTP (*File Transfer Protocol*). Protocole de transfert de fichiers utilisé sur Internet pour télécharger des fichiers depuis un serveur distant. Les webmasters (administrateurs de serveurs Web) utilisent également ce protocole pour envoyer les mises à jour de leur serveur Internet.

GIF. Format de fichier image largement utilisé sur Internet en raison de son faible encombrement et de ses possibilités de transparence. Pratiquement tous les logiciels de dessin, tels Paint Shop Pro, Photoshop ou Corel PhotoPaint, savent créer et gérer des images au format GIF.

Gopher. A la différence d'un serveur HTTP, qui gère des pages HTML contenant du texte, des images, des sons, voire des vidéos, un serveur Gopher est limité à la gestion de pages de texte. Bien qu'il soit compatible avec tous les navigateurs, ce type de serveur, qui ressemble au minitel, est de moins en moins utilisé.

Hôte. On attribue un nom d'hôte à un ordinateur dont la couche réseau TCP/IP définit une adresse IP fixe. En réseau intranet, ce nom d'hôte permet entre autres à un serveur DNS de détecter automatiquement le lien entre un nom d'ordinateur et une adresse IP.

HTTP (*HyperText Transfer Protocol*). C'est le protocole le plus utilisé sur Internet car il peut gérer des sites à la mise en page très riche (au format HTML). Tous les serveurs Web sont des serveurs HTTP. Ainsi, pour accéder à un serveur dont l'adresse est **www.serveur.com**, vous entrez **http://www.serveur.com** pour signaler le type de protocole à utiliser.

HTML (*HyperText Markup Language*). Langage utilisé pour créer des pages accessibles depuis un serveur HTTP. Il existe de nombreux logiciels d'aide à la création de pages HTML. Par exemple, FrontPage de Microsoft est un concepteur de pages HTML qui traite les pages comme un logiciel de PAO.

Intranet. Réseau interne d'une entreprise qui utilise la technologie d'Internet pour diffuser des informations. En règle générale, un intranet possède une liaison vers Internet *via* une passerelle. S'il n'y a pas de liaison vers Internet, on qualifie alors l'intranet d'*extranet*.

IP (*Internet Protocol*). Développé il y a maintenant trente ans, le protocole IP est, avec TCP, à la base des échanges entre ordinateurs sur Internet.

IPX. Protocole réseau permettant d'accéder à des serveurs Novell. Grâce au protocole IPX, il est possible de jouer en réseau local à de nombreux jeux. Kali, un logiciel shareware qui transforme le protocole IPX en protocole IP, permet de jouer sur Internet.

Java. Langage développé par Sun Microsystems pour que les pages Web puissent décharger le serveur de nombreux traitements. *Voir* CGI et VBScript.

JavaScript. Si Java est un outil de développement pour les professionnels, JavaScript permet aux webmasters plus modestes de créer de petites actions qui se déclenchent lors de la consultation d'une page Web, automatiquement ou sur requête de l'utilisateur. JavaScript est simple d'utilisation, mais il ne faut pas en abuser sous peine de ralentir le traitement des pages consultées. Gardez à l'esprit que de nombreux utilisateurs ne disposent pas forcément d'un navigateur compatible Java et/ou possèdent des ordinateurs peu puissants.

JPEG. Format de fichier image largement utilisé sur Internet dès que l'image ne nécessite pas d'effet de transparence. Le propre du format JPEG est d'être compatible avec tous les navigateurs et de pouvoir être compressé dans un facteur allant parfois jusqu'à 150 par rapport à l'original. Pour garder intacts les détails, limitez-vous à une compression d'un facteur 10. Il faut aussi comparer la taille de l'image si elle était enregistrée dans le format GIF pour déterminer quel format choisir.

Linux. Système d'exploitation UNIX en version gratuite. D'excellente qualité et performant, Linux est un produit largement utilisé sur le Web, notamment avec le serveur HTTP Apache, qui est lui aussi gratuit. L'utilisation de Linux nécessite de comprendre UNIX (très compliqué pour un néophyte).

Logiciel FTP. CuteFTP est un excellent shareware qui permet d'accéder à un serveur FTP. Grâce à son interface « à la Windows », il est inutile de connaître les commandes UNIX pour effacer des fichiers, les copier, les mettre à jour, les lister, etc. Un logiciel FTP basique comme celui fourni avec Windows 95 donne accès à une fenêtre DOS dans laquelle vous devez entrer des commandes au clavier. Dans ce cas, un manuel d'utilisation est indispensable.

Login. C'est le nom que vous utilisez pour vous « loguer » sur un réseau, c'est-à-dire pour vous faire reconnaître sur le réseau. Le login est un identifiant de connexion réseau (nom d'utilisateur). Pour que vous puissiez vous connecter à Internet, votre fournisseur d'accès vous attribue un login et un mot de passe. Sur Internet, il faut parfois donner un autre identifiant pour accéder à un serveur spécifique.

Mac TCP. Couche réseau compatible TCP/IP qui permet à un Macintosh d'accéder à Internet. Ce programme fait partie de Mac OS 7.5, 8.X, 9.X et X. Il doit être parfaitement configuré pour accéder à Internet *via* un fournisseur d'accès. Un DNS est indispensable… Il suffit de configurer un Macintosh « client réseau » *via* le panneau TCP/IP (de la même façon que vous configurez un PC sous Windows accédant au PC partageur) pour qu'il puisse utiliser Internet en réseau. Dans le panneau TCP/IP, utilisez la Carte Ethernet, saisissez l'adresse IP fixe 192.168.0.X, avec X différent de 1, entrez le masque 255.255.255.0, le DNS 192.168.0.1 et la passerelle 192.168.0.1. Le tour est joué ! Le nom de domaine est inutile. Pour un partage d'imprimante ou de fichiers, la procédure est plus compliquée. Vous pouvez utiliser le courrier électronique ; c'est très simple !

Mail. *Voir* E-mail.

Masque de sous-réseau. Pour établir une hiérarchie dans les fournisseurs d'accès ou d'information sur Internet, les classes A, B et C ont été créées. Ces classes correspondent à des quantités d'adresses qui peuvent être redistribuées par les fournisseurs d'accès ou d'information. La classe A correspond à un masque de sous-réseau d'une valeur de 255.0.0.0 ; celui qui détient une classe A peut gérer 256 × 256 × 256 ordinateurs dans son sous-réseau, soit 16,7 millions de machines.

Un fournisseur qui détient une classe B utilise un masque de sous-réseau d'une valeur de 255.255.0.0 et a la possibilité de gérer 65 000 ordinateurs en sous-réseau. Enfin, celui qui utilise une classe C avec comme masque 255.255.255.0 ne peut gérer que 256 ordinateurs. Un fournisseur de classe A peut déléguer des classes B et celui qui possède une classe B peut déléguer des classes C. La majorité des petits fournisseurs d'accès détiennent une classe C.

Microsoft Internet Explorer. Navigateur gratuit de Microsoft. La version 4.0 (la dernière à ce jour) regroupe tous les acquis des versions précédentes et offre une meilleure interface, plus proche de celle de Netscape Navigator.

MIME (*Multipurpose Internet Mail Extensions*). Dispositif intégré à un logiciel de courrier électronique et permettant, entre autres, l'acheminement de n'importe quel type de fichier sous forme de texte. Vous pouvez lire les fichiers e-mail que vous recevez dès l'instant où le décodage MIME est opérationnel pour le type de fichier reçu.

Modem. Abréviation de *modulator/demodulator*. Appareil qui permet de transférer des données entre ordinateurs *via* une ligne de téléphone classique.

Moteur de recherche. Outil d'automatisation de recherche d'informations sur Internet ou service en ligne comme Médiaserve, AOL, Compuserve, et MSN.

MPEG-1, MPEG-2. Format de vidéo permettant de passer des films à un rythme de 25 images par seconde en qualité VHS et avec une qualité de son CD. Le MPEG 1 est utilisable sur Internet, mais avec une bande passante d'environ 1 Mbit/s, c'est-à-dire avec une connexion par câble ou ADSL (sont exclues les connexions par modem ou Numéris). MPEG-2 est la version de format vidéo destiné aux DVD ainsi qu'à la diffusion de vidéo par satellite. Le MPEG-1 en PAL a une résolution de 352 par 288 pixels alors que le MPEG-2 en PAL a une résolution de 720 par 576 pixels.

Navigateur. L'outil indispensable pour surfer sur Internet. C'est la « fenêtre » sur Internet.

Netmeeting. Logiciel de Microsoft permettant de dialoguer en direct de vive voix, par le biais de la vidéo ou par écrit. Netmeeting permet également de partager une application avec un autre utilisateur, même si celui-ci ne dispose pas de l'application. Netmeeting est implanté sur Internet au travers de serveurs ILS (**www.locatorserver.com**). La version 3.1 est performante et conviviale. Autre avantage de ce logiciel : il est gratuit. En outre, plusieurs postes peuvent se connecter très facilement à des serveurs ILS en utilisant le partage d'accès à Internet de Windows. C'est beaucoup plus compliqué avec des routeurs « classiques ».

Netscape Navigator. Navigateur de Netscape, concurrent de Microsoft Internet Explorer.

News. Sur Internet, il est possible d'appartenir à des « newsgroups », c'est-à-dire à des groupes d'utilisateurs intéressés par certains sujets. En ce sens, il faut généralement être abonné et avoir un logiciel de news. Comme un logiciel de courrier électronique, un logiciel de news requiert un nom de serveur de news, un nom d'utilisateur et un mot de passe. L'accès à certains newsgroups est public et ne nécessite pas d'abonnement.

NNTP (*Network News Transport Protocol*). Protocole servant à délivrer les news pour les newsgroups. NNTP intervient entre le logiciel client de news et le serveur de news.

Numéris. Ligne de téléphone de type numérique. Une ligne Numéris est composée de trois canaux dont deux peuvent atteindre un débit réel de 64 Kbit/s. Deux canaux peuvent être agrégés pour offrir jusqu'à 128 Kbit/s. Contrairement à l'usage d'une ligne RTC (*voir* RTC) avec un modem « analogique » (par opposition au boîtier numérique), le débit de Numéris ne dépend pas de la qualité de la ligne et est toujours disponible avec son débit. Par ailleurs, si un modem RTC est capable d'accéder à un débit de 56 Kbit/s avec une ligne RTC parfaite (ce qui est rarement le cas), les 56 Kbit/s ne sont pas en rapport avec les 64 Kbit/s de Numéris. Les 56 Kbit/s d'un modem RTC valent environ 40 Kbit/s de Numéris, étant donné qu'il n'y a pas de perte de données à assurer de multiples contrôles d'erreurs. En attendant les accès satellite bidirectionnels à des prix compétitifs, les oubliés de l'ADSL trouveront une excellente alternative en Numéris. De plus, les temps de connexion sous Numéris sont de l'ordre de 2 secondes contre près de 40 secondes avec un modem RTC.

Pare-feu. *Voir* Firewall.

Passerelle. C'est généralement un ordinateur placé entre deux réseaux pour assurer le transfert d'informations entre les réseaux (dans les deux sens). La passerelle est souvent utilisée comme protection contre des problèmes pouvant provenir de l'un des réseaux. Elle permet entre autres de séparer physiquement le réseau d'une entreprise du réseau Internet. On ajoute en général des logiciels de protection d'accès appelés « firewalls ». Dans le réseau que nous avons décrit dans cet ouvrage, tous les postes désirant accéder à Internet *via* le PC partageur doivent obligatoirement définir 192.168.0.1 comme adresse de passerelle.

PCMCIA. Format carte pour des périphériques d'ordinateurs. On trouve généralement des connecteurs PCMCIA sur les ordinateurs portables. Les principales extensions au format PCMCIA sont des modems, des cartes réseau, des cartes GSM et des cartes SCSI pour piloter des périphériques SCSI (scanner, lecteur de CD-ROM externe, sauvegarde externe, etc.).

POP3 (*Post Office Protocol version 3*). Serveur de remise du courrier. Il porte généralement un nom de type mail. monserveur. com.

PNM. Protocole fonctionnant sur Internet, utilisé par les serveurs RealAudio et RealVideo pour établir un lien avec le client.

Provider. *Voir* Fournisseur d'accès.

Proxy. Dispositif de passerelle sécurisée servant à isoler le réseau interne d'une entreprise du réseau Internet. L'administrateur du réseau gère le proxy ; il se charge de limiter ou non l'accès de certaines personnes d'un côté ou de l'autre du proxy, de limiter ou non le type de contenu accessible.

RealAudio. Logiciel de la société Progressive Networks, qui offre une qualité de son incomparable et un accès instantané au son sans téléchargement intégral au préalable.

RealVideo. Complément de RealAudio développé par la société Progressive Networks. Pour l'instant, RealVideo n'offre pas une grande qualité en raison des mauvaises performances de l'encodeur vidéo.

Réseau. Interconnexion d'ordinateurs pour qu'ils puissent échanger des données et partager leurs ressources. La liaison doit être physique, mais aussi logicielle (opérée par le protocole réseau), de façon que les ordinateurs se comprennent.

RTC ou Réseau Téléphonique Commuté. Appellation « classique » de toutes les lignes de téléphone auxquelles on raccorde un « modem analogique », un minitel ou un téléphone. C'est sur ce réseau RTC que vient se greffer la technologie ADSL qui offre de hauts débits grâce à un astucieux système de filtrage. Lors de l'usage ADSL, la ligne de téléphone RTC peut continuer à être utilisée comme avant : seule l'installation de filtres sur les prises de la maison est impérative.

Shareware. Logiciel distribué gratuitement pour une période d'essai. Si vous décidez finalement de l'utiliser, il faut le payer en adressant votre paiement à l'auteur. Dans le cas contraire, vous devez l'effacer de votre ordinateur. La plupart des sharewares sont en libre essai pendant un mois.

Serveur. Permet à plusieurs personnes d'accéder en même temps à des sources d'informations ou de traitements. Par exemple, grâce à un serveur, la base de données d'articles en stock d'une entreprise est accessible simultanément à tous les gens qui gèrent ces articles, et à partir d'une seule source. Un serveur Web fonctionne sur le même principe pour délivrer des informations.

Session. Une session de travail sur un ordinateur commence lorsque vous entrez dans une application et se termine lorsque vous la quittez. Une session d'accès à Internet débute lorsque vous vous connectez et se termine lorsque vous vous déconnectez. En réseau (sur Internet), l'ouverture d'une session est généralement soumise à la vérification d'un login et d'un mot de passe.

SMTP (*Simple Mail Transfer Protocol*). Protocole servant à envoyer du courrier sur Internet. Un serveur SMTP est un serveur d'envoi du courrier ; on le désigne généralement par une expression de type mail. moncourrier. com.

Sous-réseau. *Voir* Masque de sous-réseau.

TCP (*Transmission Control Protocol*). Couche de gestion de transfert des paquets de données sur Internet. TCP se charge de remettre les paquets dans le bon ordre ou de communiquer au serveur le problème de transmission de certains paquets pour qu'ils soient de nouveau envoyés.

TCP/IP. Protocole réseau utilisé par les ordinateurs sur Internet. C'est un langage universel pour ordinateurs sur le réseau des réseaux. TCP/IP est également la principale norme de protocole réseau utilisée par les ordinateurs UNIX depuis trente ans.

Téléchargement. Action de télécharger, c'est-à-dire d'utiliser un moyen de transmission pour rapatrier des informations (un programme par exemple).

Telnet. Protocole de dialogue entre ordinateurs qui permet d'accéder à un ordinateur UNIX à distance. L'accès est conditionné par le mot de passe et le login. Lorsque l'utilisateur se logue à distance, il peut lister des fichiers, les copier, les déplacer, etc. L'environnement étant de type texte, il faut connaître les commandes UNIX pour se servir de Telnet sur un serveur.

ULS. Types de serveurs capables de prendre en charge les accès par Netmeeting de Microsoft. Un serveur ULS gère les communications entre les utilisateurs de Netmeeting et s'occupe de « l'annuaire » des personnes connectées. Le travail avec Netmeeting est conditionné par le choix d'un serveur ULS ou ILS.

UNIX. Système d'exploitation disponible sur de nombreux ordinateurs serveurs. Il existe plusieurs versions d'UNIX, parmi lesquelles celle du constructeur d'ordinateurs Sun Microsystems et celle de l'éditeur SCO (*Santa Cruz Operations*). Avantages d'UNIX : c'est un système multitâche qui requiert environ cinq fois moins de ressources machine qu'un serveur équivalent sous Windows NT 4.0/2000, l'ergonomie en moins. C'est également un système d'exploitation natif TCP/IP.

URL (*Uniform Ressource Locator*). Zone d'un navigateur dans laquelle l'utilisateur entre à la fois l'adresse de l'information à laquelle il souhaite accéder et le type de protocole d'accès à cette information (http, ftp, news ou autres). Les navigateurs modernes ont plutôt tendance à délaisser le terme « URL » au profit du mot « adresse ».

VBScript. Sous-ensemble de commandes de Visual Basic de Microsoft, intégré à Microsoft Internet Explorer depuis la version 3.0. VBScript permet de créer des interactions depuis un navigateur ou un serveur. L'utilisation de VBScript dans des pages HTML est limitée aux navigateurs qui le prennent en charge, et donc presque uniquement aux navigateurs de Microsoft.

Virus. Un virus informatique est un programme chargé de s'attaquer aux fonctions vitales d'un ordinateur pour les détruire. L'aspect matériel en tant que tel ne risque en général pas grand-chose. En revanche, à la suite d'une attaque virale, vous pouvez perdre toutes vos données personnelles, y compris les informations contenues sur le disque dur permettant à l'ordinateur de démarrer. Le seul remède aux virus informatiques est l'antivirus, un programme chargé de détecter la présence des virus et de les détruire. Avec des ordinateurs en réseau, l'antivirus doit être installé sur chaque poste ou sur un dispositif centralisé, là où le réseau se connecte à Internet.

Web. Un serveur Web ou un site Web est un serveur capable de délivrer des informations sous forme de pages HTML. Il y a des serveurs Web en intranet comme il y en a sur Internet.

WiFi. *Voir* 802.11.

WinSock. Nom de la couche réseau gérant TCP et IP, le nom d'hôte et d'autres paramètres réseau.

Dépôt légal : 2e trimestre 2003
IMPRIMÉ EN FRANCE

Achevé d'imprimer le 15 mai 2003
sur les presses de l'imprimerie «La Source d'Or»
63200 Marsat
Imprimeur n° 9511